民主的批判
与
政治的回归

尚塔尔·墨菲政治哲学研究

武宏阳◎著

人民出版社

目　录

序

　　宏阳的博士论文就要出版了，回想起他从考博士、论文写作，到论文出版，我既欣慰于他对学术理想追求的执著，又感慨时光之快。他是我校1994级马克思主义基础理论专业的本科生，我生平第一次讲授"西方马克思主义"课程就是从他们班开始的。当时正值市场经济风起云涌之时，他们班很多同学都对哲学类课程不感兴趣，经常逃课，作为老师，对学生的这种"用脚投票"法既表示理解又很无奈。宏阳自己也在后来转学法律，获得法学硕士学位，并成为一名执业律师。2007年再次见面，他提出了自己的一些困惑。他感觉当代中国的法律精神存在着与实践的某些断裂，这些断裂似乎并非简单地用一些很具体的措施能够完美修复，那么是否可以用一种哲学之思，从道德、伦理及文化层面来修复，从而避免中华民族在复兴征途上历经更大的转型之痛。于是他向我提出考博士的要求，经过考察发现他颇有慧根，又感于他能够以一种虔诚的思考态度和学术立场来审视中国当下的现实问题，虽然这种思考略显稚嫩，但是我以一个导师的立场看，是一定要同意并鼓励这种做法的。在距离毕业还有一年多的时候，他给我提出要做尚塔尔·墨菲的政治哲学的博士论文，考虑到国内当时对后马克思主义的研究刚刚处于起步阶段，而我也对国外马克思主义政治哲学正感兴趣，也就答应了。这部著作就是根据他的博士论文修改而成的。读完修改后的著作，觉得显然与他读博士的初衷相距甚远，但是该书对于了解后马克思主义思潮，特别是其代表人物墨菲的政治哲学，以及推进我国国外马克思主义研究具有很大的价值，希望这本书能够为他进一步的思考做出学术铺垫。

　　该书最大的特点是把墨菲的政治哲学置于国外马克思主义和西方政治哲学双重理论背景中予以考察。从国外马克思主义理论谱系看，作者认为墨菲深受阿尔都塞和葛兰西思想的影响，并经历了从阿尔都塞主义向葛兰西主义的转换，其中"霸权理论"是墨菲建构政治哲学的核心概念。从西方政治哲学的理论谱系看，作者认为墨菲受到了当代多元主义、女权主义、公民身份理论的影响，在此基础上，墨菲提出激进民主、多元民主和竞争民主的规划。这种考察方法使得整部论著呈现出和当代西方主要思潮对话的特点，勾勒出了当代西方政治思潮发展的大致脉络。

该书的另一个突出特点是对墨菲政治哲学的理论基础、内在结构、理论特征作了较好的研究。墨菲作为后马克思主义的主要代表人物，虽然为我国学术界所熟知，但真正系统研究她的著作还较为少见。作者立足于墨菲的原著，指出其理论基础是解构主义、霸权理论，其理论目的在于立足于当代西方社会现实，规划激进、多元与竞争的民主；而这一切与西方马克思主义的衰落、西方左翼理论的困境密切相关。作者同时指出墨菲政治哲学与西方马克思主义理论之间的继承和超越关系，而与经典马克思主义存在异质性关系，强调墨菲的政治哲学不属于马克思主义的理论谱系。作者的这些理论观点可能会引发一定的争论，但这些论点也有相当的学理根据，体现了作者理论创新的巨大勇气，值得肯定和褒扬。

作者不是单纯论述墨菲的理论，而是坚持理论联系实际的学风，力图指出墨菲的政治哲学对于当下中国政治文明建设的启迪意义。宏阳认为墨菲的民主理论、宽容理论，对于当代中国政治文明建设和外交政策都具有较大的启发意义。当然也必须指出，受各种因素的制约，这也是该书较为薄弱的方面，希望作者进一步思考。

我必须指出，这部著作中的两个观点我是持保留态度的。一是他认为西方马克思主义已经衰落了，或者说终结了。这在我国学术界是有争论的。事实上西方马克思主义经历了巨大的发展，在法兰克福学派之后，出现了分析学马克思主义、生态学马克思主义、女权主义马克思主义，他们都坚持了经典西方马克思主义的批判性立场和现代性立场，都力图找寻实现当代西方人自由解放的路径。之后还有以哈维、伊格尔顿、詹姆逊为代表所谓"晚期马克思主义"，这些理论家都坚持历史唯物主义的阶级分析法、历史分析法、政治经济学研究方法、对资本主义的批判立场，都与西方马克思主义理论存在理论上的继承关系。也就是说，西方马克思主义并没有终结，而是以另外的理论形态在发展。二是作者提出葛兰西深受列宁思想影响的判断。这个判断是存在问题的。换成阿尔都塞或许说得通，但葛兰西无论是对马克思主义哲学的解释，还是对西方革命道路的设计，显然是完全不同于列宁的。无论如何，我无法认同上述判断，当然这是个人的学术见解。

前面我说过，宏阳是很有慧根的，我希望宏阳以这部著作作为起点，进一步扩展研究领域，从墨菲研究扩展到整个后马克思主义研究。我曾经有个设想，要写一部多卷本的《国外马克思主义》，在我已经毕业的博士中，有从事经典西方马克思主义研究的，也有着力于晚期马克思主义研究的，目前关注后马克思主义动态的只有宏阳一人，因此我是寄予厚望的。

王雨辰
2014 年 11 月 15 日于南湖

导　论

一、理论背景

"民主"（democracy）一词从本源上来讲，是由古希腊语 demokratia 演变而来，即"人民的统治"。从民主的历史来看，民主在西方世界源远流长。意大利"新实证主义的马克思主义理论"开创者德拉·沃尔佩（Della Volpe）（注：本书对于涉及的国外人名，除常用名外，首次出现用中文和外文对照，以后只用中文。下同。）将现代民主政治的历史演变总结为两条路径，一条路径是由卢梭（Jean-Jacques Rousseau）首先进行理论阐述，而后由马克思、恩格斯、列宁加以发展的强调国家权力的民主，另外一条路径是由洛克（John Locke）、孟德斯鸠（Baron de Montesquieu）、康德（Immanuel Kant）、洪堡（Alexander Humboldt）和贡斯当（Benjamin Constant）在理论上加以阐述的强调公民权利的民主。卢梭以"平等"为理论中心，阐释"强国家弱社会"的政治主张，而洛克则是以"自由"为核心概念，强调"弱国家强社会"的社会构建。"卢梭传统"与"洛克传统"形成了西方民主的两个传统。就两种民主传统的实践来看，法国革命和美国革命无疑堪称西方民主政治现代化的两种实践结果。作为民主政治行为的两种运行模式，美国革命如柔和的阳光，温和而耐久；法国革命则如犀利的闪电，"照亮并荡涤旧世界的角角落落，但也迅速回归于黑暗。"[①]法国革命和美国革命被学术界称之为"姊妹革命"，为我们提供了两个民主传统最具有可比性的典型案例。在《共产党宣言》中，马克思提出"无产阶级民主"概念，并对自由主义民主进行了激烈的批判。他认为自由主义民主作为国家制度，体现着资产阶级

---

① 朱学勤：《阳光与闪电——近代革命与人性改造》，《万象》2002 年第 12 期。

的阶级性质，无论是对工人起义的镇压还是限制，"资产阶级共和国在这里是表示一个阶级对其他阶级实行无限制的专制统治。"① 马克思还把那种视自由主义民主共和国为千年王国的民主派斥之为"庸俗民主派"。但马克思也接纳了资产阶级关于民主共和、普选权、代议制等与民主相关的概念，在马克思那里，上述概念并不和资产阶级民主划等号，而是应该被纳入无产阶级民主的范畴。戴维德·赫尔德（David Held）在《民主的模式》一书中，将马克思的民主思想描述为"直接民主"模式。赫尔德的论断明显存在瑕疵，但可以肯定的是，马克思主义民主是继"卢梭传统"和"洛克传统"之后的第三种民主传统。

20世纪60年代，后现代主义政治思潮的出现，使传统民主政治面临着严峻挑战。"后现代主义政治是对西方60年代激进政治运动失败的反映。此外，一个有目共睹的事实是，与20年前相比，今天的世界已经发生巨大的变化。面对这一日益复杂的世界，传统的一套认识模式与范畴越来越显出它的局限性。人们呼唤新的理论、新的价值观的产生。后现代主义便是应这个'运'而生的。"② 后现代主义者对自笛卡尔（René Descartes）起，贯穿着整个启蒙运动以及后继者的现代性启蒙理性话语进行尖锐的批判，他们否定现代性存在的合理性，击碎现代性的合法性基础，意图用后现代取而代之。法国后现代主义的一个代表人物福柯（Michel Foucault）从对"癫狂"、"规训"、"监狱"、"性"等边缘问题的研究入手，解构传统历史的总体性和连续性叙事，反对启蒙理性。福柯宣布在尼采的"上帝之死"之后，"人"也死了，"人"好比沙滩上的一幅图画，海潮袭来，一切将归于虚无。另一位法国的后现代政治哲学的代表人物利奥塔（Jean-Francois Lyotard）则认为，人类的信仰危机使理性走向衰落，导致现代性丧失了合法性。他反对"宏大叙事"而主张尊重"小叙事"，拒绝一元化立场，积极倡导并捍卫话语的多元性、异质性和差异性。

面对后现代主义者对现代性政治的激烈批判，"民主"形态逐渐突破了三种传统的模式。按照亨廷顿（Huntington-Samuel）的观点，第三波民主化浪潮正在以神奇的速度和全球性的范围汹涌而来，不断创造着人类政治生活

① 《马克思恩格斯选集》第1卷，人民出版社2012年版，第677页。
② 王治河：《〈后现代理论〉导读》，参见［美］道格拉斯·凯尔纳等：《后现代理论：批判性的质疑》，张志斌译，中央编译出版社2004年版，第2页。

的奇迹。"民主化在波兰用了十年，在匈牙利用了十个月，在东德用了十周，在捷克斯洛伐克用了十天，在罗马尼亚则只用了十小时。"①在第三波民主化浪潮中，后现代政治似乎与民主开始合流，民主形态呈现多样化的态势。后现代政治的挑战促使亨廷顿和哈耶克（Friedrich Hayek）以及众多西方学者开始以新自由主义为中轴，在诸如《变化社会中的政治秩序》（亨廷顿）、《通向奴役之路》（哈耶克）等著作中试图重构"现代性"的政治观念。而德国的当代公共法知识分子哈贝马斯（Jürgen Habermas）则挺身而出，正面反击后现代思潮并为现代性进行辩护。哈贝马斯将现代性看作是"一项未完成的规划"，他宣称自己的理论不屈尊于后现代主义，不放弃现代性计划，坚决捍卫现代性传统。哈贝马斯并不否认自文艺复兴以来的启蒙理性政治设计方案的某些缺陷以及与实践的错位，但是他认为这不能构成废弃现代性的必要而且是充分的理由，这仅仅是意味着重新调整和完成理性的重建与修复。哈贝马斯以哲学范式的转化为立足点，通过对工具理性的批判，提倡主体间性和交往理性，意图重建理性，保持现代理性中的民主、平等、共识、解放、团结等价值，从而完成现代性这一未完成的规划。

与哈贝马斯相似，英国"第三条道路"的理论创始人吉登斯（Anthony Giddens），针对现代性的政治危机，提出"反思性现代化"的概念。吉登斯认为 21 世纪人类正在超越现代性，但这并不意味着人类已经进入后现代。"我们实际上并没有迈进一个所谓的后现代性时期，而是正在进入这样一个阶段，在其中现代性的后果比从前任何一个时期都更加剧烈化更加普遍化了。"②为解决现代性的政治危机，吉登斯提出了"对话民主"的概念，"对话民主化不是自由民主的延伸，甚至也不是它的补充，不过从一开始，它就创造了社会交流的形式，这可能对重建社会团结是一个实质性的（甚至可能是一个决定性的）贡献。对话民主制主要不是关心增加权利或代表利益，它关心的是推进文化世界主义，是把我从前讲的自治与团结连接起来的一块最好的积木。对话民主制的中心不是国家，而是以一种重要的方式折射回到它身上，处在全球化和社会反思的情况下，对话民主制在自由民主政体范围内

---

① ［美］塞缪尔·亨廷顿：《第三波——20 世纪后期的民主化浪潮》，刘军宁译，上海三联书店 1998 年版，第 118 页。
② ［英］安东尼·吉登斯：《现代性的后果》，田禾译，译林出版社 2000 年版，第 3 页。

鼓励民主国家的民主化。"①总之，后现代政治的挑战，促使西方学者开始对传统民主政治进行反思，形成了民主政治研究的"后现代转向"。

在民主政治研究"后现代转向"的大背景下，另一个哲学大事件也激发了学术界对政治哲学的关注，那就是东欧剧变和苏联社会主义政权的解体事件引发的"马克思主义"和"自由主义"的双向度的理论危机。第一个向度，东欧剧变和苏联社会主义的解体导致自由主义思想家们错误地认为自由主义民主已经获得了胜利。但事实上，所谓的"世界新秩序"和西方自由主义价值观并没有实现，日裔美籍学者弗郎西斯·福山（Francis Fukuyama）宣称，20世纪80年代以来发生的一系列重大事件，意味着自由民主主义取得了全球的胜利，20世纪社会政治危机结束了。这就是福山所断言的"历史的终结论"的要义。但是事实上，历史终结论的局面并没有出现，新的政治对抗反而在世界各地不断出现。在世界政治格局上，所谓的"失败国家"以及"邪恶轴心国家"对自由主义的普适论思想的挑战日益激烈，民族主义开始复活，宗教原教旨主义开始出现，世界各地民族和宗教冲突不断；在文化逻辑的转变上，资本主义的发展带来了文化传播主导方式的变革，商品关系取代了旧有的社会关系，促成了"消费社会"的逻辑渗透于社会关系的各个层面。"消费社会并没有像丹尼尔·贝尔（Daniel Bell）所预言的意识形态的终结，也没有像马尔库塞（Herbert Marcuse）所担忧的那样产生单向度的人。"②相反，由于社会层面发生一系列的变化，新的领导权形态得到巩固，形形色色的新社会运动不断发展。各项新社会运动在生产关系领域之外同资本主义展开斗争，用新的话语诉求新的权力要求，以新的身份来谋取激进民主政治。在上述政治和文化背景下，大多数自由主义者仍然认为，这不过是自由主义民主普遍化过程中的一个短暂的耽搁。"这一切说明在当前形势下大多数政治理论家是软弱无能的——在一个发生着深刻的政治变迁的时代，这种无能将可能对民主政治产生灾难性影响。"③第二个向度，东欧剧变和苏联社会主义的解体事件当然也导致了西方左翼内部的马克思主义信仰危机。马克思主义是西方左翼理论的

---

① ［英］安东尼·吉登斯：《超越左与右——激进政治的未来》，李惠斌等译，社会科学文献出版社 2009 年版，第 86 页。

② ［英］恩斯特·拉克劳、查特尔·墨菲：《领导权与社会主义的策略——走向激进民主政治》，尹树广等译，黑龙江人民出版社 2003 年版，第 179 页。

③ ［英］尚塔尔·墨菲：《政治的回归》，王恒等译，江苏人民出版社 2005 年版，第 2 页。

主要来源，东欧国家和前苏联的执政党都以马克思主义作为他们的指导思想，东欧剧变和苏联社会主义的解体事件使西方左翼面临信仰危机，西方左翼在理论上陷入困境，革命激情消退，改良主义出现，他们在理论和实践上都迫切需要发动走出困境的自救运动。在这项自救运动中，西方左翼在马克思主义理论危机中寻找到了"激进民主"这个自我救赎工具。于是在"后现代转向"和"马克思主义理论危机"的大背景下，"后马克思主义民主"悄然登场。

在讨论后马克思主义民主理论之前，笔者认为有必要先梳理一下学术界关于"后马克思主义"定义域的研究成果，其原因是因为后马克思主义民主来源于后马克思主义，后马克思主义是后马克思主义民主的理论支撑平台。后马克思主义是 20 世纪 70、80 年代在西方兴起的一股将某种理论在一定程度上与马克思主义嫁接，并对资本主义进行批判的新思潮。关于后马克思主义，西方理论界存在着多种观点。美国学者詹姆逊（Frederic Jameson）认为当今学术界存在着三代后马克思主义：第一代是在第二国际时期以伯恩施坦为代表的修正马克思主义的理论观点；第二代是现代资本主义国家左翼的修正马克思主义的理论观点；第三代是 20 世纪 70 年代以后，晚期资本主义阶段出现的修正马克思主义的理论观点。英国学者斯图亚特·西姆（Stuart Sim）则是将后马克思主义界定为"背弃"和"解构"两种形式，他认为第一种后马克思主义几乎背弃了马克思主义的基本原则，以利奥塔和鲍德里亚（Jean Baudrillard）为代表；第二种是以尚塔尔·墨菲（Chantal Mouffe）和恩内思特·拉克劳（Ernesto Laclau）为代表，他们将马克思主义同后现代理论结合起来，解构经典的马克思主义理论。

国内学者张一兵教授最早提出了"后马克思思潮"、"后现代马克思主义"和"晚期马克思主义"三个概念，并强调它们是当代国外马克思主义思潮中的三大新动向。国内其他后马克思主义研究学者也对此问题撰文发表过不同的看法。曾枝盛教授将国外的后马克思主义概念概括为四种观点。第一种是将马克思、恩格斯之后的马克思主义都称为后马克思主义；第二种是将二战后所有非正统的马克思主义都称为后马克思主义；第三种是将苏联东欧剧变后的种种马克思主义称为后马克思主义；第四种是 20 世纪 70、80 年代以墨菲和拉克劳为代表的后马克思主义。[①] 孔明安教授则主张，广义的后马

---

① 曾枝盛：《后马克思主义思潮的评价》，《教学与研究》2003 年第 7 期。

克思主义指的是建构在后现代解构哲学的基础上，对马克思主义进行分析与批判的最新哲学思潮，狭义的后马克思主义专指拉克劳与墨菲的后马克思主义理论。俞吾金、陈学明两位教授则把后马克思主义划分为四大派别：一是以德里达为代表的解构主义的后马克思主义；二是以詹姆逊为代表的后现代主义文化批判的马克思主义；三是以哈贝马斯为代表的解释学马克思主义；四是其他类型的后马克思主义。① 而周凡先生则对后马克思主义的概念进行历史的追踪考察，他分别考察了波兰尼（Karl Polanyi）、麦克弗森（C. B. Macpherson）、丹尼尔·贝尔、阿兰·图雷纳（Alain Touraine）、柯亨（Gerald Allan Cohen）以及拉克劳与墨菲的后马克思主义规划，得出的结论是：后马克思主义是一个历史性的缓慢沉淀过程，各种后马克思主义思潮之间存在着某种意义关联和某种共同指向，后马克思主义的"非平衡的发展史"在营造后马克思主义的学术氛围以及在后马克思主义问题域的形成历史中，具有独特的话语价值。

通过对上述国内外学者关于后马克思主义定义域理解的梳理，可以发现尽管后马克思主义的定义域在目前仍是一个有争论的话题，但学术界有一个基本共识是：后马克思主义仅仅同马克思主义保持着某种学术方法上的联系，并不是马克思主义的拥护者，有的甚至是反马克思主义的，他们只是"走近马克思"，而不是认同和接受马克思主义。他们的思想既同马克思主义有着某种联系，又同时具有断裂感和距离感，他们的理论离开了马克思主义并留恋于马克思主义。正如西姆所比喻，后马克思主义是"残余的乡愁"。

"后马克思主义民主"是"后马克思主义"问题域的一部分。如前所述，在"政治哲学后现代转向"和"马克思主义危机论"的双重背景下，后马克思主义者以"民主话语"来重建现代性，并试图完成对马克思主义思想价值的现代性评估。哈贝马斯的"审议民主"、吉登斯的"对话民主"以及墨菲的"竞争民主"思想都是在后马克思主义话语下，反对正统的资本主义政治体制和意识形态，向往一种替代性的社会主义民主理念。哈贝马斯的"审议民主"是拯救现代理性而提出的保守的民主解决方案，墨菲的"竞争民主"是借用后现代资源提出的一个激进民主方案，而吉登斯的"对话民主"则体

① 俞吾金、陈学明：《国外马克思主义哲学流派新编：西方马克思主义卷》下册，复旦大学出版社 2002 年版，第 706—707 页。

现了现代性与后现代性理念的折衷。

尚塔尔·墨菲是英国当代著名的后马克思主义代表人物，她的名字在国内又翻译为查特尔·墨菲、查特尔·穆芙、查特尔·慕芙、查特尔·穆佛等。她的竞争民主思想是立足于传统激进民主思想，在解构经典马克思主义理论过程中完成的民主理论的一个现代性改版，可以说，墨菲的政治哲学思想几乎完全建立在传统激进民主思想的基础上。激进民主对于理解她的以竞争民主为核心的政治哲学思想则相当于一把钥匙开启理论之门的作用。激进民主并不是一个统一的研究纲领，它包含了各种不同的政治主张。其中有芬伯格（Andrew Feenberg）的激进民主的技术政治学，又有鲍尔斯（Samuel Bowles）和金蒂斯（Herbert Gintis）的"后自由主义政治经济学"，还有拉米斯（C. Douglas Lummis）的对民主本意的乌托邦式理解。墨菲也同样表达了以激进民主宣示政治主张的愿望。由于社会主义运动在西方的衰微，民众对于民主产生了怀疑和冷漠，这些怀疑和冷漠逐渐演变成一种失望和骚动。在政治哲学后现代转向的大背景下，面对苏联和东欧剧变后马克思主义在西方的信仰危机，墨菲深感西方左翼在这个危机之下更应该冷静思考，寻求理论出路，墨菲将这个理论出路指认为竞争民主。"这些左翼人士的目标是实现完美的民主同质性，并将自由主义视为是这一理想的阻碍。"[①]墨菲的竞争民主理论承认自由和平等是政治哲学的核心价值，同时又强调"政治"是潜藏的社会因素，是一种自然状态和原生状态，永远无法消除。在吸纳了激进民主思想基本意义的基础上，墨菲主张民主思想应该是民主和多元主义结合，现代民主的本意应该旨在唤起人们的政治激情。墨菲反对当代流行的哈贝马斯的共识论与罗尔斯（John Bordley Rawls）的普适论等自由主义民主思想，她指出自由主义民主是一种无根的政治学，并坚定认为当代世界政治是"冲突"的政治而不是"中立化"的政治，因此，"竞争民主"作为激进民主的现代性改版，是唯一的与当代世界政治相适应的民主模式，"共识论"和"普适论"的自由主义民主模式应该被替换掉了。墨菲通过"竞争民主"呼唤一种政治激情，试图让面临危机的西方左翼从政治冷漠中挣脱出来，获得新的理论生机。

为了能够对墨菲的政治哲学思想进行深入的研究，在详细分析墨菲的思

---

① ［英］尚塔尔·墨菲：《政治的回归》，王恒等译，江苏人民出版社 2005 年版，第 147 页。

想演进路径之前，笔者试图预先将墨菲的理论成果与她的理论演变进程归纳如下：一，墨菲的专著和论文一再甚至是重复性地诠释她的"激进和多元主义的民主政治"理论，表达着一种对现实的理论关怀。墨菲最早出版的著作是1979年编著的《葛兰西与马克思主义理论》①，1985年她与拉克劳合著的《领导权与社会主义的策略——走向激进民主政治》一书奠定了她在政治哲学领域的后马克思主义原创性思想家的地位。墨菲在《领导权与社会主义的策略——走向激进民主政治》出版以后的重要著作还有：《政治的回归》、《政治家及其赌注——保卫多元民主》、《解构与实用主义》、《激进民主的维度：多元主义、公民身份、社群》、《卡尔·施米特的挑战》、《民主的悖论》、《维特根斯坦的遗产：实用主义与解构》（与路德维希·纳哥尔合著）。2005年，她出版了新著《论政治》一书。② 自20世纪80年代以来，墨菲发表了大量的政治学方面的论文，在西方马克思主义学术界及新左翼内部均产生了很大的影响。其中较为重要的有：《葛兰西思想中的霸权和完全国家》、《工人阶级与社会主义结构》、《工人阶级霸权与社会主义斗争》、《罗尔斯：没有政治的政治哲学》、《公民学的教义》、《霸权与新的政治主体：走向新的民主概念》、《激进民主还是自由民主》、《多元主义与民主：关于卡尔·施米特》、《公民身份与政治认同》、《自由的社会主义与多元主义》、《自由主义与现代民主》、《政治自由主义：中立性与政治》、《拥护一种漂泊认同的政治》、《政治、民主行动与团结一致》、《后马克思主义：民主与认同》、《政治的终结和激进右翼的兴起》、《民主、权利与政治》、《根本民主或自由主义》、《解构、实用主义与政治》、《审议民主抑或竞争式的多元主义》、《政治与热情：导言》等。二，墨菲的思想理路一直是沿着激进民主的主线而延伸的。墨菲的思想历程分为三个时期，第一个时期是马克思主义时期，这一时期墨菲最初师从阿尔都塞（Louis Althusser），后来由于她认为阿尔都塞的理论不适用于第三世界革命，转而研究葛兰西（Antonio Gramsci）与马克思主义理论的关系。第二个时期基于西方左翼面临的理论困境，以及新保守主义和新自由主义反民主的理论攻势，墨菲为帮助西方左翼寻找理论自救的突破口，与拉克劳一起创设了"新葛兰西主义"即"后马克思主义"。《领导权与社会主义的策略——

---

① 《葛兰西与马克思主义理论》一书收录了西方八位著名左翼思想家关于葛兰西思想论述的八篇论文，墨菲为本书撰写了导论并提交了《葛兰西思想中的霸权与意识形态》这篇论文。

② 周凡：《后马克思主义导论》，中央编译出版社2008年版，第392页。

走向激进民主政治》一书的出版，使墨菲确立了"后马克思主义"理论家的原创地位，墨菲也成功完成了从马克思主义者到后马克思主义者的转变。第三个时期是在苏联和东欧社会主义政权消解之后。墨菲在这个时期发现西方左翼的马克思主义信仰危机日益严重，而自由主义"历史终结论"与现实也呈现断裂状态，基于对上述问题的思考，墨菲开始构建自己的"竞争民主"理论框架，并明确了"竞争民主"的目标是"自由社会主义"，从而使自己从后马克思主义者转型为一个"自由社会主义者"。

墨菲理论发展的三个阶段并不是断裂关系，而是存在着有机的联系，三个阶段存在着其政治哲学思想学理内涵的变迁与延伸。第一阶段，从阿尔都塞转向葛兰西——马克思主义理论研究阶段。墨菲出生于1943年，20世纪60年代中期，她到巴黎高等师范学校求学，成为阿尔都塞的学生，并深受阿尔都塞结构主义学说的影响。后来，墨菲从对阿尔都塞结构主义的研究转向对葛兰西霸权和意识形态思想的研究。墨菲从阿尔都塞的结构主义研究转向葛兰西霸权和意识形态思想探讨的主要有如下原因：一是与阿尔都塞理论紧密联系的西方马克思主义的理论终结。1968年法国"五月风暴"学生运动的失败，可以从实践意义上来理解为西方马克思主义运动终结的象征。同样不可忽视的是1966年阿多诺的《否定的辩证法》的出版，使早期西方马克思主义者卢卡奇开启的工具理性批判，从无意识的批判转向自觉的批判，《否定的辩证法》提出反对本体论、反对"人类中心主义"，标志着西方马克思主义从"文化批判"转向了"理性批判"，也作为一种西方马克思主义内部瓦解的逻辑将西方马克思主义从理论意义上终结了。[1] 西方马克思主义的理论命运的坎坷状况，对墨菲的影响非常深刻。1967年至1973年，墨菲在哥伦比亚国立大学讲授哲学，并致力于结构主义的科学哲学领域的研究，但她很快发现科学哲学与哥伦比亚实际社会情形几乎完全脱节，于是对阿尔都塞的结构主义理论设计开始感到失望和厌倦。二是阿尔都塞个人威信的降低[2]。在"五月风暴"中，多种政治力量和利益目标交织在一起，和阿尔都塞同时期的思想家萨特（Jean-Paul Sartre）、福柯都表现出了对这次政治运动的极大关注，他们凭着理论的敏锐，有着山雨欲来的感觉，关注着这场社

---

[1]　参见张一兵、胡大平：《西方马克思主义的历史逻辑》，南京大学出版社2003年版，第19页。

[2]　见金瑶梅：《阿尔都塞及其学派研究》，重庆出版社2010年版，第141—143页。

会运动，他们将这次社会运动理解为西方马克思主义的预言的现实着陆点。萨特还亲自投身于这场运动中，和学生们一起走在示威游行队伍中。"五月风暴"反思僵化的社会体制，拒斥空洞的意识形态，挑战一切权威，这种政治理念对法国的思想界形成了新的冲击，成为法国思想界发展的新趋势。但是，曾经被学生奉为精神导师的阿尔都塞却在"五月风暴"中消失得无影无踪。阿尔都塞甚至在风暴过去一段时间，依旧保持理论上的沉默，这引起了参与运动学生的强烈不满和失望。学生们认为，阿尔都塞应当像"人道主义的马克思主义者"萨特那样，勇敢地站出来，将个人的生死荣辱置之度外，为捍卫自己的理论信仰而义无反顾。但是，阿尔都塞的表现却正好相反，曾经的马克思主义斗士形象与现在的懦弱躲藏态度形成鲜明对比，与他之前在马克思主义理论方面的激进立场完全不相符合。许多追随者伴随着对阿尔都塞的强烈失望情绪，开始离开他。例如，阿兰·巴迪欧（Alain Badiou）曾经是阿尔都塞的一名学生，最初在学术上曾经紧紧追随阿尔都塞，但"五月风暴"之后公然宣布与阿尔都塞决裂。阿兰·巴迪欧是"五月风暴"的积极参与和支持者，他为"五月风暴"的革命精神而自豪，并自诩为这种革命精神的继承者。他原先与阿尔都塞的关系十分亲密，曾经赞扬阿尔都塞的前期理论标志着"马克思主义的再开始"。在阿尔都塞于巴黎高师所主持的"为科学家讲的哲学课"系列活动中，阿兰·巴迪欧曾于1967年进行了一次名为《模型的概念》的主题讲演，因"五月风暴"的发生以及与阿尔都塞的理论决裂，原先所定的第二讲以及设想的《暂时的结论》一讲再也没有公开出版和发表。而事实上，阿尔都塞那段时间由于抑郁症日益严重，身体状况临界崩溃，只能一直在疗养院安静地养病，这种封闭环境使他既不能参与这次运动，也无法在运动之后及时地发表声援学生运动的观点，阿尔都塞的沉默也成为他自己在西方马克思主义发展历史上的理论空白点。墨菲就是这些告别阿尔都塞的众多追随者之一。墨菲与阿尔都塞的告别并非单纯的一种人际关系的分道扬镳。1967年阿尔都塞的《保卫马克思》一书使墨菲感觉到阿尔都塞理论的倒退。西方马克思主义的渐趋衰落以及阿尔都塞思想影响力的降低等种种原因促成了墨菲将学术兴趣从阿尔都塞转向葛兰西，此时的墨菲已经初步形成了她的政治哲学思想。她把对葛兰西的霸权思想和意识形态的研究作为理论切入点，试图思考马克思主义理论的传统问题。三是由于墨菲在南美洲的经历，她亲眼目睹了女性主义运动与新社会运动的兴起，她开始侧重于思索马克思主义理论与现实的连结问题，摒弃了"教授——社会主义"式的阿尔都塞思想，转而思考实践一元论的葛兰西的文化领导权问题。此时的墨菲基本是作为一个马克思主义研究者出场，仅仅是编纂及进行个别的点评，并没有系统地对霸权逻辑进行梳理，更没有形成系统和完善的理论观点。但是在这个阶段，她通过探析葛兰西的反本质主义和反经济决定论的思想，为她以后的思想转变奠定了方法论基础。

第二阶段，与拉克劳的理论交叉——后马克思主义阶段。

以《领导权与社会主义的策略——走向激进民主政治》为标志，墨菲思想开始进入第二阶段——后马克思主义阶段。1985年，墨菲在和拉克劳共同发表的《领导权与社会主义的策略——走向激进民主政治》一书中，第一次提出了"后马克思主义"的概念。他们指出，"现在我们正处于后马克思主义领域，不再可能去主张马克思主义阐述的主体性和阶级概念，也不可能再继续没有对抗的共产主义透明社会这个概念，如果本书的认识主题是后马克思主义的（post-Marxist），它显然也是后马克思主义的（post-*Marxist*）。"①墨菲和拉克劳用斜体字来进行区分的含义是后**马克思主义**理论仍然是以马克思主义作为理论出发点的。自此，后马克思主义概念被广泛采用。墨菲和拉克劳通过对马克思主义领导权的谱系梳理，肯定了葛兰西领导权脱离了阶级还原论。在此基础上，墨菲和拉克劳依据"话语理论"，建构新的领导权理论，即"新葛兰西主义"。而在"新葛兰西主义"的基础上，墨菲和拉克劳进一步提出了激进民主的主张，他们把平等、自由、多元主义以及对抗和差异等元素融入激进民主主张。这些主张，一定程度上继承了马克思主义的批判传统，展开对资本主义的批判，表达了建构新社会主义的价值取向。

墨菲和拉克劳的学术关系给人们造成了许多误解，很多学者认为墨菲和拉克劳的思想是不分家的，言必称"墨菲和拉克劳"。目前，我国学术界普遍认为墨菲由于和拉克劳合著了《领导权与社会主义的策略——走向激进民主政治》一书，奠定了她后马克思主义原创者的地位，仿佛墨菲是借助于拉克劳而一举成名。这其实是一种误解，墨菲和拉克劳的思想分属于两个不同的轨道，只是在激进民主领域交叉了。墨菲和拉克劳在发表了《领导权与社

① ［英］恩斯特·拉克劳、查特尔·墨菲：《领导权与社会主义的策略——走向激进民主政治》，尹树广等译，黑龙江人民出版社2003年版，"导论"第4页。

会主义的策略——走向激进民主政治》之后，两个人又继续向着各自的学术方向努力，拉克劳偏重于意识形态领域的研究，墨菲则继续完善激进民主的政治哲学思想。拉克劳在《我们时代革命的新反思》一文中，提出了自己的理论和墨菲之间的不同，他认为，墨菲的马克思主义思想于 20 世纪 60 年代中期在巴黎形成，在巴黎，她一直参加阿尔都塞的学术讨论组，在这个讨论组墨菲受阿尔都塞思想的影响和熏陶，使自己成为一个马克思主义者。而拉克劳自己只是在 1969 年才来到欧洲，他的马克思主义教养是在阿根廷习得的。美国学者马克·温曼（Mark Wenman）甚至认为墨菲和拉克劳之间的理论区别在《领导权与社会主义的策略——走向激进民主政治》中已经存在了。从《领导权与社会主义的策略——走向激进民主政治》各个章节写作文风的差异中可以看出，拉克劳政治理论体现出一种对总体性观念的追问，而墨菲则主要在共和主义和自由主义领域内活动。拉克劳常常把政治策略转化成政治逻辑，把重大的政治理论问题以哲学的方式思考，因此拉克劳的文风总是晦涩的、歧义的、模糊的，给人以高深莫测的感觉。而墨菲则摒弃拉克劳的纯哲学思考习惯，冷静地运用哲学智慧去分析当代政治问题，形成了独具特色的有关"激进民主规划"的政治哲学。当拉克劳深奥地大谈拉康（Jaques Lacan）、黑格尔（Georg Wilhelm Friedrich Hegel）、胡塞尔（E.Edmund Husserl）的时候，墨菲则深入浅出地讲述她对罗尔斯、哈贝马斯、吉登斯、卡尔·施米特（Carl Schmitt）以及对《帝国》等著作的独特见解。拉克劳在《马克思主义理论中的政治和意识形态》一书导论中写道："我必须向尚塔尔·墨菲致以深深的谢意，我和她详细地讨论了这些论文的主要部分，她对于一些核心论点的阐发所做的贡献具有如此决定的意义，以至于在某些方面他们必须被看作是合作的产物。"[1] 拉克劳又在该书第三篇即《法西斯主义和意识形态》末尾一个注脚中，提到了他已经读过墨菲的"一篇尚没有发表的论文"[2]，此文就是后来墨菲主编的论文集《葛兰西与马克思主义理论》中的《葛兰西的霸权与意识形态概念》一文。如果将墨菲的这篇论文与拉克劳的这部著作进行比较，可以发现，拉克劳是对普兰查斯的意识形态理论进行批判分析，墨菲则是侧重于对葛兰西的霸权概念展开新的阐发。[3]

---

[1] Ernesto Laclau, *Politics and Ideology in Marxist Theory*, London:NLB Press, 1977, p.13.

[2] Ernesto Laclau, *Politics and Ideology in Marxist Theory*, London:NLB Press, 1977, p.141.

[3] 周凡:《后马克思主义导论》，中央编译出版社 2010 年版，第 90—91 页。

　　毫无疑问，墨菲与拉克劳的理论共识为她今后的政治哲学理论发展作了铺垫。墨菲和拉克劳一起，把激进民主用作解决当今左翼危机的政治策略，以葛兰西的文化霸权理论作为纽带，将多元主义与民主进行连接，展开了激进民主理论策略的建构。她这样做的目的是因为，随着资本主义社会经济与政治之间、阶级地位与政治观点之间的断裂日益明显，西方左翼内部出现了通过综合的政治建构以填充这种裂缝的种种尝试。"今天左翼的计划比我们80年代初写作本书时陷入了更深的危机之中。在'现代化'的借口下，越来越多的社会民主党已经放弃了他们的左派同一性，委婉地把自己重新定义为'中间——左派'。"①

　　第三阶段，自由社会主义阶段。

　　墨菲在《领导权与社会主义的策略——走向激进民主政治》一书里面提出激进多元的民主规划之后，继续展开自己的理论之卷，她详细考察和思考了当代政治哲学激烈争论的一系列重要理论问题，如竞争民主的模式、新自由主义的道德优先性、公民身份的政治确认、多元主义的概念区分、自由主义民主的模型缺陷以及政治共同体的内部张力等问题。墨菲从"反本质主义"的视角，对以罗尔斯为代表的新自由主义和以桑德尔（Michael Sandel）等为代表的社群主义以及二者之间的争论进行批判性研究，试图揭示政治在哲学的后现代转向过程中，权利和政治的对抗和冲突不可根除的本质特征。在批判性研究的基础上，墨菲廓出了她理想中的激进民主模式——竞争性的民主模式。墨菲在《政治的回归》一书中提出了"向自由社会主义前进"的口号。她认为，在《领导权与社会主义的策略——走向激进民主政治》一书里面，她和拉克劳提出了"激进和多元民主"这一术语来重新定义社会主义事业，并设想它是民主向社会关系的广阔领域的延伸，那么在此之后的理论目标则是"将社会主义诸目标再一次纳入多元民主的框架之中，并坚持认为必须使这些目标与政治自由主义制度结合成一个有机整体。"②墨菲认为经典马克思主义理论同自由民主政体的政治原则是相抵触的，实现经典马克思主义的理念需要放弃多元主义民主，但这在现实中是行不通的，所以，经典马克思主义的社会主义理念需要放弃，但是这不意味着同时放弃社会主义目标。

① ［英］恩斯特·拉克劳、查特尔·墨菲：《领导权与社会主义的策略——走向激进民主政治》，尹树广等译，黑龙江人民出版社2003年版，"序言"第10页。
② ［英］尚塔尔·墨菲：《政治的回归》，王恒等译，江苏人民出版社2005年版，第121页。

"社会主义被理解成经济民主化的一个过程，是激进和多元的民主规划的一个必要成分。因此，我相信，当务之急是提倡一个'自由社会主义'"。① 墨菲提倡"自由社会主义"的目的，是为了深化她的"激进和多元的民主规划"，她把政治自由主义从普遍主义和个人主义的阻碍中解放出来，使社会主义与政治自由主义有机结合起来，丰富和深化自由主义民主的多元主义特征，以便于建立激进与多元民主发展的基本框架。

墨菲政治哲学思想发展的三个阶段，特别是第二阶段和第三阶段，明显表现出与后现代政治原则相一致的批判精神。德里达（Jacques Derrida）的解构主义和福柯的反对人本主义，以及利奥塔的反对"宏大叙事"原则对墨菲的影响很深，由于墨菲对后现代解构主义哲学的接受，她的民主思想也表现出一种反传统因素。墨菲和哈贝马斯、吉登斯、罗尔斯的思想相比，最大的不同是她的激进民主规划增加了政治维度。她借用后现代的理论资源来反对自由主义，同时也解构了马克思主义。所以，她对于"马克思主义危机"的解决方法是从政治哲学的"后现代转向"角度切入的。

二、理论价值和现实意义

墨菲的政治哲学固然带有后现代主义和自由主义的局限性和理论缺陷，这将在本书最后一章进行详细论证。这里所强调的是，本书对墨菲政治哲学研究的学术动机，是基于墨菲的政治哲学在当今时代是一个具有独特理论价值的稀缺资源，她的政治哲学为西方左翼的理论救赎提供了一个理论支点，也对当代中国的和谐社会以及中国式民主的建设具有重要的理论价值和现实意义。

第一，墨菲的政治哲学是对福山等人"终结论"思潮的理论反击。冷战结束以后，苏联和东欧社会主义阵营解体，社会主义运动陷入低潮。美国学者福山旨在贬损社会主义意识形态的"历史终结论"伴随着"文明的终结论"、"意识形态的终结论"等终结论思潮汹涌而来。与此同时，自20世纪70年代以来，多元主义、精英主义和新保守主义一起成为流行于西方思想界的三大政治思潮，后结构主义和新自由主义紧随其后，在西方哲学界声名鹊起。上述思潮既为左翼理论家提供了理论依据、分析策略和建构方法，又

---

① ［英］尚塔尔·墨菲:《政治的回归》，王恒等译，江苏人民出版社2005年版，第122页。

对左翼理论家提出了挑战。西方社会发展的现实是资本主全球化席卷世界，科学技术迅猛发展，在资本主义意识形态占有上风的情况下，马克思主义的发展方向和发展前景引起人们的广泛关注。西方左翼中的一些立场偏右的知识分子对传统社会主义理论产生了质疑，并对马克思主义理论展开直接批判。在此情况下，我们应该如何认识当前左翼思想理论和实践危机及其救赎策略的性质？墨菲以"霸权"概念为核心，以新社会运动为政治理论背景，以激进民主、话语理论和多元民主绘制新左翼的前景，她通过解构马克思主义理论中的传统范畴，代之以新的差异性和偶然性的范畴，构建了其政治哲学理论，在西方思想领域形成独树一帜的"新葛兰西主义"。显然，墨菲的政治哲学思想是对"终结论"等反社会主义思潮的政治反驳，是对左翼理论危机的一种自我救赎方式。在她的理论构建过程中，她为当代马克思主义哲学研究的提供了一个政治模式——竞争民主，也为我们认识当代资本主义的历史变化提供了一个重要的理论研究平台——后马克思主义。

第二，墨菲的政治哲学为当代世界各国包括中国在内的和平与发展提供了一个政治宽容的范本。一是从世界视域看，墨菲的政治哲学为解决当代国际经济和政治秩序中存在的冲突和对抗提供了一个新思路；二是从中国视域看，当代中国社会正面临着构建和谐社会的历史使命，墨菲的政治哲学为我们提供了构建和谐政治的一个政治宽容视角。

19世纪初发端的强权政治思潮认为，国际社会是一个由狼群组成的世界，各个国家都在蓄意损害其他国家而谋取自己的利益，国际政治是一个无休止的以实力为基础的权力斗争，任何国家的行为都是为了保持或者谋取权力；在国际社会中，要么支配别人，要么受制于别人，国际冲突的唯一法则是弱肉强食。强权政治思潮正是现代国际社会冲突不断的一个理论诱因。亨廷顿曾经把世界各区域的冲突归结为"文明的冲突"，其中包括"西方普适主义与伊斯兰原教旨主义者的冲突"、"武器扩散和生存主义的冲突"、"人权和主权的冲突"。他认为20世纪90年代以来，伊斯兰和西方国家之间形成了一种"文明冷战"，但这种关系并不是唯一的关系，冷和平、冷战、贸易战、准战争、不稳定的和平、困难关系、紧张的对抗、军备竞赛所有这些说法，或许最恰当地描述了不同文明实体之间的关系。信任和友谊将是罕见的。亨廷顿的论断代表了自由主义思想家"后冷战时期的哲学迷思"，正因为如此，墨菲通过竞争民主来建构了一个"将对抗转化为竞争、将敌人转化为对手"的竞争性的政治哲学。她强调当今世界秩序是一个多元体系，尽管自由、平等、正义、民主也是我们所追求的理想价值与制度，但是任何人或者政治共同体都没有权利用暴力手段强制世界上其他区域的人或政治共同体放弃或接受异己的信仰和价值观，因此她反对任何国家、民族和种族把自己的价值观强加给其他国际社会主体。这是一种充满宽容意蕴的政治哲学，她为我们展现了一个承认差异、承认冲突、承认对抗，提倡平等竞争的美好政治宽容愿景。在这种政治宽容逻辑下，文化多数派与在种族、语言和民族上处于劣势的文化少数派和平共存成为可能，"恐怖主义"以及"宗教原教旨主义"、"种族中心主义"等名词有希望成为一种人类苦难的标本而不再是活生生的现实。墨菲的政治哲学中对于世界秩序的和谐、国家的和谐、制度的和谐、市民社会的和谐都提供了一个不同于哈贝马斯、罗尔斯以及吉登斯等学者所倡导的和谐范本，哈贝马斯等人的和谐理论范本是一种脱离现实，建立在纯粹道德基础上的伦理和谐，他们的和谐理论几乎陷入了幻想，而墨菲的和谐构想则是依托于政治宽容理论，通过肯定政治冲突和对抗，来关注社会现实，期望达到一种实质的社会和谐。

第三，墨菲的政治哲学为中国式民主的建设提供了一个宝贵的理论借鉴资源。赫尔德曾把社会主义民主称作"代表式民主"，事实上，我们国家需要的是建立一个代表人民利益的人民当家作主的民主。民主作为"舶来品"，必须予以甄别，方可为我所用。墨菲的民主理论是在资本主义后工业的条件下，针对西方当前社会背景提出的社会策略及政治目标，她对于西方自由主义的民主深感失望，希望建立一个以文化领导权为理论出发点的民主模式——竞争民主，这代表了西方左翼对于民主的思考。而其思想中所体现出的对资本主义制度的批判精神和政治宽容意蕴对于我国民主政治的建设，特别是对于我国现阶段所提出的和谐社会的政治策略，则是难得的"他山之玉"。因此，墨菲的政治哲学思想对于我国的社会主义民主建设具有重要的借鉴意义。

三、国内外有关本题的研究综述

(一) 国外研究动态

国外对于墨菲政治哲学思想的研究动态包括两部分：一是对于墨菲和拉克劳后马克思主义理论的"重合研究"，二是对于墨菲政治哲学思想的"独立研究"。具体研究状况如下：

第一，对于墨菲和拉克劳后马克思主义的重合研究。这项研究主要是基于他们对于马克思主义的解构而引发的西方左翼学术观点之间的批判和论战，而墨菲和拉克劳也针对各种批判做了具体的理论回应，笔者将这种状况称之为"论战性研究"。

墨菲和拉克劳的后马克思主义思想刚一推出，加拿大学者艾伦·伍德（Ellen Wood）即推出《新社会主义》一书，称他们为马克思和恩格斯曾经批判的"新的'真正'社会主义者"（NTS），并对墨菲和拉克劳的主要观点进行批判；英国学者拉尔夫·密里班德（Ralph Miliband）的《英国的新修正主义》则称他们为"新修正主义者"；而英国的学者诺尔曼·杰拉斯（Norman Geras）首先是在《后马克思主义?》一文中批判墨菲和拉克劳的后马克思主义设计是"学术歪风的高级阶段"，又以《空洞的非马克思主义：对墨菲和拉克劳实实在在的回应》一文指责他们的理论背离了唯物辩证法，陷入唯心主义的泥沼。八十年代晚期又有另外一些左翼理论家开始对墨菲和拉克劳发难，其中著名的有如尼科斯·穆泽利斯的（Nicos Mouzelis）《马克思主义还是后马克思主义?》、M. 拉斯丁（Michael Rustin）的《绝对的意志主义：后马克思主义的霸权概念批判》、G. 麦克伦南（Gregor Mclennan）的《后马克思主义和现代主义理论探讨的"四个过错"》等文章，无不将矛头对准了后马克思主义。

国外学界还有一些偏重于对墨菲和拉克劳的后马克思主义理论特征研究的文献，这些文献同上述批判性论著所不同的是他们的学术目的在于研究而不是论战。例如，理查德·D. 沃尔夫（Richard·D. Wolf)）的《马克思主义与后马克思主义》、安娜·M. 史密斯（Anna Marie Smith）的《主体立场、接合与本质主义的颠覆》、索尔·纽曼（Saul Newman）的《激进政治的未来——论拉克劳、墨菲与无政府主义》、乔治·拉弗蒂（George Rafferty）的《变化的动力：阶级、政治和市民社会——从马克思主义到后马克思主义》、特里·伊格尔顿（Terry Eagleton）的《意识形态、话语与后马克思主义》、巴里·亚当（Barry Adam）的《后马克思主义和新社会运动》、朱莉丝·汤申德（Jules Townshend）的《后马克思主义的女权主义》、达纳·L. 克劳德（Dana L. Claude）的《"心灵的社会主义"：后马克思主义的新时代运动》等文章。除了上述文章以外，研究墨菲与拉克劳的专著也陆续问世，如托菲因

(Jacob Torfing) 的《新言说理论：拉克劳、墨菲与杰克》、安娜·M.史密斯的《拉克劳与墨菲：激进民主的幻想》等文献。

面对各种评价和批评，墨菲和拉克劳合著了《无需认错的后马克思主义》来为后马克思主义的学术立场辩护，然后拉克劳又在 1990 年单独出版了《我们时代革命的新反思》一书，重申左翼在当代的革命策略和后马克思主义概念的合理性和正确性。斯图亚特·西姆把由《霸权与社会主义策略》所激起的一系列关于后马克思主义的争论称作"拉克劳——墨菲事件"。

在有关墨菲的后马克思主义思想的研究成果中，需要对《偶然性、霸权和普遍性——关于左翼的当代对话》一书作一单独介绍，以便突出本书在墨菲政治哲学思想研究中的作用。虽然墨菲没有直接参与该书的写作，但是其争议的主要思想观点仍然与墨菲的政治哲学思想有直接关联。巴特勒（Judith Butler）、齐泽克（Slavoj Zizek）与拉克劳是本书的三位作者，他们之间存在着学术分歧，但是三人的学术态度非常可敬，他们三个人一直商量出一本文集，希望通过不同的理论透镜，重新思考争议的问题，从而试图探索共同的思想轨迹，1985 年墨菲和拉克劳共同出版了《领导权与社会主义的策略——走向激进民主政治》一书，为拉克劳和齐泽克的合作提供了对话的契机。1987 年齐泽克撰写论文《超越话语——分析》，认为《领导权与社会主义的策略——走向激进民主政治》是一本把政治目标转移为"后结构主义"思想的论文集，该书的贡献在于它可能是首次思考建立在实在伦理基础上的政治目标与摆脱幻想的曲折性，即冲突的伦理和自我发现的理想之间存在的难以抚慰的创伤相联系。但齐泽克也指出了《领导权与社会主义的策略——走向激进民主政治》一书中的理解丢失了"领导权"的基本含义，在主体方面，他们抛弃了阿尔都塞的质询理论，以后结构主义来设定主体，这样导致他们二人的步伐走得太快。齐泽克在上述理解的基础上又增补了两个观点：一是主体作为一个空位与对抗相关；另一种则是社会幻想作为意识形态模式以掩盖对抗。① 巴特勒、齐泽克与拉克劳三人都致力于民主的激进形式研究，试图以此理解通过政治动员得以发生的解放政治的认同及其必然失败的问题，以及伴随支持否定性生产力的理论框架而出现的未来问题。在哲学理论的出

---

① ［英］恩斯特·拉克劳：《我们时代革命的新反思》，孔明安等译，黑龙江人民出版社 2005 年版，第 310—315 页。

发点上他们有一定的共同理解，例如，三个人都主张普遍性不是一个静止的假定，不是一个先验的假定，相反，它应该被理解为一个不能还原为任何表现模式的过程或条件。但他们对"普遍性"的理解上是有差异的，而且三个人在"主体"上也存在着重大的差异，并且这种差异公开化了，巴特勒站在对主体的构造进行历史的变化说明这一阵线中，走的是"福柯路线"，齐泽克通过一个严格意义上的拉康方法，把自己对同一性的否定建立在拉康及拉克劳的著作上。而拉克劳的主体性则是建立在德里达、拉康、福柯以及阿尔都塞和葛兰西的相关哲学基础上。三个人的争论非常复杂，他们之间的相互批判又被友好地相互引用，共同编辑成了《偶然性、霸权和普遍性——关于左翼的当代对话》一书。这本书是《领导权与社会主的策略——走向激进民主政治》一书的发展，墨菲后来的政治哲学思想坚持认为"对抗"在民主政治领域是不可根除的，激进民主政治的重建的目的就是将"对抗"转化为"竞争"。而"对抗"在《偶然性、霸权和普遍性——关于左翼的当代对话》一书中已经得到了密切关注，因此本书是理解墨菲政治哲学思想内涵的一部重要文献，在研究墨菲的政治哲学思想时，该书的重要性不可忽略。

综上所述，国外对于墨菲与拉克劳在后马克思主义理论重合研究的共同特征是学者们将墨菲和拉克劳放在一个理论手术台上，将他们缝合为一个理论单体，这使人们无法单独透视墨菲政治哲学的理论特色。为此，笔者认为有必要将国外对墨菲独立的政治思想的研究做一个介绍。

第二，对墨菲独立的政治思想研究状况。国外对于墨菲独立的政治哲学的研究成果不是很多，主要有道格拉斯·凯尔纳（Douglas Kellner）等著的《后现代理论：批判性的质疑》和《后现代转向》、塞拉·本哈比（Seyla Benhabib）主编的《民主与差异：挑战政治的边界》、库宁汉姆（Frank Cunningham）的《民主理论：一个批判性介绍》、罗曼·拉戈斯皮兹（Sari Roman-Lagerspetz）的《尚塔尔·墨菲民主理论中的"政治"与基础问题》等著作。凯尔纳在《后现代转向》等著作中把墨菲与哈贝马斯放在了一个理论高度，他认为墨菲的政治哲学意味着对现代性的辩护和政治哲学研究的后现代转向；本哈比则从民主的差异性角度论述墨菲的政治哲学思想，认为墨菲受到克劳德·勒夫特（Claude Lefort）"确定性标记的消解"的理论影响，认可民主工程化理论是一种特定的"存在模式"，而不是政府形式，认为特定形式的社会象征性权力是民主的核心内容。这种象征性秩序是一种价值论层面的多元主义，"它不允许在竞争性的善观念、正义观念和政治观念间出现不经争辩和不留余地的裁决。"①而在库宁汉姆的研究中，墨菲的民主理论被视为带有利益团体理论倾向的多元主义，但墨菲比利益团体更加重视权力与政治认同，对于墨菲而言，"霸权"不仅意味着强制灌输某个意志于其他人，也包括"伪造政治意志的能力"。

（二）国内研究动态

汉语学界对墨菲的译介与研究早在 20 世纪 80 年代后期已在台湾学术界展开。1988 年，梁新华在《宇宙》杂志上，翻译墨菲的一篇短文《对新社会运动的理性论诠释》，开启了墨菲政治哲学研究的先河。90 年代初期，台湾一批学者针对后马克思主义理论的实质展开学术讨论，例如何风的《人民民主与后现代》（《当代》第 54 期）、《政治民主、拉克劳与慕芙（墨菲)》（《当代》第 62 期）、陈宜中的《人民民主与台湾的辩证》（《当代》第 56 期）、《简评台湾版本的人民民主论》（《新文化》第 21 期）、李长风的《创造一个民主的团结形式》（《新文化》第 21 期）、张荣哲的《拉克劳与慕芙（墨菲）的＜霸权与社会主义战略＞》（《当代》第 105 期）等都是那个时期的理论成果。1994 年台湾著名翻译家陈璋津将拉克劳与墨菲的代表作 *Hegemony and Socialist Strategy: towards a Radical Democratic Politics* 以《文化霸权与社会主义的战略》为名译出。1998 年曾志隆以《后马克思主义的革命理论：拉克劳与穆芙社会主义策略之探讨》为题，撰写硕士论文，后来又以《激进与多元民主政治理论的建构：以穆芙的"争胜式民主"为讨论对象》为题，撰写博士论文。②曾志隆的博士论文从竞争民主的角度，系统和独立地研究了墨菲的政治哲学思想。这是一篇很有理论创意的论文，本书的第一章和第四章的一些观点，就是受益于曾志隆博士论文的启发，引用细节将在后面明确标记，在此不再赘述。

大陆学术界对于墨菲的后马克思主义思想研究起步较晚，最早介绍的文章是 1992 年 11 月 20 日《国外理论动态》杂志刊载的《英国学者莱克拉

---

① ［美］塞拉·本哈比：《民主与差异：挑战政治的边界》，黄相怀等译，中央编译出版社 2009 年版，"导论"第 8 页。

② 参见曾志隆：《激进与多元民主政治理论的建构：以穆芙的"争胜式民主"为讨论对象》第一章关于台湾地区研究墨菲政治哲学文献的讨论，东吴大学博士毕业论文。资料来源：中国国家图书馆。

奥谈后马克思主义与后共产主义》（笔者注：莱克拉奥即 Ernesto Laclau，现通译为拉克劳）一文，此文由发表在《今日马克思主义》(*Marxism Today*，1991 年第 10 期）的拉克劳的一篇访谈（原标题为 *What Comes After 1991*）摘译而成，"由于那时《国外理论动态》仅仅是中央编译局主办的一份内部参考性读物，对外并不发行，所以这篇珍贵的文献并不为大多数学者所知晓。"[①] 虽然在 20 世纪 90 年代早期我国大陆已有学者开始关注国外后马克思主义——比如，华东师范大学哲学系的童世骏教授在 1993 年的香港《社会科学学报》上发表了《后马克思主义视野中的市民社会》一文。李泽厚先生也曾于 1994 年的《哲学探寻录》中借用了"后马克思主义"这一概念，但这只是一些局部的研究。

　　大陆哲学界对后马克思主义的普遍关注始于 1999 年 8 月在云南召开的"世纪之交的国外马克思主义研究"会议，这次会议首次把国外后马克思主义思潮提到研究日程上来。近几年来，国内哲学界对拉克劳与墨菲后马克思主义的译介与著作、论文等成果从数量和质量都有所进展，很多学者在其著作和论文中对后马克思主义都有涉猎。译著和译文有：尹树广、鉴传今翻译的《领导权与社会主义的策略——走向激进民主政治》，王恒、藏佩洪翻译的《政治的回归》，胡大平等翻译的《偶然性、霸权和普遍性——关于左翼的当代对话》，周凡、李惠斌主编的《后马克思主义》，周凡主编的《后马克思主义：批判与辩护》。《后马克思主义》与《后马克思主义：批判与辩护》两部著作将国外理论界对后马克思主义理论的批判和辩护详尽地呈现，对国内学术界进一步研究后马克思主义理论有重要的引鉴价值。而国内学者研究涉及激进民主政治的专著有陈振明主编的《西方马克思主义的社会政治理论》，俞吾金、陈学明主编的《国外马克思主义哲学流派新编》，付文忠著述的《新社会运动与国外马克思主义思潮：后马克思主义研究》。另外，华侨大学杨楹、卢坤撰写了《政治：一个伦理的话题》一书，在该书中，作者从"政治宽容"的视域，对墨菲的政治哲学思想进行了阐释，这是一项关于墨菲政治哲学资源价值挖掘的一项新的尝试。2010 年 6 月出版了周凡的《后马克思主义导论》一书，该书详细介绍了后马克思主义的产生、国外研究的最新动态，并系统地梳理了国外的后马克思主义流派。该著作是目前国内对

---

① 　周凡、李惠斌主编：《后马克思主义》，中央编译出版社 2007 年版，第 424 页。

后马克思主义研究比较详尽的著作，其中介绍的国外理论界关于墨菲与拉克劳"分拆"研究的现象，以及大量翔实的文献和后马克思主义的霸权理论，对本书的研究有很大的启发和帮助。

国内关于墨菲的后马克思主义思想研究的论文主要有：胡大平在《后马克思主义思潮的批判性探讨》、《激进民主、对抗性与霸权——墨菲和拉克劳后马克思主义政治规划的批评性解读》等论文中，把"后马克思主义"解释为在后现代主义的大背景下，西方左翼试图摆脱经典马克思主义和"西方马克思主义"传统的一种话语理论。但他同时认为"后马克思主义"彻底告别马克思主义历史唯物主义的基本方法，把社会主义表述为以空洞的普遍民主为目标的一种话语游戏，最后形成了"没有马克思的马克思主义"的政治哲学的悖论。因此，胡大平认为"后马克思主义"在马克思主义"重建"中没有借鉴价值。孔明安则是以后现代主义哲学为基础对后马克思主义展开研究，在《"后马克思主义"研究及其理论规定》、《"Articulation"与后马克思主义的偶然性逻辑——从墨菲和拉克劳的"Articulation"谈起》、《后马克思主义的政治哲学批判——墨菲和拉克劳的多元激进民主理论研究》等文章中，他和胡大平一样站在历史唯物主义的立场批判了后马克思主义，但是与胡大平观点不同的是，他认为虽然对马克思主义的总体解构是必须加以批判的，但是后马克思主义对革命理论以及主体等问题的思考仍有一定的新颖独到之处。付文忠在《"后马克思主义"理论的批判解读——拉克劳与墨菲的"后马克思主义"评析》、《"政治先于社会"：认同政治学的政治与社会概念——拉克劳与墨菲的后马克思主义政治观剖析》等论文中，从社会主义策略、话语理论、领导权理论等多个方面对作为新社会运动与国外马克思主义新思潮的后马克思主义进行研究，其研究角度较为全面和广泛，对推动国内后马克思主义理论的深入研究有重要价值，另外他的《后现代主义思潮的逼近与我们的文化策略选择》、《对政治自由主义与社群主义之争的超越：解读墨菲的后马克思主义政治哲学思想》等文章中更是注重立足于对墨菲独立的政治思想的研究。尹树广在《西方马克思主义国家批判理论的历史与现状——从实践哲学到后马克思主义》一文中，认为后马克思主义关于国家、社会、阶级等经典理论的基本范畴的理解，在客观分析层面上存在着明显的缺陷，但是后马克思主义的方法对中国马克思主义理论的研究具有启发性。周凡在《后马克思主义的社会主义策略》、《"后马克思主义"在何种意义上是马克思主义?》等论文中以后马克思主义与新社会运动的内在理论逻辑联系作为切入点，他通过对"后马克思主义"的学理脉络进行分析，并不直接强调后马克思主义对于马克思主义理论本身的意义或者理论缺失，而是认为后马克思主义在"批判理论"这一方法论的意义上是对马克思主义理论彻底的批判和实践精神的延伸和发展。

(三) 国内外研究现状分析

上述国内研究现状表明，国内外学者的研究立场和方法都有值得肯定的地方。国内外学者通过对墨菲政治哲学研究成果的梳理、介绍、评论，使我们获得了对墨菲政治哲学思想的基本把握。他们从不同角度对墨菲政治思想的当代现实意义展开研究，敢于发表突破传统的挑战性学术观点，这项工作拓展了我们的视野。多数学者秉承"思想淡出、学术凸显"的原则来研究墨菲的政治哲学思想，他们理论和学术上的勇气十分可敬。但是，我们也不能否认，国内外对于墨菲政治哲学思想的研究尚存着一些需要反思的问题，主要体现在：

第一，由于"后马克思主义"这一概念的提出相对较晚，相比较数量而言，对墨菲政治哲学的研究成果呈现出译著较多，专著较少的格局。其原因在于后马克思主义思想研究比较晚，目前更多的是处于译介阶段；第二，国内外学者多是将墨菲和拉克劳进行一体式的研究。这是因为墨菲和拉克劳合著的《领导权与社会主义的策略——走向激进民主政治》共同对激进民主的政治纲领进行了探讨，他们的思想在后马克思主义领域有太多的一致之处，甚至出现了"理论合体"现象，国内外的后马克思主义思想研究明显受到该书的影响，言必称"拉克劳与墨菲"；第三，对于墨菲政治哲学思想的研究基本上都是在研究后马克思主义的基础上得以开展，对于墨菲的独立的政治思想研究则很少；第四，墨菲的政治哲学思想与马克思主义之间的关系研究没有得到重视。墨菲的政治哲学思想不是马克思主义，甚至是和马克思主义有断裂和背离之处，但墨菲的政治哲学和马克思主义又存在着不能分割的联系，特别是在批判理论的运用上，墨菲的批判理论直指社会现实中的民主幻想，并言辞犀利，这和马克思本人的批判风格很有相似之处。所以，墨菲的批判理论应该成为后马克思主义研究的一个重点，在当前没有被理论界所重视，这是一个遗憾；第五，国内外的研究现状缺少对后马克思主义理论之间的横向比较研究。后马克思主义理论的代表人物并不仅仅是墨菲和拉克劳，还包括吉登斯、哈贝马斯、德里达、鲍德里亚等人，后马克思主义的民主思想也不单纯是激进民主理论，而且还有审议民主、对话民主等民主政治理论。这些理论各具特色，都处在后马克思主义领域，但又相互纠结和对抗。它们之间的横向比较研究比较薄弱，国内外至今还没有一部完整的关于竞争民主与其他后马克思主义民主思想的比较研究专著。探讨后马克思主义民主政治，将不同设计模式的后马克思主义理论进行纵向的比较研究是一项必备的工作，这样才有利于达到从总体性的描述到对文本深度耕犁的理论效果。

四、本书的研究思路、研究方法、主要内容以及创新与不足

本书在研究思路上首先力图以墨菲的激进民主理论为视角来考察其政治哲学思想，既与墨菲理论体系的发展逻辑相结合，又与西方民主理论的发展进程相联系，通过将墨菲和拉克劳的分拆研究，以及对墨菲政治哲学思想独立定位的方法，试图达到对墨菲政治哲学包括后马克思主义思想在内的三个思想历程的全景图式研究。其次，通过将墨菲的政治哲学思想与哈贝马斯、罗尔斯、吉登斯的民主思想比较研究，揭示墨菲政治哲学的理论特征。最后，笔者试图合理定位墨菲政治哲学思想在西方政治哲学论域中的谱系位置，又结合中国的当代政治文明建设，发掘其"政治宽容"理论在和谐社会构建中，所产生的理论引导作用。

本书在研究方法上主要采取"三个结合"，即历史性和共时性相结合、对比研究和述评相结合、谱系梳理与文本解读相结合的研究方法。本书首先是将墨菲的政治哲学理论置放到西方政治哲学发展的历史背景中，再结合墨菲政治哲学自身形成与发展过程，从而在政治哲学坐标系中得出墨菲政治哲学的合理定位。其次，对墨菲的政治哲学思想本身从激进民主角度进行解读，然后与后马克思主义论域中的其他后马克思主义民主思想进行对比研究，从而凸显其理论的特色。本书在客观论述墨菲政治哲学思想的基础上，结合当代的现实问题与其他相关理论，对墨菲的政治哲学思想进行合理的评价。最后，笔者注意到，墨菲政治哲学思想研究涉及"后现代主义"、"结构主义"、"解构主义"、"西方马克思主义"、"话语"、"霸权"、"异质性"、"新自由主义"、"社群主义"、"全球性民主"、"伦理——政治"等概念，这些概念或者深奥晦涩，或者内容庞杂，对于这些概念的剖析是研究墨菲政治哲学思想必须面对的一项工作，但是过分地纠结于概念会使本书陷入一个概念陷

阱而无法自拔。为了避免出现这个问题，笔者尝试从谱系梳理的角度，侧重于对概念的历史演绎进行论述并随时穿插墨菲对于本概念的理解或者反驳意见，这样，在完成一项谱系梳理工作之后，再与文本解读的方法相结合，墨菲政治哲学与概念有关的思想研究也就完成了。

本书的主要内容包括以下几个部分：

在导论部分提出研究的问题，阐述选题的背景与研究意义，进行相关的文献综述，并提出研究思路、研究方法、主要内容以及创新与不足。

第一章论述的是墨菲政治哲学产生的历史逻辑。墨菲思想产生的历史逻辑，主要源自于三个方面：一是伴随着西方马克思主义的式微，西方左翼陷入理论困境；二是苏联和东欧共产主义政权崩溃之后，并没有出现所谓的自由主义的胜利，反而出现了西方资本主义国家内部各种冲突不断的混乱局面；三是随着1968年法国"五月革命"的失败，新社会运动又开始兴起。上述三项因素共同构成了墨菲政治哲学的历史逻辑。

第二章论述了墨菲政治哲学思想的学理基础。本书认为墨菲政治哲学的学理基础分别由结构主义哲学、解构主义哲学以及霸权理论构成。结构主义和解构主义是墨菲政治哲学思想的哲学理论基础；而发轫于葛兰西，经过墨菲和拉克劳重新整合的霸权理论则成为墨菲政治哲学的政治理论基础。

第三章论述了墨菲政治哲学的理论规划——激进和多元的民主规划。在《领导权与社会主义的策略——走向激进民主政治》一书中，墨菲和拉克劳一道，以"霸权"作为切入点来规划激进民主。基于民主话语的当代转向，墨菲运用"接合"理论，将民主话语同多元主义结合起来，站在反中心主义、反本质主义和反普遍主义的立场上，以激进的民主话语反抗新右翼的保守话语，从而廓出了激进和多元的民主规划。

第四章论述了激进和多元民主的公民主体身份的重构。墨菲研究了女权主义、社群主义、以及罗尔斯、哈贝马斯、吉登斯为代表的新自由主义民主理论后认为，应该突破了自由主义"公、私"领域的对立，构建激进和多元民主新的公民身份。这种公民身份是由政治来界定的，而不是由法律来界定。

第五章论述了激进和多元民主规划的具体模式——竞争民主的构建。墨菲借鉴了施米特的关于"敌／我"的分判理论，认为"敌"与"我"是可以相互转化的，"敌人"在民主模式中应该被视作"合法的敌人"或"可尊敬的对手”，而不是需要加以从肉体上消灭的敌人。在此基础上，墨菲提出了竞争民主，她认为民主的目的在于将“敌人”转化为“对手”，将“对抗”转化为“竞争”。

第六章探讨了墨菲政治哲学的理论特征和理论定位。本书认为墨菲的政治哲学思想具有反道德性、多元性、批判性和竞争性等特征；墨菲的政治哲学思想在马克思主义谱系中没有合适位置；墨菲政治哲学散发着积极意义，竞争民主蕴涵着“政治宽容”的思想，对于我国政治文明建设具有重要的借鉴作用。

在本书的结语部分，笔者通过对竞争民主的发展前景进行展望，提出了进一步研究的方向和思路。

本书力图在以下几个方面有所创新：首先是研究主题的创新。墨菲的政治哲学思想相当丰富，如前所述，她的研究主题包括政治的本质，对自由主义和理性主义的批判，政治激情的恢复，女权主义，公民身份的重构等，她对于欧洲的右翼民粹主义和“第三条道路”以及“全球治理”等问题也有研究。笔者认为，后马克思主义的理论只是可以作为墨菲政治思想的一个阶段，而构成墨菲政治哲学中心议题的，是“政治的回归”而非其他命题，因为“政治的回归”贯穿了她的政治哲学的整个体系，因此本书以“政治的回归”为主题来研究墨菲的政治哲学思想。其次是研究方法的创新，主要体现在本书所采用的对比研究方法上。墨菲和拉克劳一起著述《领导权与社会主义的策略——走向激进民主政治》一书以来，就不断同各种思想流派进行论战，掀起一场又一场的学术论争，从而使她的政治哲学思想也备受争议，因此，将墨菲政治哲学思想与其他相关理论进行对比研究，更有助于把握其理论实质、理论特色。最后是本书比较注重理论的研究价值。墨菲的政治哲学实现了对新自由主义和社群主义的超越，融合了现代性和后现代的理论。其政治哲学代表着政治哲学后现代转向的一个理论维度，在社会主义的理想实现方面，她虽然背离了马克思主义，但仍然抱着激进民主幻想，试图将政治引入到激进民主策略之中，虽然她不是一个马克思主义者，但是从某种意义上看，她却是一位西方普适论价值观的摧毁者。基于上述复杂因素，笔者试图将其理论置放在现代性和后现代转换的大背景下，考察其理论得失，从而在一个更为宽广的背景下考察其政治哲学理论的当代价值。

笔者认为本书的不足之处主要是由于墨菲的思想至今仍然处于发展和变

动之中，因此无法对墨菲政治哲学思想进行全面和准确的把握，这有可能会导致对墨菲文本的解读流于肤浅，而我在写作的过程中也感觉到自己的学术视野和理论功底对于现有的墨菲政治哲学思想来说，似乎也不足以完全把握其思想内核。这些不足之处，需要时间来弥补，只好留待今后来努力克服了。

第一章 墨菲政治哲学的历史逻辑

"政治领域从来不是一个零和博弈空间，因为规则和选手都不是完全明确的。"[①]墨菲对于政治领域的描述，揭示了她的竞争主义政治观的理论特质。在墨菲的政治哲学中，新社会运动、西方马克思主义的终结、东欧剧变、终结论思潮、西方左翼信仰危机等重大事件得到关注和思考，这些事件作为特定的历史背景，构成了墨菲政治哲学的历史逻辑。

第一节 多元主义的回归与终结论的盲点

华勒斯坦（Immanuel Wallerstein）认为"事件如尘土"。世界历史的政治大事件更是如此，如果我们不把这些政治事件融入历史的发展趋势中去，所有已经发生的国际政治冲突将会对人类无所警示。在当代世界历史中发生的如柏林墙倒塌、苏联共产主义政权解体、海湾危机、米洛舍维奇政权的垮台、"9·11"事件、美国的反恐战争、以及伊拉克战争等震撼性事件，虽然已经成为往事，但是这些大事件在人类解放、政治发展的历史上的影响不会消解，它们表明在自由主义乐观地欢呼"历史终结"理论已经在全世界范围内取得胜利的时候，冲突和对抗仍然像幽灵一样徘徊于资本主义世界。那么这些事件是一些偶然的巧合，还是它们后面存在着内在的逻辑呢？墨菲的政治哲学就是从探究隐藏于国际政治事件中的内在历史逻辑开始展开思考的。

---

① [英] 恩斯特·拉克劳、查特尔·墨菲：《领导权权与社会主义的策略——走向激进民主政治》，尹树广等译，黑龙江人民出版社 2003 年版，第 217 页。

一、新社会运动与多元主义

1968 年法国的"五月风暴"以后，"新社会运动"在美国和法国的政治领域开始发挥作用了。新社会运动之所以"新"，与当代的经济、科技与社会文化的变迁有关。新社会运动无法以意识形态或利益团体的组织模式来加以概念化，因为它是一种跨文化的现象。较为普遍的观点认为这一运动肇始于 20 世纪 60 年代末西欧的"反叛运动"，欧美等国家在科技和经济方面的迅速发展，导致了资本主义从工业社会向后工业社会转化，人们的社会价值观念从物质主义转向后物质主义，政治观念从传统的阶级和党派的权力政治转向多元化的群众抗议政治。在此背景下，新社会运动产生了。"在发达资本主义社会战后政治的相对稳定中，各种新社会运动纷然呈现——女权主义运动、公民权运动、和平运动、生态运动等等。""这些运动向当代资本主义社会的权力结构提出了挑战。在它们表达众多不平的同时，也向一种多元论的主张——民主国家是社会中立的仲裁者——提出了挑战。"[1]这些运动并不表达阶级对抗，而是指向非阶级的权力关系。作为一种客观的群众性运动，新社会运动越来越广泛地被纳入西方各政党的政治视野。在西欧，无论是左翼政党还是右翼政党都受到了冲击，并根据新社会运动的变化发展状况调整自己的政治纲领和治国策略。在美国，各种民权运动、劳工运动、反战运动和女权运动声势浩大，20 世纪 70 年代，民粹主义的联合产生了，有些已在小城镇赢得了短暂的自治权。民粹主义不是一个思想体系，不是一种价值表达，只是一种精神症状，或者说是一个非常难以定义的政治名词，它是社会不公发展到危机水平时，民众公开发作的社会不满甚至愤恨情绪，越处于社会底层的人，情绪越激烈。民粹主义认为平民的利益被社会中的精英所压制或阻碍，而国家这个工具需要从这些自私自利的精英团体取回，用来改善全民的福祉和进步。英国著名政治哲学家以赛亚·伯林（Isaiah Berlin）把这种民粹主义情绪称为"灰姑娘情结"，后妈的不公带来了她的不幸、痛苦和愤恨。民粹主义在美国的一个社团组织是彩虹联盟，该联盟在全国范围建立大约上百个分部，而且参与了 1984 年和 1988 年的总统竞选，并成功建立了

---

[1]　［美］杰弗里·伊萨克：《论后马克思与新社会运动》，参见周凡、李惠斌主编：《后马克思主义》，中央编译出版社 2007 年版，第 349 页。

劳工、社区和新社会运动的联合。而在西德，民粹主义的典型性组织是德国绿党。20世纪80年代的西德选举中，德国绿党取得了突破性的进展。在1983年德国绿党进入国民议会的鼓舞下，各种政党纷纷在欧洲其他地方拓展势力。虽然没有一个能够像德国绿党那样成功，但是在"整个20世纪90年代，最具有抱负的、系统的、使新社会运动和公民的创新精神政治化的努力就是欧洲的绿党。"① 现在人们可以罗列出欧美国家一连串的失败的第三党名单，如进步党、社会主义党、共产主义党、美国独立党、公民党、和平自由党、自由意志党甚至消费党，其他更多的政党都是昙花一现，要么刚成立不久就遭到瓦解的命运，要么沦入持久的边缘状态。但是这些失败的或者边缘的政党的胜利似乎也可能是一夜之间的事情，因为英国的自由党、德国绿党、法国生态党、加拿大新民主党的崛起就是证明。新社会运动为第三党的崛起准备了空间，美国的石油、化工和原子工人协会主席鲍勃·韦杰斯指出，"没有时间胆怯了。在美国存在着巨大的政治真空。只要我们有勇气联合起来，劳工阶级就能填补这个真空。"②

台湾学者杜远达认为新社会运动有如下特征：第一，就目标而言，新社会运动在尝试扩大个人自主的空间，以及克服现代社会的各种风险；第二，新社会运动有明显的认同取向；第三，新社会运动的参与者，以新中产阶级为主；第四，新社会运动的行动与策略不一而足，从20世纪60年代到20世纪80年代，新社会运动使用过封锁、占领、非法居留于公有地，静坐抗议、罢工等形式。根据杜远达的观点，新社会运动是和人们的日常活紧密联系，蕴含着一种市民生活的民主化动力以及扩展市民社会的策略。③ 因此，新社会运动所带来的多元主义现象，无法用阶级的概念予以概括。如何将这些新社会运动的诉求重新整合起来，这是左翼的一个新课题，这项新课题也就是墨菲构建激进民主理论的背景因素之一。

新社会运动带来了多元主义的复兴。多元主义源远流长，可以追溯到古希腊时期对于"一"与"多"的讨论。在近代政治哲学方面，以"多元主义"

---

① [美] 卡尔·博格斯：《政治的终结》，陈家刚译，社会科学文献出版社2001年版，第333页。

② [美] 卡尔·博格斯：《政治的终结》，陈家刚译，社会科学文献出版社2001年版，第337页。

③ 参见曾志隆《激进与多元民主政治理论的建构：以穆芙的"争胜式民主"为讨论对象》，台湾东吴大学博士论文第二章关于新社会运动的讨论。资料来源：中国国家图书馆。

一词来讨论民主的问题，则大致可以追溯到 19 世纪末的英国，但约略在同一时间，美国也有多元主义理论的出现。英国与美国各自形成现代多元主义思想的两大源流：英国的多元主义思想以拉斯基为代表，偏重研究哲学思辨的理论领域，是对黑格尔的"国家是绝对精神"思想的批判，美国的多元主义思想则是以达尔为代表，主要是立足于行为主义传统，偏向多重因素的社会科学方法论。英国的多元主义形成，始于两个相互交错的历史背景：一是 19 世纪末英国的工业革命，从而造成劳工运动蓬勃发展，工会数量逐渐增多，英国法院必须处理许多与劳资争议有关的案件，尤其是对于劳动合同的法律效力，工会的自治权等法律地位如何界定问题，英国的习惯法无法提供合理的答案。在这种劳工法律法规匮乏的背景下，德国学者纪尔克的"法人人格理论"引起了英国学者的注意。纪尔克（Otto Gierke）在《论人类团体之本质》一书中，提出人民团体"有机性"的概念，主张法人和自然人一样应该具有权利能力和行为能力，是权利义务的享有者和承担主体。英国学者发展了纪尔克的"人民团体也具有权利能力"的观点，提出"国家"也是一种"人民团体"，两者在本质上并无差别，唯一的差异就是"国家"是在追求更为广泛的共同福祉。[1] 二是对英国国家秩序的不同看法所造成。由于英国维多利亚时代以来奉行"经济自由放任"所造成的脱序感，英国学者如托马斯·格林（Thomas Hill Green）与博纳德·包桑葵（Bernard Bosantquet）等人接受黑格尔关于绝对国家的精神理念，尝试寻求国家对社会干预的伦理基础，认为政治上的主权可以被视为国家统一的象征，同时主权也代表普遍意志与共善。他们认为，这些观念有助于重新界定国家行为正当性的范围。然而，多元主义者反对这两种观点。于是在德国学理的支持下，由于英国自身的秩序问题在看法上和一元国家论者不同，遂有多元主义的理论在英国的出现。英国的多元主义者认为，将国家视为"集体意志"（a collective will）并具有"法律人格"（a legal personality），根本就是危险的形而上学虚幻，最后会走向绝对主义，对民主毫无帮助。因此，英国的多元主义者拒斥黑格尔的单一国家主权论，反对普选，因为普选无法代表社会的多元性主体利益，并且在制度上受国家控制，主权仍然凌驾于个人。他们从社会团体是主

---

[1] 李健良：《民主政治的建构基础及其难题：以多元主义理论为主轴》，参见萧高彦、苏文流主编：《多元主义》，台北中央研究院中山人文社会科学研究所1998年版，第103—104页。

权的本源的立场出发，强调"功能性的代议"才能与民主相匹配，因为功能性的代议是依据团体成员的社会功能来分配政治权利，并是设计投票结构的依据，这是一种真正的权力分散机制，也是自我管理的民主。英国学者拉斯基（Harold Joseph Laski）是首先把多元主义这个概念从哲学引入政治学中的学者，拉斯基认为多元主义这个概念可以方便地表达自己的政治哲学内涵，强调在多元主义这一理论中不承认任何统一的、至高无上的政治权威，也就是那种绝对的国家主权，而这种否定的目的是为了提升各种社会组织的政治地位并为他们的活动创造广泛的政治和社会空间。拉斯基的多元主义政治理论基于两个方面的认识，一方面是他所看到的近代西方国家政治生活的实际，即社会团体与国家分享着某个社会共同体内部的各方面权力的事实，这种"事实已经使（国家）主权的理论成为一种简直是荒唐的抽象。"① 另一方面则是他认为针对第一次世界大战以来国家权力日益集中的趋势，多元主义是发挥民众对于国家政权的监督和控制，尽可能实现民主主义的唯一途径。②

美国的多元主义，其形成的背景不同于英国的多元主义。大致可以归纳出以下几个因素：一是麦迪逊遗产（the Madisonian heritage），也就是美国开国元勋麦迪逊（James Madisonian）等人于 1788 年合著《联邦论》，该书提示党派政治不可避免，可是又要将它对民主的伤害降到最低，那么唯一可行的方法就是保障人民的结社自由，并将政府的权力分散于各种团体，使他们相互制衡。这套分权与制衡的机制，为美国日后的民主政治奠定实践基础。二是詹姆士（William James）的心理学与杜威（John Dewey）的实用哲学（Pragmatism）。詹姆士将一元主义与多元主义之间的争论赋予理性与经验主义的区别，并将多元主义视为"激进的经验主义"。这无异于赋予多元主义一种经验意涵，而不是一种纯哲学的思辨。三是新霍布斯的政治社会学，也就是将霍布斯个人使用权力以维持生存的观念，转换为社会乃是冲突团体所构成，每一个团体籍由权力的行使以增进团体自身的利益。四是对权利精英理论的批评。权力精英理论的著名理论是米歇尔斯（Marinus Jacobus Hendricus）的寡头铁律，认为任何社会组织不论一开始如何民主，最后都一定会走向寡头治理。罗伯特·达尔（Robert Alan Dahl）则是首先采用"多头政治"

---

① 转引自唐士其：《西方政治思想史》，北京大学出版社 2002 年版，第 449 页。
② 参见曾志隆《激进与多元民主政治理论的建构：以穆芙的"争胜式民主"为讨论对象》，台湾东吴大学博士论文第二章关于多元主义的讨论。资料来源：中国国家图书馆。

概念的政治思想家。达尔明确指出，之所以采用"多头政治"这个概念，因为"在今天，民主这个概念就如同一间堆满了 2500 年来几乎一直在使用各种杂物的厨房。"① 多头政治实际上是达尔提出的对于代议制民主政治的一种替代模式。达尔在对美国某个城市实证研究的基础上，得出一个关于民主的答案，"一个世纪以来的发展中，这个城市的居民积累的不平等性在向非积累性的不平等转化；也就是说，正是由原来的那种由同一批政治领袖支配的政治向由众多不同的领袖支配的多元政治化。"② 按照达尔的理解，虽然说少数拥有较多政治资源的人，在实际上掌握着决策的权力，但他们绝不能无视民主政治的规则，完全按照自己的意志进行政治活动。多元主义对于民主政治的信仰发挥着一种强大的约束作用，或者说形成了政治活动的基本框架。也正是在这个意义上可以说多头政治其实是一种民主政治。但是，达尔也认为，仅仅有政治资源的多元分配还不足以构成多头政治的充分条件，一种稳定的多头政治体制或者说多元主义民主制还必须具有若干必不可少的制度性保证。但达尔对于自己所提出的所谓多头政治的模式也存在有疑问的，他在 1982 年出版的《多元民主的困境：自治与控制的对抗》一书中，提出了这样的一种思考：在威胁多元主义民主的各种因素中，经济的不平等已经成为一个必须引起人们广泛关注的问题。在美国存在着明显的"利益集团政治"，这对政治与社会的多元主义的发展造成了妨碍。

无论是英国的多元主义或者是美国的多元主义，都不断地受到来自于政治哲学的质疑。英国的多元主义既要寻求多元性，又企图为社会生活寻求秩序与凝聚力，二者处于矛盾之中。美国的多元主义只是单纯地将焦点放在市民社会里的利益团体，忽视了国家作为利益团体的角色。以上两种多元主义，各自关怀的主题其实并不相同，英国的多元主义关心的是国家人格问题，而美国的多元主义则强调利益团体对于政府决策的影响。但两种多元主义理论的共同理论目的是为解决在代议制民主制度下，由于全体民众不可能直接参与政治决策，而产生的统治者与被统治者之间的裂痕。在肯定共和主义民主的政治价值的情况下，试图在代议制民主的框架之内，为统治者与被统治者之间架起一个政治观点沟通的桥梁，这种桥梁就是新社会运动意义上

① 转引自唐士其：《西方政治思想史》，北京大学出版社 2002 年版，第 455 页。
② 转引自唐士其：《西方政治思想史》，北京大学出版社 2002 年版，第 457 页。

的各种社会组织。换言之，多元主义调和了自由主义民主和共和主义民主的各自缺陷，试图对自由主义民主和共和主义民主进行理论的融合。在这个意义上讲，多元主义具有激进的民主因素。

墨菲对新社会运动与多元主义的关注，是从《领导权与社会主义的策略——走向激进民主政治》一书开始的。她在《领导权与社会主义的策略——走向激进民主政治》一书中认为，"'新社会运动'一词，是一个不能令人满意的术语，它把一系列极端不同的斗争汇集在一起，这些斗争包括都市的、生态主义的、反权力主义的、反制度化的、女权主义的、反对种族歧视的、少数民族权力的、地区性的或性少数的斗争，他们的共同点就是它们与被当成'阶级'斗争的工人斗争有所区别。"[1] 新社会运动产生的问题是多维度的，体现了一种多元化的民主政治斗争和民主参与形式，并不是简单的阶级剥削和经济压迫理论所能够概括。墨菲的政治哲学思想敏锐地捕捉了新社会运动的理论特质，第一，新社会运动是后工业社会的一个特征，把许多偶然性的社会冲突解释为越来越多的社会关系方面所起的新作用；第二，新社会运动代表了民主革命运动向一系列边缘社会关系的扩展；第三，新社会运动具有连续性和断裂性两个特征。连续性的特征是这个运动坚持在任何语境下都把民主和自由两大人类理想转变为西方社会现实中的点点滴滴；断裂性则是指不同形式的新社会运动会不断地构建新的政治主体，产生新的从属关系和新的对抗；第四，新社会运动带来现存社会交往方式的极大变革，促使霸权形态不断地变革。这样，新社会运动迫使墨菲思考新的霸权体系。她最终将理论之锚固定在多元主义之上。

墨菲对于多元主义的思考，首先是将罗尔斯关于"简单的多元主义"和"合理的多元主义"的划分作为讨论的对象。罗尔斯把多元性看作是立宪民主政体在理性制度框架内的人类实践结果，实际上是把政治看作是一种道德需求。简单的多元主义意味着一种不能被接受的多元主义，而合理的多元主义则是那些宗教、道德和哲学意义上的多元主义，但是这些多元主义必须被放逐在私人领域。墨菲认为罗尔斯对多元主义的如是区分忽视了政治的意义，试图通过"权利优先于善"的道德优势来避免他对多元主义划分的误区，

---

[1] ［英］恩斯特·拉克劳、查特尔·墨菲：《领导权与社会主义的策略——走向激进民主政治》，尹树广等译，黑龙江人民出版社 2003 年版，第 177—178 页。

但是他一直没有能够解决这个问题。"罗尔斯用这样一种区分真正要表明的是：只要关涉到政治联合体的原则，多元主义就是不可能的，而且拒绝接受自由主义原则的那些观念将会被排斥。"①在分析完罗尔斯对于多元主义概念区分的理论缺陷之后，墨菲又批判了后现代解构主义者所倡导的"极端多元主义"。极端的多元主义，又可以被称作"不可通约的多元主义"，在后现代语境下，后现代的多元主义者以摧毁一切固定理念的方式，使多元主义没有任何的稳定性和连续性，从而演变成了极端的多元主义。如利奥塔和福柯后现代解构主义就是极端的多元主义观点。"就这点而论，我们的观点不同于其他一些非本质主义者的观点，对他们来说，到处都弥漫着非总体化和去中心化的气息，而对于主体地位的弃置也被转换成一种明显的离散情景，利奥塔以及在某种意义上的福柯就是这样的。"②虽然这种极端的多元主义貌似更加激进，但是对于激进民主政治关于构建差异性与附属性是有害的，它否认暂时的认同，没有任何同一的理论纽带，主体之间不存在任何先验的、必然的联系。墨菲认为尽管对抗不可根除，但是，对抗不是绝对的对抗，通过临时性的关联因素，"对抗"可以转化为"竞争"。墨菲既不接受罗尔斯所谓的合理多元主义的定义，也拒斥极端的多元主义。她指出："一个人若要用多元主义来适用反对不平等的斗争，就要区分那些已经存在但不应该存在的异质性和那些应该存在但不存在的异质性。显然传统的自由多元主义者和近来以差异性和谬误为自信的后现代主义者不能提供这个标准。"③这样，墨菲借助于传统的多元主义民主和极端多元主义的概念区分，阐发了自己对于多元主义的理解，即多元主义具有暂时认同的特征，而且无论是公共领域还是私人领域，多元主义都会存在。

二、冷战后国际政治的新对抗

1989年柏林墙倒塌，东欧各国与苏联的共产主义政权开始瓦解，这一切似乎为亨廷顿所提出的"第三波民主化"提供了事实证据，同时也使福山乐观地认为，这是"历史终结"的欢庆时刻，历史必然会向着繁荣与稳定的

---

① ［英］尚塔尔·墨菲：《民主、权力与"政治性"》，参见［美］塞拉·本哈比主编：《民主与差异：挑战政治的边界》，黄相怀等译，中央编译出版社2009年版，第249页。
② ［英］尚塔尔·墨菲：《政治的回归》，王恒等译，江苏人民出版社2005年版，第103页。
③ Chantal Mouffe, *Dimensions of Radical Democracy* (the preface), London: Verso, 1992, p.13.

自由主义民主政治前进。但是亨廷顿和福山都错了，他们所预言的"第三波民主化的高潮"和"历史终结"局面并没有到来，与此相反，苏联和东欧社会主义政权瓦解之后的政治废墟上新的冲突和对抗又出现了。

冷战结束后的东欧，新民族主义情绪开始蔓延。东欧民族、文化和宗教的复杂性已经有很长的历史。东欧由于历经奥斯曼帝国、沙俄帝国、哈布斯堡王朝与普鲁士的统治，因此形成族群、文化、宗教的交错现象。其中又以巴尔干半岛最为明显。南斯拉夫共产主义政权存续期间，尚能通过政治权力压制国内的族群与宗教等问题，然而，共产主义政权消解之后，族群、区域、宗教对立与冲突就出现了。例如1991年斯洛文尼亚与克罗埃西亚宣布独立，脱离南斯拉夫联邦。这项行动因为与塞尔维亚总统米洛舍维奇的"大塞尔维亚主义"相违背而爆发长达四年半之久的战争；1992年波斯尼亚-黑塞哥维那独立，当晚战争就冲击到那里。1989年开始发生的东欧剧变也没有带来欧洲的祥和与稳定。俄国革命成功后，列宁、斯大林不谈民族独立，而是让符合如下四项标准的民族自治，1920年斯大林在《马克思主义与民族问题》提出四项"民族"的标准：①说相同的语言；②据有一块高度集中的土地；③具有相同的经济体制；④具有相同的心理特征，可以表述为"文化"。格鲁吉亚就是以此方式成为加盟共和国。受此影响，东欧共产主义政权基本上用比较成功的方法获得了民族和种族冲突的解决。东欧剧变之后，社会主义阵营解散，苏联分割成若干独立的民族国家。于是，新的民族矛盾和冲突出现了。在政治上虽然赋予人民选举的权利，重新制定宪法，采取权力分立、出现多党体系，新闻管制不再，但是进行各项经济改革的结果，却使人民越来越感受到贫困，没有安全感和造成失业率的上升，让人们觉得改革违背原有的社会正义。因此，政府由于对于民主改革缓慢的效率愈发无奈而逐渐失去对民众的信任。于是民族主义在东欧弥漫开来。目前东欧的民族主义呈现一种"新的民族主义迷思"，也就是对于与西欧亦步亦趋现状不满，希望回归共产主义政权的一种思考。东欧的局势，特别是巴尔干半岛，在国际社会的强力介入与干涉之下，目前算是稳定下来。然而，对于这块素有"欧洲火药库"之称的区域而言，未来的发展会是如何？民主能否持续下去？仍有待进一步的观察。[1] 苏

---

① 参见曾志隆《激进与多元民主政治理论的建构：以穆芙的"争胜式民主"为讨论对象》，台湾东吴大学博士论文第二章关于东欧剧变后东欧政治情势的讨论。资料来源：中国国家图书馆。

东剧变对于西欧而言，则是冷战结束后亟待界定新的政治边界。在这种情况之下，"极右翼"成长起来。有学者将欧洲的极右翼政党区分为"新民粹主义"与"新法西斯主义"，两者的判别标准之一是新法西斯主义诉求是追随希特勒、墨索里尼法西斯主义的当代思想产物，而新民粹主义则无此倾向。但是"新民粹主义"不断发泄着对社会的不满情绪，时刻会引起社会的不稳定与动荡。当今的法国国民阵线、意大利的国民联盟与德国的共和党皆属于新民粹主义政党。"新民粹主义"对于"敌人"也提出新的界定。例如在移民问题上，他们把外来的移民当做敌人。新民粹主义都是属于极右翼政党，这些极右翼的政党在意识形态上，位居政治光谱的右边，并且具有反体系的倾向、宣称自己为社会的"主流"。

　　苏联和东欧社会主义政权崩溃后，欧洲的整体格局更加复杂。原来以意识形态作为强制的地域划分，可以叫做"一分为二"，现在则是以经济板块划分，则是"一分为四"：欧共体和自由贸易联盟国家；统一后的德国；德国和原苏联之间的中欧、东欧；苏联的欧洲部分。德国虽然是欧洲共同体的成员之一，但是有着有别于其他欧洲共同体成员国的政治、经济特征和影响，它本身也是一个板块。这些板块之间和各自本身都包含着种种问题和矛盾。①

　　前面仅仅描述了欧洲在苏联和东欧社会主义政权崩溃之后的潜藏矛盾冲突现状，并没有论及世界各国其他领域。但是这并不等于暗示世界其他地区天下太平，伊斯兰原教旨主义的兴起、"9·11事件"、美国的反恐战争、被称之为萨达姆"一个人抵抗"的伊拉克战争都是世界秩序动荡的例证。当年的美国国务卿鲍威尔曾经警告美国总统小布什不要出兵入侵伊拉克，并以"陶瓷仓规则"表示，"如果你打破它，就得拥有它。"事实上，情况更为糟糕，美国打破了伊拉克这个陶瓷，但是从来没有拥有过伊拉克，而是不断地投入人力和物力试图解决善后问题。7年战争使美国损失3万亿美元。亨廷顿把这些世界各区域的冲突归结为"文明的冲突"，其中包括"西方普适主义与伊斯兰原教旨主义者的冲突"、"武器扩散和生存主义的冲突"、"人权和主权的冲突"。亨廷顿认为，20世纪90年代以来，伊斯兰和西方国家之间形成了一种"文明冷战"，但在各种文明组成的世界中，文明冷战并不是唯一的关系，"冷和平、冷战、贸易战、准战争、不稳定的和平、困难关系、紧张

---

①　陈乐民：《东欧剧变与欧洲重建》，世界知识出版社1991年版，"自序"第3页。

的对抗、竞争共存、军备竞赛所有这些说法，或许最恰当地描述了不同文明实体之间的关系。信任和友谊将是罕见的。"①

　　和许多政治哲学家一样，墨菲也在对东欧剧变和苏联社会主义政权崩溃之后的国际政治的格局进行着深层次的思考，她将种族冲突、移民问题乃至于极右翼的崛起，归因于本体论的政治哲学现象，并指责自由主义对世界形势的高度误判和盲目乐观，在这一点上墨菲和华勒斯坦似乎有共识。华勒斯坦认为，东欧和苏联社会主义政权的崩溃，并不是自由主义的胜利，而是"自由主义的终结"。墨菲则是用戏谑的语调说："不久前，在一片喧嚣声中我们被告知自由民主已经取胜，历史已经终结。可是，苏东社会主义的崩溃远没有产生向多元的民主的平稳转变，在许多地方似乎还导致了民族主义的复活和新对抗的出现。西方民主主义者惊奇地注视着各种各样的种族、宗教、和国家冲突的爆发，他们原以为这些只属于一个过去了的年代。'世界新秩序'的预言、普遍价值的胜利、'后传统的'同一性的普遍化都没有实现，相反，我们看到的是诸多排他主义的爆发以及不断增长的对西方普遍主义的挑战。"②在民族主义开始复活，宗教原教旨主义开始出现，世界各地民族和宗教冲突不断的政治大背景下，大多数的自由主义者仍然认为，这不过是自由主义民主普遍化过程中的一个短暂的耽搁。墨菲站在后马克思主义的立场，认为自由主义者的盲目乐观会给世界民主带来不利因素，"这一切正说明在当前形式下大多数政治理论家是软弱无能的——在一个发生着深刻的政治变迁的时代，这种无能将可能对民主政治学产生灾难性的后果"③。她反对自由主义的理性共识论和普适主义思想，认为自由主义民主是一种无根的政治学，当代世界政治是"冲突"的政治而不是"中立化"的政治，激进民主是唯一的与当代世界政治相适应的民主，以哈贝马斯审议民主为代表的自由主义民主应该被替换掉了。东欧与西欧的政治情势为墨菲提供一项思考，也就是：不能忽视冲突意义上的"政治"，而且要放弃任何的"理性共识"，理性共识关于通过对话和协商的民主程序可以永远消除敌对的观点，不过是一种民主政治的幻觉。

---

① ［美］塞缪尔·亨廷顿：《文明的冲突与世界秩序的重建》，新华出版社2002年版，第229页。
② ［英］尚塔尔·墨菲：《政治的回归》，王恒等译，江苏人民出版社2005年版，"绪论"第1—2页。
③ ［英］尚塔尔·墨菲：《政治的回归》，王恒等译，江苏人民出版社2005年版，第2页。

第二节　西方左翼的理论困境

墨菲在《领导权与社会主义策略——走向激进的民主政治》一书中，对马克思主义基本范畴进行了解构，但她的理论动机并不是摒弃社会主义的目标，而是把社会主义作为民主理想的一部分。革命的激情对于墨菲来说仍然是必需的，墨菲希望"乌托邦"的革命理想主义应该被左翼所保持，"作为使某些社会秩序总体化为否定性的一系列象征意义的想象存在，对所有左翼思想的构造是绝对必要的。"[①]她认为西方左翼面对社会主义运动的变革和冷战后的马克思主义危机，既要有放弃经典的本质主义的勇气，又要固守马克思主义革命精神的毅力，所以，左翼需要突破经典理论的瓶颈来适应新的政治形势。因此对西方左翼理论困境的探讨，也成为墨菲政治哲学的一个重要部分。

一、西方马克思主义的逻辑终结

《共产党宣言》标志着马克思主义公开面世，马克思主义通过与工人运动相结合，在实现"改造世界"的历史承诺过程中不断发展自身。但马克思并不认为自己的思想是完整的体系哲学，马克思主义理论作为方法论，是一种历史研究的指南而不是黑格尔式的构造体系的方法。马克思曾经强调："他一定要把我关于西欧资本主义起源的历史概述彻底变成一般发展道路的历史哲学理论，一切民族，不管它们所处的历史环境如何，都注定要走这条道路，——以便最后到达到保证社会劳动生产力极高度发展的同时又保证每个生产者个人最全面的发展的这样一种经济形态。但是我要请他原谅。（他这样做，会给我过多的荣誉，同时，也会给我过多的侮辱。）"[②]尽管马克思本人并不认为自己的思想是万能的真理，也反对别人把他的思想教条化甚至意识形态化，但在马克思和恩格斯去世以后，由于第二国际自封为正统的理论家无视当时复杂的理论和实践形势，马克思主义还是被教条化了，教条主义在马克思主义理论内部开始出现。于是，马克思主义哲学的历史分化开始

---

① ［英］恩斯特·拉克劳、尚塔尔·墨菲：《领导权与社会主义的策略——走向激进民主政治》，尹树广等译，黑龙江人民出版社 2003 年版，第 214 页。
② 《马克思恩格斯选集》第 3 卷，人民出版社 2012 年版，第 730 页。

了。"西方马克思主义"就是在这样的历史环境下产生的。早期西方马克思主义的理论家卢卡奇、科尔施、葛兰西理论的目的，就是为了反对第二国际的理论家们对马克思主义的误读。

对于西方马克思主义的源起，学术界有多种看法，但是多数学者都延续佩里·安德森（Perry Anderson）的观点，赞同将卢卡奇（Ceorg Lukacs）、科尔施（Karl Korsch）和葛兰西当作是西方马克思主义的开创性人物。早期的西方马克思主义者意识到第二国际对马克思主义经典理论误读的危险，开始反对教条主义、本质主义和经济决定论。他们大多以《1844 年经济学哲学手稿》为理论依据，挖掘马克思主义的人道主义资源，卢卡奇 1923 年发表《历史与阶级意识》，柯尔施于同年发表《马克思主义与哲学》。葛兰西在俄国十月革命胜利之后，也发表了《反对〈资本论〉的革命》一文。早期西方马克思主义理论家逐渐形成一股思潮，以反驳第二国际的所谓正统马克思主义理论，都试图从人本主义的维度，摒弃经济决定论的模式来重新解释马克思主义。按照安德森的观点，早期西方马克思主义以及以后的法兰克福学派和科学马克思主义等西方马克思主义流派的理论具有如下共同特点：第一，西方马克思主义与正统马克思主义不同，除了三位开创人物曾经直接参加革命之外，从第二次世界大战之后的发展来看，其后的西方马克思主义与实际的政治斗争产生疏离，致使西方马克思主义成为一种特定的批判向度的理论形态，并进入大学校园；第二，西方马克思主义一开始就把黑格尔引为源头活水，因而引发往后的西方马克思主义者如法兰克福学派，存在主义的马克思主义学派，拒绝接受恩格斯对于马克思主义的诠释，转而探讨马克思与黑格尔之间的关联；第三，就整体来看，西方马克思主义注重一种文化审美救赎主义而非革命的实践；第四，西方马克思主义并没有被当时的理论界完全接受，卢卡奇、科尔施、葛兰西都是西方马克思主义孤独的开创者，历经流亡、贫困和死亡。从阿尔都塞开始，西方马克思主义哲学发生了由人文主义向科学主义的转向，阿尔都塞坚持马克思主义是一门科学，公开反对人本主义的马克思主义，"这种来自西方马克思主义哲学自身深层哲学逻辑的历史反拨，严重冲击了西方马克思主义哲学本身，加速了人本主义的瓦解。"① 到了 20 世纪 40 年代初，以霍克海默（M. Max Horkheimer）和阿

---

① 张一兵、胡大平：《西方马克思主义哲学的历史逻辑》，南京大学出版社 2003 年版，第 19 页。

多诺（Theodor Wiesengrund Adorno）为代表的法兰克福学派，对启蒙时代以来的"理性"展开批判，使卢卡奇提出的"理性批判"从自发转为自觉，这事实上已经开创了一个不同于传统西方马克思主义的批判理论。1966 年，阿多诺《否定辩证法》的出版标志着了西方马克思主义自 20 世纪 60 年代末开始，从人本主义哲学思辨理论，转化为一种对资本主义的全面批判理论。从实践上看，随着 1968 年法国被称为"五月风暴"的学生运动的失败，以及法兰克福学派批判理论的后现代转向，西方马克思主义哲学在总体上终结了。

西方马克思主义的终结，使左翼思想陷入"无坐标的漂浮"状态，因而引发了墨菲继续思索马克思主义的定位与未来。西方马克思主义的终结，是指理论发展的终结，它的历史影响并没有结束。今天，在后现代话语中各种各样的激进理论框架中，"晚期马克思主义"、"后现代的马克思主义"和"后马克思主义"等许多后现代国外马克思主义的理论形态都是西方马克思主义的理论延伸结果。墨菲的政治哲学是延续西方马克思主义对于马克思主义危机的自我救赎情怀。在《领导权与社会主义的策略——走向激进民主政治》第二版序言中，墨菲和拉克劳写道："1970 年代中期，马克思主义的理论已经陷入僵局。在 1960 年代特别富有创造力的阶段之后，再继续下去受到的限制非常明显"。① 墨菲和拉克劳所指的 1960 年代富有创造力的阶段，指的就是阿尔都塞科学主义的马克思主义、对葛兰西思想的重新研究以及法兰克福学派文化批判理论的崛起。但是随着西方马克思主义理论的终结，马克思主义理论范畴与当代资本主义现实之间的断裂越来越大。现实的国际政治运动，使左翼感到前途渺茫。虽然阿尔都塞发现了矛盾多元决定的理论，普兰查斯提出"国家相对自主性"的理论，但是并没有突破经济决定论的框架，于是西方左翼出现了理论上"绝望的扭曲"。在这种情况下，左翼理论产生两种走向，一种是退回到正统的马克思主义理论，固守传统经典；另外一种情况是对新的趋势进行描述性分析，机械地综合，不经过任何分析与传统马克思主义进行嫁接，并有与考茨基或伯恩施坦等修正主义为伍的意愿。

经典马克思主义关于"阶级斗争"和"经济决定论"的理论指向在现实

---

① [英] 恩斯特·拉克劳、尚塔尔·墨菲：《领导权与社会主义的策略——走向激进民主政治》，尹树广等译，黑龙江人民出版社 2003 年版，"序言"第 2 页。

中遇到阻碍，以及西方马克思主义的逻辑终结，使西方左翼政治陷入理论困境。而在现实政治中，苏联社会主义阵营的解体，北欧社会民主（social democracy）模式陷入危机，而克林顿、布莱尔虽然表现出亲近左翼的面目，实际上却在延续撒切尔－里根时代的"新自由主义"政策。现实的政治格局又使西方左翼陷入了实践困境。于是，在理论困境和实践困境的双重阻碍面前，他们提出了"政治世俗化"的理论诉求。"政治世俗化"意味着接受西方的自由主义成为普适思想的现实，把乌托邦式革命理想完全驱逐出政治领域。墨菲将"政治世俗化"理解为西方左翼困境的产物。但面对左翼的困境，墨菲坚持认为现存的西方资本主义模式绝不是一个优秀的方案，如何在危机中创立新的批判性理论，使左翼在新的历史条件下重新定位，并复兴理想政治事业，是今天左翼所应该共同思考的问题。她利用后现代的解构方法论解构了马克思主义的经典范畴，然后提出激进的民主规划理论，意在表明西方左翼现在应该选择一个"新领导权"的理论逻辑。

二、新右翼的话语与左翼的理论困境

在多元主义的话语中，新自由主义和新保守主义是不可或缺的一对组合。新保守主义崛起于 20 世纪 60 年代，它源自于美国的保守主义，最先使用这一词语的是哈灵顿（Michael Harrington），然而这个词语又经常与"新右翼"、"新自由主义"连结在一起，在概念厘清上造成相应的困扰。基本上要区分"新保守主义"、"新右翼"与"新自由主义"这三个概念并不容易，一来是因为每一个国家或区域之间在用法或形成因素上有所差异，涉及概念使用者本身对于概念的理解，例如吉登斯将保守主义区分为老保守主义和第二次世界大战之后的保守主义，再将后者区分为哲学的保守主义、新保守主义与新自由主义，并且将新右翼与新自由主义视为相同的概念，用以指称那些支持市场力量无限扩展的保守主义者。基本上，吉登斯所称的新右翼／新自由主义就是墨菲和拉克劳在《领导权与社会主义策略——走向激进民主政治》一书中所指涉的新右翼／新保守主义。这些新右翼／新保守主义认定本身所传承的是古典自由主义，这种保守主义不是在追求复古，也不是反动与右倾，而是导正美国自由主义的左倾趋势。从以上理解可以看出，新保守主义、新右翼和新自由主义等概念之所以会纠缠不清，其实与自由主义的发展有关。

近代自由主义的发展，其实可以分为两种类型，一是可溯及到洛克的政治自由主义，另一则是以亚当·斯密（Adam Smith）为代表的经济自由主义，但是二者基本上都是主张"有限政府"。早在18世纪后期与19世纪初期，自由主义的核心是自由，把个人视为社会的终极实体，在经济方面，对内强调自由放任，降低国家对于经济事务的干预，对外则是力主自由贸易，把世界各国联合起来，和平相处，以共行民主。至于在政治方面，则是拥护代议民主与议会制度，消减政府的独断独行，以保障市民的自由。然而，从19世纪后期开始，特别是20世纪30年代以后的美国，自由主义无论在经济上抑或是政治上，都已经改变了风貌：在经济上，福利与平等的口号取代了自由，并且对政府的依赖日增，而不是依赖私人之间的自愿协商，于是逐渐走向古典自由主义所反对的国家干预与家长主义政策；至于在政治上，虽然还是主张议会制度、代议政治与个人权利，可是与19世纪的自由主义相比较，明显地倾向支持政府权力的集中。

自由主义在19世纪后期出现分裂。分裂的原因，可以归结为到自由主义经济功利主义（utilitarianism）的创始人边沁（Jeremy Bentham）与其后的自由主义经济功利主义者约翰·穆勒（John Mill）之间的分歧。边沁主张以功利原则作为衡量公共福利的唯一原则，却为国家干预留下了伏笔，原因在于边沁将功利原则视为一种道德标准，而且他的功利原则主张，"最大多数人的最大福利"，这无疑是一种集体的功利主义。因此，他固然主张放任自由，但是他又认为立法的积极干预可以清除对自由的种种阻碍，有效的行政可以创造个人自由以及个人自由不受任何拘束的行动条件。"于是自由放任与积极干预这两个不相容的主张即同时出现在边沁的学说里，从而埋下自由主义分裂的因子，也给20世纪的福利国家理论提供养分。"[①] 至于约翰·穆勒，虽然一般将他归类为功利主义，但是他与边沁以及他的父亲詹姆士·穆勒（James Mill）之间存在着明显的不同。他在某些方面更倾向于古典自由主义，但是在另外一些方面他又离古典自由主义更远，例如在功利原则方面，他倾向于个人自由而不是集体自由；在经济方面，他不赞成古典自由主义将生产与分配视为经济生活的整体，而是主张将分配制度视为一种社会选择的问题。尤其在他晚年时，发现政治上的民主和社会经济的不平等之间出现难以融合的现象，承认财富与权利的重新分配有其必要，这促使他在晚年趋向

---

① 洪谦德：《自由主义》，台北一桥出版社2002年版，第37—38页。

社会主义，他的思想也带有干预主义与国家主义，致使自由主义在 20 世纪初期正式宣告分裂为新古典自由主义与福利自由主义，同时也导致自由主义在 20 世纪中叶以后陷入新保守主义 / 新右翼 / 新自由主义等概念界定、澄清上的困扰。另外，促成自由主义分裂的主因，也不能忽视一些政治因素。

进入 20 世纪，为了应对第一次世界大战、俄国革命成功、1930 年代的世界经济大萧条、法西斯政党的崛起与第二次世界大战等重大国际政治事件带给本国的冲击，英国朝野自 20 世纪初即采取多种措施以极力维系国内的政治与社会的安定。例如工党为抵挡来自基层的激进压力而走温和路线，工会承诺放弃罢工权，政府承认工会的权利，对于政策的决定具有同等咨询力量等。所以，这段期间英国的政策决策模式俨然是一种组合主义，政府与主要的利益团队进行政治协商。第二次世界大战期间，政府与人民之间蕴含着默契，当时的丘吉尔首相关注的是战争的结果，而无暇顾及国内经济的恢复与发展，因而工党在内政上有展示能力的机会。于是在战争期间，英国两大政党即达成健康保险、充分就业等政策上的共识，促成英国在第二次世界大战之后走向福利国家。至于美国，面对同英国同样的背景因素，罗斯福则以凯恩斯的经济理论为蓝本，提出一连串的新政措施。然而，这无疑是挑战美国的立国传统，因为美国的开国精神是以古典自由主义为根基，古典自由主义的观点在政治和经济上主张有限的政府和自由放任。罗斯福新政使得关于经济自由和政治自由的论争在美国引发。

政治自由和经济自由之间的关系非常复杂，在 19 世纪初期，边沁等人将政治自由视为经济自由的工具，认为如果政治的改革得以让大多数人民获得选举权，则人民必然以自身利益考量而投票，结果必然使群众的福利大为提升。但是，在第二次世界大战之后，却是政府对经济事务的干涉更多，集体主义愈益明显，民主国家的主要目标不是自由，而是福利。因此，哈耶克等新保守主义者欲扭转这一现象，强调应该将经济自由视为达到政治自由的工具。1944 年哈耶克发表《通向奴役之路》一书，他坚决反对凯恩斯的福利国家形态，他认为福利国家势必带来政府的大力介入，因而西方社会将演变为集体社会，从而导致极权主义的出现[①]。因此，哈耶克极力主张自由

---

① 哈耶克认为各种各样的集体主义、共产主义与法西斯主义等都是以一致的目的来组织社会，拒绝承认个人的自主性，他将这些主义统称为集体主义。

主义的民主政治，认为唯有自由的民主政治才能捍卫和平与自由。他质疑诸如"社会目标"、"共同目的"、"共善"或是"一般福利"等概念的合法性，因为这些概念基本上是定义不清的。况且，每一个人的福利、幸福各不相同，如何以一套标准来衡量与界定？① 新保守主义不仅在理论上反对福利国家，1980 年代后在政治上也引发一股执政风潮，1979 年撒切尔入住唐宁街，1980 年美国副总统里根获得白宫的宝座。无论是里根或撒切尔都主张有限政府并反对官僚主义，在经济上主张自由主义生产方式，实施自由化，采取强制竞标与解除管制，在执政方面，排除向文官咨询的传统，转而求救于新右翼的思想智库，并大力引进高级行政专才进入政府担任文职职务等。而在法国，新保守主义如法国的阿兰·德·伯努瓦（Alain de Benoist），则是从古典自由主义那里找回了一系列自由主义的主题，认为选举权使公民无差异化和大众化，并被强加于一种单一的标准，这个标准表明了民主必然具有极权主义特征，在这个平等链中，平等＝统一＝极权主义，新保守主义则设定一种权利差别：差异＝不平等＝自由。所以阿兰·德·伯努瓦公然宣称法国大革命是标志西方文明的倒退的一个重要阶段，这种倒退开始于基督教，那是一种"古代的布尔什维克主义"。②

　　通过上述论证可以发现，"新自由主义"、"新保守主义"、"新右派"等概念其实是非常难以分清楚它们的边界的，它们之间存在着交叉、重合以及歧义，它们是因为思想家们根据不同的政治语境所表达的一种临时政治诉求。墨菲并没有刻意去纠结新自由主义和新保守主义概念的区别，她所关注的是，无论是新自由主义或是者新保守主义的主张的都是"反对民主的攻势"，他们怀疑这样的霸权连结类型："这种连结把民主的自由主义引向去证明反对不平等的斗争中，国家干预的正当性以及福利国家设置的正当性。"③"自由"经过各种形式斗争以后，已经摆脱了洛克的自由定义——"自由就是摆脱他人的束缚和暴力"，经过约翰·穆勒的改造，"民主参与"已经

① Hayek, Friedrich, *The road to Serfdom*, The University of Chicago Press, 1980, p.57.
② 本书"新右翼的话语与左翼的理论困境"的探讨参见曾志隆《激进与多元民主政治理论的建构：以穆芙的"争胜式民主"为讨论对象》，台湾东吴大学博士论文第二章关于极右派兴起的讨论。资料来源：中国国家图书馆。
③ ［英］恩斯特·拉克劳、尚塔尔·墨菲：《领导权与社会主义的策略——走向激进民主政治》，尹树广等译，黑龙江人民出版社 2003 年版，第 192 页。

作为自由的重要概念，再经过左翼的话语阐释，自由概念开始意味着作出某种选择和欢迎一系列选择的"能力"，因此"贫穷是违背自由精神的"。但是新自由主义却试图怀疑这种自由理论，试图回到古典自由主义的框架内；而新保守主义则是重新定义民主概念，限制其应用领域，将政治参与限制在狭隘的状态，逐渐把政治制度从社会中分离出来，政治和社会成为两个独立的原子。这样，公众决议与人民大众无关，成了专家的职责。这样做的结果是导致了经济、社会、政治领域的基本决议将完全非政治化。

新自由主义和新保守主义不过是西方自由主义的新的变异，墨菲把他们统一称呼为"新右翼"。新右翼的理论为墨菲建构激进民主理论提供重要的背景因素。在19世纪80年代，新右翼理论和其施政措施由于文化传播方式的影响，的确获取不少民众的支持，成功地主导整个政治情势。鉴于新右翼的成功，墨菲在《领导权与社会主义的策略——走向激进民主政治》一书中提醒左翼不能排斥自由—民主的意识形态。左翼应该深化与扩大自由—民主意识形态，换句话说，墨菲认为当代的左翼革命运动，不能仅限于平等的诉求，而应该扩大战线，渗入自由主义阵营，向自由主义者争取领导权，尤其是面对新社会运动的出现，以自主性作为运动的诉求，使左翼更加严肃地面对自由的课题，而不是漠然视之，因为："在政治哲学领域，用何种形式定义自由、平等、民主和正义这些概念，将可能在各种其他话语层面上产生重要作用，而且对于大众常识的塑造是决定性的。"①这需要左翼摒弃传统的思维定式，放弃上层建筑和政治基础的二元划分，拒绝解放政治实践具有理论优先权的出发点，才能够获得在社会现实领域中构造领导权连结可能具有的中立性。墨菲希望左翼的思想成为一种"有机的意识形态"，左翼需要在他所建构的主体类型与其他社会关系层面上构造的主体立场之间保持类似。例如新自由主义利用对官僚化的抵制获得了社会的盲目响应，而新保守主义则是成功地把自己瓦解福利国家的纲领描述为保卫个体自由以反对作为压迫者的国家。自由主义之所以发起反对平等主义的斗争，也是基于获得古典自由主义理论的支撑，他们从古典自由主义理论中找到了不平等是正当的根据。墨菲认为，左翼需要借助于某项主题，应该从新自由主义和新保守主义那里

① [英]恩斯特·拉克劳、尚塔尔·墨菲：《领导权与社会主义的策略——走向激进民主政治》，尹树广等译，黑龙江人民出版社2003年版，第196页。

找到理论灵感："我们因此目睹了一个新领导权计划的出台，那是一种自由主义—保守主义话语的设计，它试图把新自由主义对于自由市场的捍卫和根深蒂固的反平等主义文化、保守主义的社会传统主义结合在一起。"①

　　综上所述，东欧剧变和苏联社会主义的解体，并没有使"世界新秩序"得以实现，结果反而是新的世界冲突出现，"历史终结论"遭到质疑。但是无可否认的是，马克思主义理论在西方的现实政治运动中同样遭遇到了危机，西方左翼因此而陷入理论的困境。墨菲认识到西方左翼固有的传统革命理论面对当今世界复杂政治同样无能为力，左翼理论也需要更新。她深感民众对于左翼政治产生了怀疑和冷漠，这些怀疑和冷漠逐渐演变成一种失望和骚动，因此西方左翼在困境中，需要唤起政治激情，寻求理论出路，于是墨菲试图将多元主义同左翼的激进思想进行嫁接。她指出，当时左翼当中一个常见错误就是拒斥多元主义。"这些左派人士的目标是实现完美的民主同质性，并将自由主义视为是这一理想的阻碍。"②所以可以得出结论，墨菲认为多元主义可以让西方左翼从理论困境中突围出来，获得新的理论生机，这正是她主张多元主义与民主进行理论嫁接的动因。

---

① [英]恩斯特·拉克劳、尚塔尔·墨菲:《领导权与社会主义的策略——走向激进民主政治》，尹树广等译，黑龙江人民出版社 2003 年版，第 197 页。
② [英]尚塔尔·墨菲:《政治的回归》，王恒等译，江苏人民出版社 2005 年版，第 147 页。

第二章　墨菲政治哲学的学理基础

从结构主义到后结构主义的发展，对当代哲学理论产生最大影响的是所谓的哲学研究"语言学转向"的产生，语言学转向发展出了用符号系统、符码和话语来分析文化、政治与社会的话语理论。墨菲将结构主义、解构主义和文化霸权理论应用于其政治哲学之中，把话语看成是不同群体争夺文化霸权与政治霸权的斗争场所和争夺对象。所以，从学理基础观之，墨菲竞争民主思想的学理基础是以结构主义、解构主义和霸权理论为主要内容的话语理论。

第一节　结构主义与解构主义

20 世纪初西方哲学由认识论转向语言哲学，哲学思维方式获得重大转换。维特根斯坦（Ludwig Wittgenstein）在后期认识到，从逻辑上探讨语言的本性和语言的表象功能是一种哲学观念上的失败，哲学的任务是对日常语言的语法规则进行研究，并通过考察词与句子在不同语境中的用法来确定它们的意义，这促使他对语言的分析从语义层面转向了语用层面。在语用层面上，不存在语言之外的任何意义实体，语言的意义就在于它的使用，语言只有在使用中才有价值。随着逻辑经验主义解释模式走向衰落，语用学分析模式逐渐成为主流解释模式，这就是我们通常所说的"语用学转向"。"语用学转向"象征着话语理论的肇始。所谓"话语"是既包括语言的又包括非语言的意义总体。"'话语'范畴在当代思想中有一个谱系，可以追溯到 20 世纪三个主要唯理智论流派：分析哲学，现象学和结构主义。这三个流派的出发点是直接性，不经过话语中介接近事物本身——它们分别是所指、现象和符号这些幻觉。然而，在这三种流派中，直接性这个幻觉在一些点上立即瓦解了，而且必须被这个或那个话语媒介形式置换。这就是分析哲学中后期维特根斯坦著作，现象学中海德格尔（Martin Heidegger）对存在的分析，结构主义中后结构主义对符号的批评所包含的内容。"[①] 由此可见，上述三个流派对后来的结构主义和解构主义影响极深。从理论路径上观察，在维特根斯坦之后，结构主义则是以拉康（Lacan）、阿尔都塞为代表，解构主义以德里达、福柯、利奥塔为代表，他们都利用话语理论来建构自己的知识场域。墨菲则是深受结构主义和解构主义的话语理论的影响，赋予话语理论以优先地位。"在某种程度上，所有这些流派一直滋养着我们的思想，不过，后结构主义是一个我们在其中发现了主要理论思考源泉的领域，而且在后结构主义之内，对于我们阐明领导权来说，解构和拉康的理论是决定性的工具。"[②] 墨菲在这里所谈到的"后结构主义"，其实就是解构主义，因为解构主义是从结构主义引申而来，墨菲用"后结构主义"的提法表达了二者之间的学理关联。可见，墨菲政治哲学思想与话语理论有着割不断的联系，研究墨菲的政治哲学，需要对结构主义、解构主义进行梳理和剖析，这样才可以透彻地理解墨菲政治思想的哲学基础。

一、结构主义

当代对于结构主义的讨论，应该以瑞士语言学者索绪尔（Ferdinand de Saussure）的结构语言学为基础。索绪尔在《普通语言学课程》一书当中的观点，对于结构主义的发展影响深远。索绪尔认为语言和言语必须予以区分：语言是社会的产物，是每一位个人运用语言而为社会所共同总结下来的表达手段系统，所以是一种社会制度；而言语则是个别的产物，是个人对于语言机能的运用。索绪尔认为语言并非单纯的命名过程，语言是"概念"与"声音—印象"接合而成的符号，索绪尔并且以能指（signifier）代表"声音—印象"，以所指（signified）取代概念，以意指（signification）作为中介，认为语言符号即是能指透过意指与所指接合而成。意指作用有两个重要的原

---

① ［英］恩斯特·拉克劳、查特尔·墨菲：《领导权与社会主义的策略——走向激进民主政治》，尹树广等译，黑龙江人民出版社 2003 年版，"序言"第 5 页。

② ［英］恩斯特·拉克劳、查特尔·墨菲：《领导权与社会主义的策略——走向激进民主政治》，尹树广等译，黑龙江人民出版社 2003 年版，"序言"第 6 页。

则：任意性（arbitrary）与直线性（linear）。其中任意性指涉的是能指与所指之间的接合并无道理可言，是一种约定成俗，为社会习惯所认定；而直线性则是意指和能指通过时间而展开接合。索绪尔强调，在语言符号体系里，能指与所指之间的接合之所以不会产生错认的原因，在于价值使得它们产生壁垒分明的效果。索绪尔在分析能指、所指、意指的基础上，认为语言体系包含着可以称之为内在文法（internal grammar）的规则，管理着语言要素的运作，从而导出语言的可预测性。索绪尔作出了结构主义一个基本的假设：每一个体系均有内在的文法规则管理其运作。

索绪尔以后的结构主义代表人物是拉康。拉康创造性地把索绪尔的语言学研究成果运用到精神分析中来。他把索绪尔提出的能指与所指的概念运用于精神分析学说中去，并将索绪尔的"能指"与"所指"概念予以转换。他认为主体的意识是能指，而无意识层面是所指；由于总是要用能指来解释所指，因此，能指背后的所指是不能轻易达到的。拉康使用"能指链"这一术语，能指是一个链状结构，是由能指的差异性所构成，而对于这种差异，任何语言都无法使之成为可视之物，因为它处于无意识之中。"差异性原则"是拉康从索绪尔那里继承过来的最有价值的部分，索绪尔从符号、概念和声音差别三个方面来探讨语言的价值，得出语言的价值在于差别。拉康继承了此项观点，认为"能指链"是根据差异性原则组织在一起。从具体的局部来讲，众多能指依据差异性原则来构成"能指链"；而从整体的角度来看，众多能指构成的是一张巨大无比的"能指之网"。"能指之网"体现了人类生存的一种基本秩序，即"象征界"。对于人类主体来说，象征秩序总是先于我们而在场。这种优先性体现在，一旦我们讲到现实概念，就已经预设了这种"能指之网"。这是一张铺天盖地的大网，它支配着我们的无意识，把我们捕捉在内。通过将索绪尔的语言学引入精神分析，拉康把无意识和主体问题引入了语言因素，并且使三者紧密结合起来，他认为无意识是能指（语言）作用的产物，是能指的效果，而语言也是无意识的条件，一旦无意识形成，无意识的根本性和至上性就取代了语言和象征秩序的至上性，于是，无意识反倒成了语言和象征秩序的基础，成了研究语言或探索象征秩序的出发点。拉康由此探讨了关于主体与语言的问题，一方面，语言能指要想作用于主体，必须"内化"为无意识，于是无意识的形成就意味着主体的构成，从这一意义上讲，主体就是无意识主体；另一方面，语言能指在人类主体间流转，并不受人类主体这种通道的支配，而受制于无意识，因为从根本上决定能指流转的运作机制处于无意识之中，从这一意义上说，无意识是真正的话语主体。在拉康那里，无意识、主体、语言三者之间的关系紧密不可分，相互促进，拉康通过引入无意识和语言理论，根本性地摧毁了传统主体理论，甚至还可以说为语言学提供了一种新的基础，从而发展了索绪尔的语言结构主义。

拉康的结构主义的精神分析学又对阿尔都塞的"结构主义的马克思主义"产生了很大的影响。阿尔都塞"保卫马克思"的理论设计，显然是以拉康的"回到弗洛伊德"的构想为模型的，拉康试图把弗洛伊德从世人的错误解释中拯救出来，阿尔都塞目的是希望能够把马克思主义的基本原理从曲解中解脱出来。所以，阿尔都塞在《阅读〈资本论〉》中声明自己受惠于拉康。另外，阿尔都塞在对意识形态的讨论时，借用拉康的镜像理论，把意识形态的"询唤"过程看作是一个"镜像化"的过程。拉康在镜像理论中认为"误识"就是个体认识意识形态的方式，但这一"误识"又绝对不被个体所发觉。阿尔都塞借用"镜像理论"说明了自己的观点——意识形态是人们对现实生存世界所描述的想象的关系。

阿尔都塞的结构主义的马克思主义又影响了墨菲。墨菲早期曾经师从阿尔都塞，她在对葛兰西霸权的解读中，也用阿尔都塞的症候阅读法来解读葛兰西，但是并没有得出和阿尔都塞一样的结论。具体说，阿尔都塞的结构主义思想对墨菲政治哲学的影响可以归结为两个方面：

第一，关于"多元决定"。[①] 阿尔都塞在《保卫马克思》一书的《矛盾与多元决定》一文中重点论述了"多元决定"的观点。阿尔都塞认为，历史发展的进程并不是起决定作用的经济因素单一推动而成的，相反正是多元决定打开了历史发展多样化的大门，多元决定在反对"一元论"和本质主义方面具有相同的功能。在墨菲看来，阿尔都塞在自己的思想体系中广泛使用的"多元决定"这一概念具有很大的理论意义，它打开了详细阐述新的连接概念的可能性，但是令人感到遗憾的是，阿尔都塞并没有重视"多元决定"概念的这种开创性意义，"多元决定"这一概念后来逐渐从阿尔都塞的话语体系中消失了，日益增长的封闭性带来了新形式的本质主义。"然而，阿尔都

---

① 　参见金瑶梅：《阿尔都塞及其学派研究》，重庆出版社 2010 年版，第 358—363 页。

塞陷入了他所批评的错误之中：存在着抽象的普遍客体——发挥现实作用的经济（最后的决定作用）；而且同样存在着另一个抽象客体（存在的条件），其形式历史地变化着，但是被预先建立起来的保证经济再生产的主要角色统一起来；最后，因为经济和它的集中性是任何社会可能安排的常数，就有可能对社会进行定义。"① 按照墨菲的观点，社会被缝合的终极时刻是永远不会到来的，阿尔都塞对"多元决定"的运用也是极为不彻底的，仅仅是在相当狭小的一个理论空间中使用，他对"最后决定"的屈服，使他对经济主义及经济还原论的批判表现出不彻底性，使墨菲感觉到遗憾。墨菲由于对阿尔都塞没有将"多元决定"的思想贯彻到社会每一个领域这一点感到失望，于是在她的后马克思主义理论领域，和拉克劳一起，将"多元决定"的范畴突破了"归根到底起决定作用的是经济因素"这一界限，显示出了"偶然连接"的重要性。

第二，关于主体的问题。② 阿尔都塞提出了两个重要的哲学命题：一是"马克思主义是一种理论上的反人道主义"；二是"历史是个无主体的过程"。西方马克思主义研究中，卢卡奇、科尔施、葛兰西开始都高举人道主义大旗，来展现早期马克思主义理论文本中的人本意蕴，来反驳第二国际的本质主义和经济决定论。而阿尔都塞则高扬科学主义的理念来为构建了一个结构化的、非人道主义化的马克思主义的解释体系，间接地缩小了被"人道主义的马克思主义"放大了的"人"，对西方马克思主义的研究构成了反拨和扭转之势。墨菲虽然并不认为马克思主义是科学，她反本质主义和反经济决定论比葛兰西等西方马克思主义者更剧烈，甚至采取了解构马克思主义经典理论的方法，但在关于主体问题上，却表达了与阿尔都塞相似的观点："无论什么时候我们在本文中使用'主体'范畴，在话语结构中都是在'主体立场'的意义上去这样做的。因此主体不可能成为社会关系的本源……我们来考虑近来一直在引起重要讨论的两种情况：涉及明显的抽象范畴是人（Man）；也涉及女权主义的'主体'。第一种处于近来关于人文主义的整个讨论的中心，如果'人'的地位是本质性的，它相对于'人类'（human being）其他特征的定位就会处在从抽象到具体的逻辑范围内。这会给所有以'异化'和'误

---

① ［英］恩斯特·拉克劳、查特尔·墨菲：《权导权与社会主义的策略——走向激进民主政治》，尹树广等译，黑龙江人民出版社 2003 年版，第 107 页。

② 参见金瑶梅：《阿尔都塞及其学派研究》，重庆出版社 2010 年版，第 363—367 页。

识'观点来分析具体情况的常见把戏打开道路。但是如果相反，'人'是一个话语构造的主体立场，其假设的抽象特征使其绝没有预定的与其他主体立场的连接形式（这里的范围是无限的，而且它向任何'人文主义'的空想挑战，例如在殖民地国家中，'人权'与'欧洲的价值观'之间的等同是话语构造的帝国主义控制可接受性经常和有效的形式）。"①

在上述这段话当中，可以看出结构主义哲学对墨菲的影响。墨菲表达了这样明确的观点："人"是一个话语构造的主体，不可能成为社会关系的本源。这一看法和阿尔都塞的立场是一致的。这有意识地赋予"人"这一概念更多的开放性和变动性。因为如果每一个主体立场都是话语立场，那么就带有话语的开放性特征，我们在分析时就不能不考虑"他者"的一些立场的多元决定，这样，"人"这一概念就是带有很多内在差异性和离散性的概念，我们在对它界定时就要考虑到各种因素对它的影响。墨菲自己也明确承认，在对不同主体立场之间的关系进行分析时，她的思想倾向是主张"去总体化"、"去中心化"、"去本质化"的，而她借以实现这种思想的工具就是从阿尔都塞那里借用来的"多元决定"概念。在她的理论中，"多元决定"的概念只有彻底地激进化，才能探究出对特殊社会逻辑的解答。

国内学者仰海峰在谈到葛兰西对于后马克思主义的影响时，归纳为一条重要线索，"这条线索由葛兰西开始，经过阿尔都塞、结构语言学和后结构主义的中介，形成了重要影响，这种影响尤其体现在两个方面：一是英国伯明翰学派的大众文化研究；一是经过后结构主义的中介，以拉克劳与墨菲为代表的新葛兰西主义。"② 可见，结构主义对墨菲政治哲学的影响是深刻的，阿尔都塞结构主义的马克思主义关于"多元主义"和"历史无主体"的观点，深深地影响了墨菲，并被墨菲在其后的著作中得以延伸和突破，正是通过阿尔都塞、索绪尔和拉康结构主义才被墨菲成功地应用于政治学中。

二、后现代解构哲学

后现代解构哲学是从结构主义哲学演变而来的哲学思潮，亦称"解构主

---

① ［英］恩斯特·拉克劳、查特尔·墨菲：《权导权与社会主义的策略——走向激进民主政治》，尹树广等译，黑龙江人民出版社 2003 年版，第 128—129 页。

② 仰海峰：《实践哲学与霸权：当代语境中的葛兰西哲学》，北京大学出版社 2009 年版，"序言"第 2 页。

义"。简单地说是结构主义内部对结构主义的基本理论、方法和原则的自我解构，从而扭转了西方哲学史上的形而上学的思维方式。在解构主义理论中，德里达的"解构"、福柯的"悖论推理"、利奥塔的"叙事危机"构成了解构主义的代表性观点。

法国哲学家德里达解构主义的一个目标是摧毁逻各斯中心主义。"逻各斯"是希腊文 logos 的直译，意为"理性之思"。德里达认为，逻各斯中心主义通过典型的等级制用言语控制着"文字"，把它"沦为了意义的外在性"。德里达反对赋予言语以特权，他把言语与书写结构次序的颠倒，使言语从"中心"移到了"边缘"，从而消除了"中心"，彻底摧毁了逻各斯的形而上学基础。德里达认为"话语之外无有意义之物"，话语是一种社会构造，每一种社会构造都是为了确立社会行动的意义。没有话语就没有社会意义的产生。德里达力图用他的新方法论彻底摧毁在场形而上学基础，这些新的方法论归纳起来为：延异、播撒、踪迹和增替。"延异"来自于索绪尔的差异原则，德里达赋予差异原则双重使命："差异与延宕"，前者是指符号、本文与别的符号、本文相区别的情况下的出场，后者指符号意义的迟到性和滞后性。二者的综合意义就是"延异"。德里达把"延异"作为对"在场"哲学的瓦解，突出了语言的不确定性和意义的不断变化性。"播撒"是延异的空间拓展。德里达认为，播种和种子之间没有必然的联系，偶然性的遭遇使它们结合，从而有了生殖能力。一切符号的意义恰如"播种"，是不确定的。播撒表明本文的意义不在本文之中，而是在读者与本文的阅读之中，阅读是本文生命得以延续的基础。播撒是对传统哲学中所追求的确定性的瓦解。"踪印"是一个"既是，又不是"的悖论性观念。语言既然以异延为基础，一切符号或本文则成了相互指涉的踪印。如男人的性别特征是因为男人在与女人的区别中而被说明，反之亦然。简言之，在场的东西依赖于不在场的东西而存在。"在场形而上学"实际上是不在场的"本源"。"增替"是德里达修正以黑格尔、卢梭为代表的在场哲学中的"扬弃"和"增补"概念而赋予的双重性观念。它主要包含两层意思：一是增加和补充；二是替代和填充。增替的内涵是"干预"而不是黑格尔的"理想化"。黑格尔的扬弃将差异局限在自身的立场中，德里达的增替则要彻底打破在场。这是德里达与黑格尔的根本的思想分野。总之，德里达力图通过异延、播撒、踪印、增替等观念来突破西方传统哲学的统一体和矛盾律，展示了后现代

"差异性"和"不确定性"原则，他看到了整个世界的变化性，而提出语言、本文和意义的不确定性。这种对结构主义的消解并不意味着废弃一切结构，而是防止僵化的思维模式。

当德里达对"逻各斯中心主义"进行消解之时，法国另一位哲学家福柯也在语言哲学转换的大哲学背景下，运用分散的规则，对知识谱系进行考察。福柯通过对"疯癫"的历史考察，认为现代理性中，人性在自律系统中建立强权，从一种统治移向另一种。"他从笛卡尔驱魔仪式中，提炼出一个疯癫结构：即以知识名义圈定一个场域，以便将各种反常排斥出去。随之而来的整合措施，从强迫禁闭、道德感化、医学救治、直到精神分析，无不反映理性对于疯癫的压迫意愿，及其不断改进的权力手段。"[1] 福柯进而考察了西方文明，对人文主义大加鞭笞。西方思想文化中，"人本主义"一直把"人类中心论"作为其理论预设的根基。进入 19 世纪，人道主义的崛起使人既成为知识的"主体"，又是知识的"客体"。福柯反对"人本主义"，他认为现代人饱受两重性折磨，即经验与超验的分裂、我思与无意识的对立、人类进化与起源的困惑。福柯因此指出："人的出现是知识基本排列的变化的结果。如同人类思想考古学所表明的，人是近期的发现，并正在走向终结。"[2]"人本主义"实质上就是人为的虚构，是一种神话，根本不存在这种普通的必然性，因此，必须加以拒斥。人的认识只能是在特定空间与特定时代的有限认识。人只有正视其认识的有限性，才能认识自身。两次世界大战的爆发，使人本主义幻想的破灭，说明了人的认识的有限性，而这种有限性与局限性同社会状况、知识类型又具有不可分离性。简言之，人本主义所虚幻的人，"如同画在沙滩上的肖像，将被冲刷掉。"[3] 尼采断言上帝死了，而福柯则肯定地说"人"也要死了。

在德里达和福柯之外，法国哲学家利奥塔则是以"叙事危机"作为后现代解构哲学的切入点。利奥塔认为语言游戏中的规则不能给游戏者双方中的任何一方提供合法性，它只是游戏者之间的一种契约，但是主述者由于权力

---

① 赵一凡：《从卢卡奇到萨义德——西方文论讲稿续编》，北京三联书店 2009 年版，第 660 页。
② Foucalt, *The Order of Things: An Archaeology of Human Science*, NewYork: Pantheon Press, 1971, p.398.
③ Foucalt, *The Order of Things: An Archaeology of Human Science*, NewYork: Pantheon Press, 1971, p.389.

和地位的原因对聆听者形成了权威地位，聆听者的发言权在这种话语模式中被无形地剥夺了。同一性的话语剥夺了多样性，由此造成了整个社会的恐惧，这就是叙事危机。利奥塔在分析了叙事危机问题后，提出了他的后现代哲学的解构策略——"解合法化"与"悖论推理"。所谓"解合法化"意指在当前的社会角色中精英已经成为过往概念，"伟人"是作为"边缘式的凡人"的"伟人"而出场，边缘比中心更重要。所谓"悖论推理"，就是在游戏规则上，打破预设主义的整体性、中心性和专家式的一致性，以多元主义的话语，来建构"异质标准"。只有坚持解合法化，坚持悖论推理，社会才会尊重每个人所持的尊严和权威，也才会尊重每个人对未来的探索。于是，利奥塔在《后现代状况：关于知识的报告》阐明了他的后现代主义解构策略之目的："让我们向同一性、整体性宣战，让我们成为那不可言说者的见证人，让我们不断地开发各种歧见差异并为维护持不同之名的差异性的声誉而努力。"[1]

德里达、福柯与利奥塔的解构主义哲学对墨菲的思想产生很大的影响。在墨菲的著作中，突出了现代主题和后现代主题的结合。凯尔纳认为墨菲"像哈贝马斯一样，也相信现代性具有解放性的一面，并且自认为她的著作是在深化西方民主革命所取得的成就"。[2] 但是不同于哈贝马斯的是，墨菲批判了启蒙理性的普遍主义观念，并采纳了解构主义和后结构主义的观点。他们著作中表现在对本质主义和基础主义的批判，以及对差异、多样性、非层级话语逻辑的采用。按照墨菲的观点，假如说启蒙运动的普遍主义在民主话语的诞生之际曾经起过一定作用的话，那么，如今"它已经变成了一种障碍，妨碍我们去理解那些新的政治形式以及今日社会之特点，因为，要想达到这种理解，就必须从'一种非本质主义的视角出发'，把社会、理性及主体看成是偶然的推论性产物。"[3] 墨菲将解构主义广泛应用于政治理论，认为社会是按照话语规则构成的一个差异系统。不过，尽管墨菲拒斥作为一个稳

① Jean-Francois Lyotard, *The postmodern Condition: A Report on Knowledge*. Minnesota University Press, 1984, p.82.
② [美] 道格拉斯·凯尔纳、斯蒂文·贝斯特：《后现代理论——批判性的质疑》，张志斌译，中央编译出版社 2004 年版，第 259 页。
③ [英] 尚塔尔·墨菲：《激进民主：现代或是后现代?》，参见 [美] 道格拉斯·凯尔纳等：《后现代理论——批判性的质疑》，张志斌译，中央编译出版社 2004 年版，第 259 页。

定的、封闭统一体的社会概念，但她也拒斥解构主义者所主张的将社会领域撕裂为彻底片断的观点。她认为，这种理论其实是本质主义的另一种表现形式，一种"元素的本质主义"。社会既不是一个统一体，也不是"各种孤立实践的异质性堆积物"。

后现代的解构主义有助于我们理解墨菲的"后马克思主义"的"后"字内涵，在《领导权与社会主义的策略——走向激进民主政治》一书的第二版序言中，墨菲提到："在本书的序言中，我们并没有发明这个标签，它仅仅边缘性地显现出来（并不作为一个标签）。但是，由于它使我们的工作具有了一般化特征，我们才说，就它被完全地理解为重新占有知识传统以及超越这个传统来说，我们并不与这个传统对立，并且在完成这一任务的过程中，重要的是指出不可能只在马克思主义内部的历史中来认识它。许多社会对抗对于理解当代社会来说是至关重要的问题。外在于马克思主义话语领域，并且不能被已有的马克思主义范畴和术语（特别是使马克思主义成为令人怀疑的封闭理论体系的术语）概念化，而且，这些问题导致了社会分析的新出发地点。"① 在这里可以看出，墨菲和拉克劳将"后马克思主义"界定为马克思主义知识传统的再接受和超越，但是再接受与超越需要突破传统的马克思主义范畴和术语，墨菲和拉克劳复活的是被正统马克思主义者忽略的马克思主义的多元的一面和偶然的一面，这个后马克思主义的"后"字之含义，如果依据阿尔都塞的"症候阅读法"进行理解，应该是后现代主义的解构主义、结构主义和马克思主义的理论体系的有机结合。墨菲在《领导权与社会主义的策略——走向激进民主政治》一书完成后，继续展开自己的理论之卷，又将德里达的外围构造理论同施米特的"敌／友"分判理论相结合，构造乌托邦式的竞争民主理论，这将在本文的后面论述。在这里，作者所强调的是墨菲将后现代的解构主义作为一项解释和解构的工具，把马克思主义的传统范畴解构，以便达到其建构新的霸权理论之目的。

结构主义和解构主义等话语理论对墨菲政治哲学思想的影响，可以归结为如下两个方面：一是话语的概念打开了激进民主的可能。墨菲著作中的话语中心性显然受到了结构主义和解构主义的影响。德里达的"解构"和"枢

---

① ［英］恩斯特·拉克劳、查特尔·墨菲：《领导权与社会主义的策略——走向激进民主政治》，尹树广等译，黑龙江人民出版社2003年版，"序言"第4页。

纽"对于墨菲的激进民主逻辑来说是至关重要；而来自结构主义拉康的"弥合"概念被墨菲转移到了社会领域，由于对抗的存在，见证了被建构的社会的客观性的不可能性；另外，阿尔都塞"多元决定"的概念和反主体的思想，被墨菲用来作为自己解构传统马克思主义的理论依据。墨菲通过解构传统马克思主义的各个话语层面来为以激进民主为理念的左翼勾勒出新时代的政治学。与阿尔都塞相比，墨菲克服了阿尔都塞因结构主义而带来的理论的封闭性，试图揭示马克思主义解释话语的多样性，加大马克思主义理论体系的开放性。

二是话语的作用在墨菲那里表现为对后现代解构哲学和结构主义哲学思想的借用。墨菲的"后马克思主义"加入了后现代主义对主体的解构行列，她从"话语"维度来否定作为社会关系本源的主体。墨菲认为，对主体的批判以三个方面为目标：对作为代表的合理和透明主体的认识、假定的统一和它的所有立场的同质性、作为社会关系本源和基础的主体概念。福柯的"人之死"的理论和利奥塔的"叙事危机"理论为墨菲提供了理论基础，而阿尔都塞"多元决定"、"认识论的断裂"、"症候阅读法"等观点的沿袭和发挥，在无形中淡化了马克思主义研究的人文主义趋势，构建了一个结构化的、非人道主义化的马克思主义的解释体系，间接地缩小了被"人道主义的马克思主义"放大了的"人"。例如在对待"阶级"这样的主体范畴上，墨菲认为"阶级"并不是像马克思所说的那样清晰透明，它是模糊且难以界定理论边界的，同样道理，"工人阶级"的范畴也随着时代的变迁发生了历史性的转变，当今的人们已经无法去谈论工人阶级的同质性，它并不是传统马克思主义中的"普遍阶级"，也并非全世界人民解放事业的代理人，而仅仅是众多社会作用力中的一种力量而已。

总之，墨菲整合了结构主义和解构主义的思想资源，并进行再造和创新。德里达的"解构"、福柯的"离散中的规则性"、利奥塔的"叙事危机"、索绪尔的"能指与所指"、拉康的"缝合"、阿尔都塞的"多元决定"被墨菲做成了一件理论斗篷，这件斗篷就披在"后马克思主义"理论之上。结构主义和解构主义于是成了墨菲阐释后马克思主义理论的重要工具，从而也体现了后马克思主义理论的典型特征：它一方面反对传统哲学的宏大叙事，消解近代理性的独断论；另一方面又立足于微观的"话语"运作，来着手建构其多元激进的民主理论。

第二节　霸权理论

"霸权"理论是墨菲政治哲学思想的一个重要的哲学基础，又是其政治哲学理论的逻辑出发点。霸权的概念并非墨菲所创造，它起始于普列汉诺夫，在不同的历史阶段呈现不同的形态。墨菲通过对葛兰西"领导权"思想的改造，将其与后现代思想嫁接，于是霸权概念被改造成一种具有偶然性逻辑的话语理论。

一、霸权概念的转换

关于霸权，国外许多学者曾做出不同的解释。托内·本内特（Tony Bennett）将不同阶级争夺"霸权"的斗争，理解为争夺整个社会道德的、知识的、文化的斗争；斯图亚特·霍尔（Stuart Hall）指出，霸权是由多个不稳定的特定联盟所维系，表征了一种动态的结构。由于统治阶级的文化领导权中融合了被统治阶级的文化因素，使被统治阶级具备为统治阶级文化的解码功能。霍尔认为葛兰西的霸权概念，揭示了文化实践中的动态过程以及大众文化的运行方式，这使大众文化研究充满着理论张力，葛兰西的霸权理论揭示了文化斗争的复杂性，并为解决这些复杂性提供了一个建议性的理论框架。霍尔的观点后来构成了美国大众文化研究的主题。而关于葛兰西霸权研究对于激进民主规划的后现代理论转向作用的论述，占主导倾向的观点主要是波比奥和贝特的理论。他们认为，葛兰西的霸权理论以市民社会理论为基础，对市民社会的关注使葛兰西创设了文化领导权的概念，这是从文化维度出发来解读葛兰西的霸权概念。这种理解是从后现代语境的角度出发，反对将葛兰西的霸权概念完全政治化，其目的是使葛兰西哲学丧失国家的特征，在语境上强调霸权概念的非集权特征，从社会运动的批判活动中彰显文化斗争的作用。国外学者对葛兰西霸权概念的解读差异因为从不同的理论视角出发，从而形成不同的理论效果，但有一个共同点是他们都对葛兰西的"否定性价值"取向的政治哲学给予肯定。

国内学界对于"egemonia"是"领导权"还是"霸权"的争论较大。田时纲认为，"egemonia"应该译成"领导权"，而葛兰西的政治理论主要是关于无产阶级领导权的理论。① 王雨辰将葛兰西的霸权思想称之为文化领导权，文化领导权被理解为不同社会集团之间的说服和教育关系，这种文化意义上的领导权突出了葛兰西对于列宁领导权思想的继承和发展；仰海峰认为葛兰西的"霸权"应该有总体性的理解，即经济、政治和文化的领导权总体构成；周凡则认为葛兰西的霸权概念有两个维度：横向维度和纵向维度。从横向维度上看，葛兰西的霸权概念并不单纯指无产阶级政治文化领导权，也包括资产阶级的政治文化领导权；而从纵向维度上看，它溢出了阶级联盟的意义，将政治霸权和文化霸权包括其中。张秀琴则认为葛兰西的霸权概念，包含着意识形态的东西，但却不能被还原为完全意识形态，葛兰西的霸权理论来源于列宁，但又超越了列宁。葛兰西在不同场合使用了"政治霸权"和"哲学霸权"两个概念，因此，葛兰西的霸权概念既指政治领域的问题，也指社会生活的问题。

在马克思主义理论家中，葛兰西并不是最早提出霸权概念。据佩里·安德森考证，俄国早期马克思主义理论家普列汉诺夫与阿克西尔罗德在1883至1884年的时候就提出了霸权这一概念。普列汉诺夫与阿克西尔罗德的霸权概念认为，在沙皇俄国，资本主义生产关系获得较大的发展，但封建贵族仍然非常强大，资产阶级力量还显得比较单薄，资产阶级根本不能单独完成民主革命的任务，在这个历史阶段，新兴的无产阶级主动同资产阶级一道开展反对封建专制的民主革命，无产阶级在革命运动中反而起到了主导作用。这样，霸权概念在普列汉诺夫和阿克西尔罗德那里被描述成一种"错位"关系：无产阶级介入到本由资产阶级完成的民主革命任务中，这项任务的阶级性质是资本主义民主，而执行这一任务的当事人则是无产阶级。这样霸权的主体与客体之间形成一种断裂和错位。所以，霸权在俄国社会民主党那里，是"无产阶级与它必须在一定环节中承担的外在任务之间的新型关系"。

列宁将普列汉诺夫和阿克西尔罗德的霸权概念进行了理论改造和充实。

---

① 田时纲认为在意大利语中，葛兰西所使用的 egemonia，只具该词的转义或引申义，同汉语中的"领导权"最接近。在现代汉语中，"霸权"主要是个国际政治概念，并在贬义上使用。显然，同葛兰西理解的政治学概念——egemonia 相距甚远。从葛兰西的政治学说的整个体系来看，从 egemonia 同"市民社会"（societàcivile）、"认同"（consenso）、"无产阶级"（proletariato）、"知识分子"（intellettuali）的关系来看，egemonia 不适宜译作"霸权"，译成"领导权"比较贴切。

"对于列宁主义来说，领导权包括在阶级联盟之中的政治领导，领导权联系的政治特征是基本的，意味着联系本身建立起来的领域不同于社会代表被构成的领域。由于阶级构造的特殊领域存在于生产关系之中，政治领域中阶级的存在只能被理解为利益代表，通过代表他们的党，它们在一个阶级的领导下团结起来，在联盟中反对共同的敌人。"[1]列宁的霸权，可以理解为无产阶级和农民阶级联合起来，形成的一个阶级联盟，在这一阶级联盟中无产阶级起着领导作用。在列宁这里，霸权的错位关系——执行霸权的阶级同它正在履行的任务的性质之间存在着不一致——被纠正了，无产阶级作为执行霸权的阶级与它要完成的历史任务的性质之间基本上没有什么脱节。

　　霸权在葛兰西个人的理论发展中，也经历了形态的转换。葛兰西在1919年在一篇文章题为"工人和农民"一文中，认为农民阶级一定会在工人革命中扮演某种角色，所以提出阶级联盟概念，可以说这里的霸权概念专门指"工农联盟"，这同列宁对霸权的阶级联盟理解基本一致。1926年在《南方问题笔记》中，葛兰西第一次用"霸权"一词表达阶级联盟问题，并强调了政治、道德和知识状况对于这一概念是必不可少的。葛兰西当时的霸权概念是指"都灵共产主义者提出的无产阶级领导权问题，无产阶级应该创造一个阶级联盟体系，这个联盟体系团结大多数工人阶级来反对资本主义和资产阶级建立的国家。在意大利现实的阶级关系中，无产阶级要延伸这种领导权思想，要成功地获得广大农民阶层的认可。"[2]这里，我们看出，葛兰西霸权的雏形其实是无产阶级领导权，这种霸权的特征仍然是阶级联盟。此后，葛兰西在《狱中札记》中对霸权概念进行改进和完善。在《狱中札记》中，葛兰西将霸权概念扩展到资产阶级，葛兰西开始认为资产阶级获得政权一样需要霸权，一样需要民众的支持，政治斗争不仅仅是简单的阶级对抗，而是包含复杂的"力量关系"。葛兰西认为存在着社会的、政治的和军事的力量关系，而政治力量关系最为重要。政治力量关系来自于基本的经济社团，最后发展到最纯粹的政治阶段，标志着从经济基础到上层建筑领域的关键过渡，正是在对这一过渡状态的描述中，葛兰西导出了他的霸权概念："就在这一

---

① ［英］恩斯特·拉克劳、查特尔·墨菲：《领导权与社会主义的策略——走向激进民主政治》，尹树广等译，黑龙江人民出版社2003年版，第58页。

② Antonio Gramsci, "Some Aspects of the Southern Question", *in pre-prision Writings*, Richard Bellamy, Cambridge University Press, 1994, p.316.

阶段，从前产生的各种意识形态变成不同政党，相互对峙和冲突，直到其中一个或至少一种联合开始盛行、占上风、并在社会中传播——不仅带来经济和政治目标的一致，也引起精神和道德的统一，产生各种问题，围绕这些问题风行的斗争不是建立在团体的基础上，而是建立在'普遍的'的基础上，从而造成某个基本社会集团对一系列从属社会集团的领导权。"① 这样，葛兰西通过意识形态的媒介，消解了经济还原论，知识、政治和道德主体形成了霸权意义上的联合体。葛兰西的霸权思想有两个变化，其一是"葛兰西不再仅仅把霸权用来作为无产阶级战略，而是用他来思考一般意义上的统治阶级的行动"。② 其二是霸权从根本上的意义是指联合体的扩大，而葛兰西打破了以前单纯意义上统治阶级掌握官僚机器来对人民进行统治和管理甚至镇压，葛兰西意义上的这种霸权是"思想统治＋政治统治"的模式。这种模式包含两种改进，一是它围绕着改进国家基础，和两个团体之间复杂关系的建立；二是扩大了国家基础，因为整体的国家概念意味着国家市民社会霸权体系的合作。总之，葛兰西通过转换主体和扩张霸权两种线路发展了在《南方问题笔记》中的霸权概念，这意味着一个阶级既可以中立地表达自己的阶级利益，也可以通过整体提升的需求，达到他们阶级的最终目标。正如墨菲所言："我们希望对葛兰西的霸权思想的特征认真了解，不要忽略其中的潜在因素"。③ 霸权在葛兰西《狱中札记》里面，已经不再是错位的霸权，也不是阶级联盟，而是一种泛主体的普遍性霸权，也就是各个利益团体经过努力，都可以获得霸权，而获得霸权的前提是获得市民社会的文化、道德与知识的领导权。当然，葛兰西毕竟是一个马克思主义者，他的霸权理论的目的仍然是为工人阶级革命而创设，在葛兰西的期望中，工人阶级的霸权是一项还没有完成的政治规划。

葛兰西的霸权理论在墨菲那里得到了超越。葛兰西看重的是"领导权"，即道德、文化和知识的领导权，墨菲的霸权则是指"主导权"，即在多种多样的新社会运动形成中，哪一种形式可能因偶然性的因素获得暂时的主导地

---

① 安东尼·葛兰西：《狱中札记》，曹雷雨等译，中国社会科学出版社 2000 年版，第 144 页。

② Chantal Mouffe, "Hegemony and ideology in Gramsci", in *Gramsci and Marxist theory*, London: Routledge & Kegan Paul Ltd., 1979, p.179.

③ Chantal Mouffe, "Hegemony and ideology in Gramsci", in *Gramsci and Marxist theory*, London: Routledge & Kegan Paul Ltd., 1979, p.184.

位。某一社会集团把自己的特殊利益与主张说成是社会的普遍利益与主张，这些特殊的主张与利益被普遍化的过程就是霸权形成的过程。墨菲在《葛兰西与马克思主义理论》一书中以及《领导权与社会主义的策略——走向激进民主政治》一书中都对霸权理论做了详细的解读，归结起来，墨菲对于霸权的解读分为两个部分，一是霸权与意识形态，二是霸权与民主理论的连结。墨菲通过葛兰西对霸权与意识形态的关系剖析，试图发觉霸权的反本质论和反经济决定论的理论特征，霸权与意识形态关系的阐释在墨菲那里是一把钥匙，开启霸权与民主理论连结的可能性。

二、葛兰西思想中的霸权与意识形态

墨菲在《葛兰西思想中的霸权和意识形态》一文中，总结了葛兰西对马克思主义意识形态理论在三个方面的贡献：（1）葛兰西最早强调意识形态的物质性，强调它存在于实践中，具体化在各种机构中。对葛兰西而言，意识形态是一个连续斗争的领域，意识形态不会自己到来，只有通过两个社会阶级集团的霸权原则的斗争，才可以获得。（2）葛兰西对知识分子理论作出了贡献。葛兰西把知识分子分为有机知识分子、传统知识分子两种。有机知识分子负责解释和发展有机意识形态的，他们会在道德、知识与文化的领域建立有机的意识形态。（3）葛兰西对还原论提出了怀疑，这种还原论把阶级归属归之于所有的意识形态要素。①

还原论认为，所有的政治运动都有阶级主体，所有的社会集团和阶层都有自己特定的意识形态，而所有的意识形态都有一个阶级归宿。在葛兰西那里，政治运动的主体并不一定化约为阶级，这些主体是一些公共意志，服从通过霸权系统创立的规则，这样葛兰西就消解了"阶级"。葛兰西通过阐述霸权理论，第一次突破对马克思主义的还原论的理解，发展了马克思主义哲学的意识形态理论，并为阿尔都塞意识形态理论提供理论资源。葛兰西认为意识形态是客观的，和经济基础一样真实，扮演了重要的社会角色。"毫无疑问，这是他对马克思主义最重要和最原创的贡献，但不幸的是，这也是人们理解最少的方面，这也解释了为什么他揭示了马克思主义分析领域的所有

---

① Chantal Mouffe, "Hegemony and ideology in Gramsci", in *Gramsci and Marxist theory*, London: Routledge & Kegan Paul Ltd., 1979, p.199.

潜在的剩余领域"。① 反对阶级还原论是葛兰西霸权理论构建的第一步，葛兰西的意识形态理论在反对还原论的基础上有了新的发展和突破。墨菲通过对葛兰西的思想进行深度解读认为，葛兰西霸权理论的第二步则是如何构建意识形态体系的整体原则以及如何确认意识形态的阶级性特征。葛兰西曾经说过："霸权体系必须存在于民主，这种民主存在于统治阶级和被统治阶级之间。"② 同时又认为，"霸权的诉求是一个斗争的过程，意识形态的斗争是在两个霸权原则之间的诉求和重复诉求的过程，这两个霸权原则在这个过程中逐渐对某些因素形成一致，这个过程也不包括两个已经定性的完全接近的世界观。"③ 可见葛兰西的结论是，整体的意识形态体系的原则，被霸权原则所表达，而这种霸权原则往往是主导阶级的意思表示，意识形态的阶级特征来自于霸权原则，处在霸权原则的中心。

在反对还原论和对意识形态整体思考的前提下，葛兰西开始思考超越阶级联盟意义上的霸权。这种霸权创造了一个有机的社会团体，各种社会集团的意识形态因素在这个团体里被融合起来。葛兰总结了西方资产阶级革命的成功和第二国际革命的失败两个方面的教训后，认为通过道德、知识、文化的改革建立新霸权，才能获得统一的意识形态。而建立道德、知识和文化的霸权则是一个过程。在《西方文化对整个世界文化的领导权》一文中，葛兰西认为，"1. 即使我们承认其他各种文化在世界文明'分等级'地统一的进程中有其重要意义（这是毫无疑问应予以肯定的），也只有在它们成为唯一历史和具体的普遍文化——欧洲文化的组成部分时，也就是只有他们对欧洲思想的进程作出了贡献并为后者所同化时，它们才具有普遍的价值。2. 然而，就是欧洲文化本身也经历了一个统一的过程，而这一过程，在我们十分重视的那个历史阶段，到了黑格尔及对黑格尔主义的批判就已经终结。"④ 葛兰西认为，所谓道德和知识的领导权，首先要排除民间

① Chantal Mouffe, "Hegemony and ideology in Gramsci", in *Gramsci and Marxist theory*, London: Routledge & Kegan Paul Ltd., 1979, p.188.
② Chantal Mouffe, "Hegemony and ideology in Gramsci", in *Gramsci and Marxist theory*, London: Routledge & Kegan Paul Ltd., 1979, p.193.
③ Chantal Mouffe, "Hegemony and ideology in Gramsci", in *Gramsci and Marxist theory*, London: Routledge & Kegan Paul Ltd., 1979, p.193.
④ ［意］安东尼奥·葛兰西：《葛兰西文选》，李鹏程等编，人民出版社 2008 年版，第 243—244 页。

文化，因为民间文化其实就是"常识"，根本没有过程可言，另外也要排除现实活动中已经"达到顶点的文化过程"，"到达顶点的文化过程"其实也没有过程可言。比如18世纪法国的大革命，虽然以摧枯拉朽之势迎来了资产阶级革命的高潮，但是也带来了革命的恐怖主义，这是一种突然的无酝酿过程而综合爆发的革命，这种革命方式是葛兰西所反对的，"综合爆发确实也会发生，但是仔细观察就会发现它们的破坏性超过了重建性。"① 葛兰西认为霸权的实现即知识、道德和文化的领导权的实现是一个艰辛的过程，只有当意识形态的各种要素相互作用，达到一种完全动态平衡，霸权才能实现，革命才有可能。

葛兰西对于霸权的意识形态功能的分析呈现一种延递式研究，从反对还原论出发，到整体意识形态的构建，再到道德、知识和文化的领导权，其理论呈现出一条完整的理论脉络。但是我们注意到，葛兰西论证的方法非常模糊。墨菲也意识到了这一点，她认为真正了解葛兰西的意识形态理论需要一个很长的过程。葛兰西的理论思路或明或暗，飘忽不定，好似夜晚灯塔上亮光给人以希望，但又是那样的遥远。这是因为葛兰西的人生苦难经历，决定了他的思想密码式的表达特征。葛兰西霸权的意识形态分析方法模糊的原因如下，一是他在二战爆发之前，和墨索里尼面对面地为意大利共产党在议会中的政治权利斗争多次，斗争的技巧使他学会斡旋，所以，他的作品不会采取爆发式的文风；二是在另外一个政治体系——第二国际体系中，他作为意共总书记，还要面对第二国际的诘难，对莫斯科，他既不能背叛又不能惟命是从；三是在意大利共产党内部，葛兰西和不同政见者之间的斗争也已经公开化，党内的政治风险时刻需要他来面对；四是当时意大利主流哲学界也并不欣赏葛兰西，克罗齐（Benedetto Croce）是当时意大利的主流哲学家，他对葛兰西的思想以及葛兰西的遭遇表达出冷漠的态度；最后一个也是最重要的因素是，《狱中札记》是葛兰西在监狱这个特殊环境下写作的。"尽管我终日阅读和写作，可烦恼仍是我最坏的敌人。这种特殊的烦恼并不产生于惰性……而产生于缺乏同外界的接触。"② 墨菲正是由于意识到了上述历史背

---

① ［意］安东尼奥·葛兰西：《狱中札记》，曹雷雨等译，中国社会科学出版社2000年版，第156页。

② ［英］詹·约尔：《西方马克思主义的鼻祖——葛兰西》，郝其睿译，湖南人民出版社1988年版，第90页。

景，所以，对葛兰西的霸权和意识形态思想采用了"症候阅读法"，试图通过对葛兰西思想的"解码"而获得葛兰西所无法言说的哲学内涵。

意识形态的概念在哲学领域，正如霸权形态的变革，也历经多次转换。法国观念学家特拉西（Destutt de Tracy）最早使用了"意识形态"一词，特拉西认为意识形态是一个哲学概念，他认为人的思想活动是感觉的创造和神经系统的活动。感觉是一切准确的观念基础，宗教意识是因为不能还原为直接的感觉，而意识形态唯一的作用是直接感觉的还原。特拉西提出意识形态学说，目的是建设一门基础性的哲学理论，是摒弃形而上学、宗教及其他各种偏见，通过从思想回溯到直接的方法，重新阐发政治、经济、法律、伦理等各门科学的基本含义。所以在特拉西那里，意识形态得到了肯定性的描述。

意识形态在马克思那里则是一种否定性的理解，在马克思看来，意识形态是"错误观念"，是特定的社会阶级在某个历史阶段为了最大限度地维护本阶级利益，而扭曲现实关系的结果，是对现实生活的歪曲、变形和错误。"如果在全部意识形态中，人们和他们的关系就像在照相机中一样是倒立成像的，那么这种现象也是从人们生活的历史过程中产生的，正如物体在视网膜上的倒影是直接从人们生活的生理过程中产生的一样。"[1]马克思提出意识形态批判的原因在于，他认为德国哲学从施特劳斯到施蒂纳的整个德国哲学批判都是宗教观念的批判，这些哲学家没有一个提出关于德国哲学和德国现实之间的关系，由于他们所做的批判脱离了他们自身物质环境之间的关系，因此，马克思希望跳出德国的哲学批判的局限，从整个物质世界来讨论意识形态，"在思辨终止的地方，在现实生活面前，正是描述人们实践活动和实际发展过程的真正的实证科学开始的地方。关于意识的空话将终止，它们一定会被真正的知识所代替"。[2]但马克思也非常重视意识形态的作用："正如德意志意识形态家们所宣告的，德国在最近几年里经历了一次空前的变革。从施特劳斯开始的黑格尔体系的解体过程发展为一种席卷一切'过去的力量'的世界性骚动……这是一次革命，法国革命同它相比只不过是儿戏；这是一次世界斗争，狄亚多希的斗争在它面前简直微不足道。"[3]因此，马克思将

① 《马克思恩格斯选集》第1卷，人民出版社2012年版，第152页。
② 《马克思恩格斯选集》第1卷，人民出版社2012年版，第153页。
③ 《马克思恩格斯选集》第1卷，人民出版社2012年版，第142页。

认识论的分析同社会历史分析结合起来，揭示出意识形态的历史构成问题，"通过向历史认识论的转变，马克思对意识形态的分析就不再局限在思维领域，而是将之与政治、经济等联系起来。"① 在《1857——1858年经济学手稿》和《资本论》中，马克思讨论了商品拜物教的问题，将意识形态的分析和历史实践结合起来，意识形态的虚假问题不再仅仅是跟人的观念上的"倒立成像"问题，而是在社会历史结构中的形成的错误意识。黑格尔的神秘主义，费尔巴哈的直观唯物主义，莫不如此。可以看出，马克思对意识形态的社会作用是从否定方面论述的。曼海姆（Karl Mannhein）的意识形态理论是对马克思意识形态批判理论的进一步深入思考。与马克思观点相似，曼海姆也认为意识形态总是与一定阶级的利益相关，但与马克思不同的是，他认为意识形态在性质上是属于心理上认识的误区，并不是蓄意欺骗，而是某种无意识的结果。他赞同马克思对意识形态本质的描述，但同时又强调意识形态的无意识特征。他认为意识形态发生的历史成因与一定社会环境相关，当社会状况改变时，先前的准则系统失灵，但人们的反应滞后，依然将原来历史环境中形成的特殊观念视为绝对真理，意识形态就发生了。在列宁那里，意识形态的作用得到了重新认识，意识形态不再是马克思和曼海姆所指认的错误思想，而是阶级意识的体系化形式，是政治斗争中的战斗工具。列宁坚持政党任务就是使群众清楚党的政策，免受直接经济目标的诱惑，强调在发动革命的过程中思想意识变革的重要性。

葛兰西坦率地承认他的意识形态思想受益于列宁。"列宁只是在发展政治学和实践时才推动了哲学本身的发展。权力工具的实现只有在它创造了新的意识形态领域，并决定着意识以及知识方法的变革时，才能作为一个知识的事实，一个哲学的事实。"② 葛兰西认为通过观念改革的途径来确立意识形态是列宁对马克思主义理论的一个重大贡献，为了进一步肯定列宁对马克思意识形态发展的作用，"用克罗奇的话来说，这就是，当我们成功地采用一种新的符合于世界观的道德观念时，我们便最终采用了新的世界观，由此便

---

① 仰海峰：《实践哲学与霸权——当代语境中的葛兰西哲学》，北京大学出版社2009年版，第164页。

② ［英］詹·约尔：《西方马克思主义的鼻祖——葛兰西》，郝其睿译，湖南人民出版社1988年版，第128页。

开始了整个哲学的改革。"①葛兰西直接运用克罗奇的语言来重述自己对列宁意识形态的理解，这是葛兰西思想方法的一个特征，他试图通过对两位大师的思想阐释，获得对马克思主义理论的意识形态思想发展的合法性。

葛兰西将霸权形态划分为政治霸权和文化霸权。政治霸权的实质是主导社会集团借助于社会和国家行使的政治统治。文化霸权则是主导社会集团通过市民社会对被主导阶层行使文化和道德的教化方式。而文化霸权又是政治霸权的基础，所以，无产阶级在夺取国家政权之前就必须夺取文化霸权。葛兰西深深地洞察到了文化霸权的意识形态作用，在葛兰西那里，文化霸权是与市民社会联系在一起的，它主要通过电台、教会、家庭等文化霸权机器，以非强制的方式使个体服从于社会统治集团。葛兰西首先认为意识形态是一个描述性概念，既有虚假意识形态，也有科学的意识形态，既有肯定作用，也有否定作用。意识形态是一种在文化和经济行为中，个体与集体生活中显露出来的世界观，资产阶级意识形态是虚假的，无产阶级意识形态则是科学的，意识形态与科学并非是必然对立的。其次，葛兰西认为意识形态是一定社会集团共同生活观念的表达，它是由"有组织的知识分子"创造传播的、具有很强的社会改造力量。葛兰西将这种意识形态描述为"有组织的意识形态"，从而把个人主观的意识形态、上层建筑的意识形态和自发的意识形态进行了区分。他倡导"有组织的意识形态"，因为有组织的意识形态构成人们获得社会地位意识的斗争场所，是"科学"的意识形态。"有组织的知识分子"的作用就是在"意识形态"与"科学"之间建立有机的联系，创造一个政治分析的通道。葛兰西将意识形态划分为两个层面：一是作为常识，一是作为思想体系。葛兰西称"常识"理解为"自发哲学"，这种意识作为日常实践的结果，也与日常实践融为一体，是非反思的意识形态；而作为思想体系的意识形态，是对常识世界观的批判，并把常识提升到思想的层面，哲学就是这种意识形态的表现。"自发哲学"构成了哲学的童话，而作为思想层面的意识形态，是对"自发哲学"的批判提升。葛兰西认为将"自发哲学"提升到"自觉哲学"，使常识中的有益东西提炼出来，从而使意识形态成为一种理论批判的工具。

---

① ［英］詹·约尔：《西方马克思主义的鼻祖——葛兰西》，郝其睿译，湖南人民出版社1988年版，第129页。

　　阿尔都塞认为"葛兰西是无法把握的"。阿尔都塞用这样的评价表达了对葛兰西实践哲学贡献的敬意，但是也暗示了葛兰西霸权思想的深奥性。葛兰西的霸权概念，是一个比意识形态更加宽广的范畴，它包括意识形态但不能还原为意识形态。意识形态特别指权力斗争在政治意义层面展开的方式，这样的意义体现在霸权过程中，但并非在所有的情况下都能像霸权一样呈现在社会的主导层面。主导社会集团赢得霸权，就是在市民生活中确立本集团的道德、政治和知识的主导地位，将本阶层的意识形态传播到整个社会中，从而将本体的利益等同于社会的整体利益。这并非是资本主义所特有的意识形态，而是存在于各种社会形态之中。总之，在葛兰西那里，霸权与意识形态的关系在于，意识形态是霸权成为可能的必要条件，但不是充分条件，意识形态体现于主导阶层霸权形成的过程，但不专属于主导阶层。在某种状态，意识形态和霸权又要相互转换，因此，霸权具有意识形态的功能，意识形态与霸权，好比两个相互连通的湖泊，当一个湖泊的水源减少的时候，另外一个湖泊的水源就会自动地去填充和弥补，直到达成一种动态的平衡。

　　墨菲列举了几种与葛兰西不同的意识形态理论：一是阿尔都塞理论。阿尔都塞认为，意识形态好比空气，弥漫于人们思想的太空，意识形态随时召唤人们。二是经济决定论。如第二国际的意识形态理论认为经济决定一切。在这种形态下，意识形态将不起任何作用，社会变革的希望寄托在经济危机上。只有发生经济危机，才可以实现无产阶级革命。三是列宁主义。列宁主义的意识形态认为马克思主义是无产阶级的意识形态。列宁在这里巧妙地把第二国际否定意义上的意识形态理论转变为肯定性的意识形态理论。意识形态不再完全是虚假意识，它是政治斗争中需要的武器。在列宁那里，意识形态就具有论证政治合法性的职能。葛兰西从列宁那里获得了启发，葛兰西的霸权理论，主要是考虑霸权对于意识形态的能动作用，可以说，离开了霸权，意识形态无从谈起。但经过仔细的理论考察后，墨菲最终遗憾地发现，葛兰西从来没有对霸权原则进行精准的表达，但是它似乎上是围绕一个价值体系，这一价值体系的实现依赖于处于生产关系层面的基本阶级所起的作用。这个结论是从价值的维度考虑，但和葛兰西本人一样，仍然是不精准和难以把握的 ①。笔者认为，墨菲对

---

① Chantal Mouffe, "Hegemony and ideology in Gramsci", in *Gramsci and Marxist theory*, London: Routledge & Kegan Paul Ltd., 1979, p.193.

于霸权的研究，不是研究霸权本身，而是霸权研究转向的理论价值。墨菲对葛兰西思想中霸权和意识形态研究的结论清楚地表明，她在试图超越葛兰西的霸权思想，希望建构一种符合当代资本主义发展实际状况的后马克思主义霸权理论体系。

三、后马克思主义霸权理论的建构

在《领导权与社会主义的策略——走向激进民主政治》一文中，墨菲借用后现代主义的解构主义以及结构主义和葛兰西思想的理论原材，建构了自己的霸权体系。学术界称之为"后马克思主义霸权理论"抑或"新葛兰西主义"。自 20 世纪 70 年代以来，新葛兰西主义与多元主义、精英主义和新保守主义一起成为流行于西方思想界的四大政治思潮之一。

新葛兰西主义霸权理论的第一项原材料是"连结"。连结也被称为"缝合"，从形象的角度看，类似于外科医生对病人伤口的缝合，这个比喻来自于拉康。"缝合"是指象征和想象的功能，墨菲使用连结概念的目的就在于同必然性逻辑和还原论逻辑决裂。"在这一讨论的环境之中，我们把任何建立要素之间关系的实践称为连结；那些要素的同一性被规定为连结实践的结果；来自连结实践的结构化总体，称之为话语；不同的立场只要在话语之中被连结起来，我们就称之为因素；相对应地，我们称任何没有被话语连结的差别为要素。"① 墨菲认为，"连结"活动并非一种必然性的活动，而是一种由偶然性逻辑所支配的实践，而领导权就是这种偶然性逻辑基础上的"连结"活动或"实践"的具体形态。连结的前提是对任何实践活动之间的偶然性的沟通，其目的是为了达到实践活动之间的"认同"，只有实践认同的基础上，才能谈论所谓的"领导权"，这就是领导权与连结的关系。换言之，任何实践活动是变动的，如果说其中存在着相对稳定的社会意义，那也是相对的，是在部分意义剩余的基础上，在话语不断地被颠覆的基础上进行的连结实践。关于连结的含义，拉克劳在《我们时代革命的新反思》一书中认为，"连结实践包含了部分地确定了意义的节点的建构，而部分的确定化特征起始于社会的开放性，以及这一相应的结果，即由于语境范围的无限性，所有

---

① [英]恩斯特·拉克劳、查特尔·墨菲：《领导权与社会主义的策略——走向激进民主政治》，尹树广等译，黑龙江人民出版社 2003 年版，第 114 页。

的话语都受到不断地颠覆。所以，所有社会实践（在其某个维度上）都是连结的。"① 拉克劳对"连结"的话语描述，也有助于我们对墨菲政治哲学思想的理解。

"主体"范畴是新葛兰西主义的第二项原材料。连结必然要涉及连结的对象，即主体。后马克思主义的论域中的"主体"肯定不是传统哲学的主体观，也不是传统马克思主义的主体立场，而是建构在后结构主义解构逻辑基础上的"主体"观；但另一方面，墨菲又试图在解构的基础上进行建构和连结，因此，这一主体必然是兼具了消解和建构两方面的特征。后马克思主义的霸权理论使主体范畴碎片化，然后在碎片化的基础上再对其加以偶然性的连结，于是后马克思主义政治行为主体重新得以构建。后马克思主义社会行动主体的构建过程，也是一个政治主体的消解过程，在政治行为主体的消解过程中，在偶然性逻辑基础上的漂浮主体依靠某种逻辑得以"连结"，于是后马克思主义政治哲学的实践主体摆脱了传统政治主体的单一性，以多元性的外表得以呈现。在多元主体可能的情况下，后马克思主义的"激进民主"的"领导权"规划才有可能实现。所以，墨菲的政治主体建构颇费了一番周折，我们需要在追踪其思路和逻辑的基础上，作出准确的理解。确定无疑的是，墨菲在偶然性逻辑的基础上，通过连结实践而建构的"领导权"理论，无疑赋予了西方左翼在政治生活中重要的引导性作用或角色。当然，这一作用不是原来基于本质主义的"一元化"的领导，而是在"多元"基础上的"激进民主"的偶然性的"连结"活动。在马克思主义传统中，"主体"是指阶级，主体的地位构建是由不同的阶级在生产关系中的地位决定的。传统的马克思主义生产关系的特征是：生产资料归谁所有，人们在生产关系中的地位和相互关系如何，产品如何分配。很显然，主体是由经济地位决定的。但是墨菲则对此持反对意见，社会代理人不一定是工人阶级，工人阶级与社会斗争并非必然的一致。与传统马克思主义的观念相反，墨菲认为在激进和多元的民主规划中，主体是不固定的，并不是专指工人阶级。主体是指那些分散的，去总体的和去中心的他者。例如"人"，在殖民地国家可能指的是人的自由，但在欧洲价值观看来则是人道主义。无差别的"人类主体"只能显现在宗教

---

① Ernesto Laclau, *New Reflections on The Revolution of Our Time*, London and New York: Verso Press, 1990, p.113.

和神话里面。18世纪以来，人成了一个基本的关节点，大量的社会实践从"人性化中"产生出来，"人"有很多分散的立场，由于话语差异的非固定性和开放性才使相互贯通成为可能。"女权"可以理解为反抗单一的妇女压抑机制，但是这仅仅是局限在女性的范畴，从本质上讲，这样的理解已经构成对妇女的歧视，即妇女是男人的从属品。所以，如果否定单一的妇女压抑机制，巨大的妇女政治行动领域就会凸显出来，因为这会揭示出男人和女人之间的根本对抗，不否认女性的特质，但是又肯定了女权主义运动的多元主义因素。所以，墨菲认为，主体范畴的构建一定要避免主体"立场"的绝对化，一定要避免"超越性主体"使绝对主义平等式地统一起来，主体范畴由于多元决定支配着它的每个话语特征而同样浸透着暧昧、不完整和意义分歧。

"对抗"是新葛兰西主义的第三项理论原材。墨菲从哲学家卢西奥·葛莱蒂的谈论开始研究对抗。葛莱蒂从康德对现实的对立与逻辑矛盾之间的区别为起点，选取了两个公式："A—B"（对立），"A—非A"（矛盾）。葛莱蒂认为，矛盾和对立是不同的，对立出现在现实的对象领域，现实对象没有由于对立对象而失去独立性，而是一个在对立之中的独立物。黑格尔把矛盾引入了现实，而把现实还原到概念，实际上还是认为现实存在着对立而不是矛盾，马克思则是从现实出发创立其矛盾的哲学观，他把黑格尔颠倒了过来。按照葛莱蒂的观点，这样导致了矛盾和对立的混淆。墨菲指出，葛莱蒂是从二难选择的角度出发，将"对立"与"矛盾"来进行比较，导致了现实和思想的分离。其实，无论对立和矛盾，都不能解释事物不可根除的冲突与差异本质，这种冲突与差异实际上是"对抗"，所以，葛莱蒂不可能获得真正的"对抗"概念。对抗不是现实的对立，现实中的事物冲撞不是对抗，仅仅是一种实证的物理规律。如警察殴打工人斗士，议会中团体组织部分成员的不同见解，都是一种"对立"，但不是"对抗"。也就是说葛莱蒂没有论证清楚社会冲突和现实碰撞所共享的逻辑矛盾。墨菲又以R.埃利奇和J.埃尔斯特为例来论述矛盾和现实的问题。关于矛盾和现实的问题，R.埃利奇和J.埃尔斯特存在着两个不同的主张，但这两个主张有如下相似点，"（1）现实是矛盾的，（2）矛盾存在于现实之中。"[①] 他们两个认为第一个命题是错误的，

---

① ［英］恩斯特·拉克劳、查特尔·墨菲：《领导权与社会主义的策略——走向激进民主政治》，尹树广等译，黑龙江人民出版社2003年版，第139页。

但第二个命题是正确的。所以埃利奇和埃尔斯特两位哲学家认为矛盾范畴存在现实中，辩证法是关于现实基本矛盾和本质的学说，而不是现实中矛盾的经验存在。墨菲显然对于埃利奇和埃尔斯特的矛盾和现实论述是不满意的，她用"荒谬"一词来表明他们对两位哲学家的态度。墨菲认为"矛盾并不必然意味着对抗性的关系。"① 无论是"对立"或者"矛盾"都是现实和思想的断裂，于是墨菲开始阐明自己的对抗观点。她重新回到康德的两个命题："A—B"（对立），"A—非 A"（矛盾）。不同于葛莱蒂，她认为，在对抗关系中，人们面对的是不同的情况，自我首先存在，但是另一个存在阻止自我成为完整的自我；另一个存在在逻辑上完全成立，"它存在着，所以不是矛盾"②，例如农民，他本来是农民，但是圈地运动导致他们从土地上被赶走，所以，农民就不是农民了，农民变成了一个自身不完整的存在。与农民对立的力量也同样如此。在上述论述基础上，墨菲论述了"对立"、"矛盾"和"对抗"三者之间的关系，"现实的对立是可确定的、可定义事物中的一个客观关系，矛盾同样是概念之中可定义的关系，对抗构成每个被展现为局部的、不稳定客观化的客观性的限度。"③ 对抗不会直接显现于现实或者思想之中，它是语言差异系统的断裂，仅作为隐喻而存在，对抗是一种原动力，在社会学和历史叙事中，有时候必须自身突破自身，求助于超越自身的"经验"来填补裂缝，这种"经验"就是对抗。语言的作用是固定事物，对抗的作用是颠覆事物，对抗只存在于语言的差异断裂处，语言永远无法描述对抗，当语言明确的地方，对抗就消失了，只剩下"对立"和"矛盾"。维特根斯坦曾经以"不可言说"来比喻某些语言的盲区，对抗就是如此。尽管如此，墨菲仍然为对抗设定了区域，"严格地说，对抗不是内在的，而是外在于社会的，或者更确切地说，它们构造了对社会的限制以及后者完全构造自身的不可能性。"④ 对抗的作用在这里呈现出来，社会永远不会是一个完整的社会，因为

①　[英] 恩斯特·拉克劳、查特尔·墨菲：《领导权与社会主义的策略——走向激进民主政治》，尹树广等译，黑龙江人民出版社 2003 年版，第 140 页。

②　[英] 恩斯特·拉克劳、查特尔·墨菲：《领导权与社会主义的策略——走向激进民主政治》，尹树广等译，黑龙江人民出版社 2003 年版，第 141 页。

③　[英] 恩斯特·拉克劳、查特尔·墨菲：《领导权与社会主义的策略——走向激进民主政治》，尹树广等译，黑龙江人民出版社 2003 年版，第 141 页。

④　[英] 恩斯特·拉克劳、查特尔·墨菲：《领导权与社会主义的策略——走向激进民主政治》，尹树广等译，黑龙江人民出版社 2003 年版，第 142 页。

"对抗"的存在，社会时刻会被超越，原有的一切限度和规范时刻会被颠覆。而对抗自身也是一样，它也会被颠覆和超越，但是当它颠覆或超越某个社会阶段和历史叙事后，又把接力棒交给了"对立"和"矛盾"，自己却悄然无踪，似乎一开始就不存在。

差异理论是墨菲霸权理论所需要的最后一项理论原材料。墨菲认为，社会永远不可能成为完全的社会，因为其中的每件东西被他们的限度所渗透，阻止了它把自己构造为客观现实。墨菲认为这对于经典马克思主义来说是一种颠覆性的话语，但这一颠覆如何出现呢？墨菲讨论了"同等"和"差异"两个概念。同等是指那些把一种共同的同一性强加给对象的分层化，因而消除了它们的差异，例如在被殖民地国家，统治权力的日常存在不同的衣着、语言、肤色、习俗等各种内容变得非常明显，但由于这些内容中每一个在他们与被殖民人民有共同区别方面是同等的。由此，我们可以理解同等的第一种意义，虽然肯定现实存在差异，但是通过否认现存的差异，等同"给予本来的否定性以一种真实的存在"。差异指生活对象和形式的具体属性，指它们的特征。墨菲认为，纯粹的差异和纯粹的同等都是不可能达到的。所有社会必须在这些绝对的两极之间运作。但是，在占主导地位的社会分层形式中，它们确定出一种具有重要意义的历史变革，这就是走向差异之极的转变，即墨菲所说的以现代的民主斗争取代前现代的大众斗争。差异领域的这种历史性扩大已经使马克思主义阶级理论的"错误"等同关系陷入了危机，并使新社会运动的激进民主政治提上了日程表。如果说，同等的第一意义在于否定差异，墨菲所理解的同等的第二意义在于肯定差异，并且第二意义颠覆了第一意义。通过等同，客体的差异性得到了表达。墨菲继续用殖民国家的例子作为解释："因此，吸收了所有与被殖民者相反的殖民者的实证性规定的同等关系，并没有创造出两者之间的实证性的不同立场，只是因为它瓦解了所有的实证性：殖民者在话语上被构造为反殖民的。换句话说，同一性已经成为纯粹否定性了。"[①] 笔者认为，在墨菲深奥的论述背后，隐藏着这样的含义，正由于否定的特征不能以实证的方式被描述，它只能通过其不同要素之间的同等被间接地描述。也就是说肯定创造了否定，而否定颠覆肯定。

———————————

① ［英］恩斯特·拉克劳、查特尔·墨菲：《领导权与社会主义的策略——走向激进民主政治》，尹树广等译，黑龙江人民出版社 2003 年版，第 144—145 页。

因此，社会形式要成为同等的，一定也是差异的，否则，同等将成为简单的同一性；根据此项逻辑，同样可以理解，必然的东西创造了偶然的东西，偶然的东西颠覆了必然的东西。这种差异系统的偶然性被引入不固定性之中。所有差别根本上的不稳定会因此在总体的等同关系之中显示自身，它的不同实证性被瓦解了。墨菲把差异性理解为对抗，正是对抗的存在，成为对社会的限制，社会被否定性所渗透，社会不可能获得完满的同一性，社会的暂时的同一性不停地被颠覆。墨菲认为，社会不能成为完全同一的领域，对抗也不能瓦解整个社会。墨菲将同等和差异用来对"对抗"进行深度的讨论，她在前面为讨论方便起见，让对抗的讨论保持在单独状态，现在她又创造了"对抗场所"的概念。"但是很清楚的是，对抗并不必然出现在单独一点上：差异体系之中的任何位置，只要被否定，就可能变成对抗的场所。"[①]"越是不稳定的社会关系，就越不可能成为明确的差异体系，而且对抗点就越会增殖。这一增殖会使任何中心性的构成更加困难，而且因此建立起不统一的同等链条（即近似于葛兰西以'组织危机'描述的情况）。"[②]

　　墨菲在论述了连结、主体范畴、差异、对抗等概念后，后马克思主义霸权模式被建构起来。墨菲给人的感觉其实就是在建房子。砖、瓦、木、石、沙都备齐了，墨菲作为能工巧匠而出场。从建筑风格上说，是对过去霸权建构体系的超越。如果说列宁的领导权是政治霸权，葛兰西的领导权是一种关于意识形态理论的霸权，那么墨菲的领导权则是一种话语霸权。所谓话语霸权，意指某种话语通过连结的实践而被认同，比如社会主义领导权，就意味着社会主义话语在与生态主义、和平主义等各种话语的连结中被其它各种主体认同，因此墨菲提出的话语领导权，就是要在当代社会的复杂情势下，社会主义的话语能够连结到其他各种话语，从而取得社会主义的话语霸权。

　　霸权是开放的和多元的，必须存在于差异体系之中，而且必须存在于具有"漂浮能指"的差异体系之中。霸权连结的两个条件是对抗力量的存在和把它们分离开的不稳定边界，没有对抗和边界，无法谈论霸权。因为霸权意味着边界现象，葛兰西"阵地战"的概念显示了他的全部意义，通过这一概

① [英]恩斯特·拉克劳、查特尔·墨菲：《领导权与社会主义的策略——走向激进民主政治》，尹树广等译，黑龙江人民出版社2003年版，第148页。
② [英]恩斯特·拉克劳、查特尔·墨菲：《领导权与社会主义的策略——走向激进民主政治》，尹树广等译，黑龙江人民出版社2003年版，第148页。

念，葛兰西带来了两个重要的理论影响，第一个是肯定社会的封闭是不可能的，社会是一个通过区分自身来构造它自己的合理性和可理解性形式；另一方面，只要在"阵地战"中边界随着功能而变化，每个对抗参与者的同一性也跟着变化，虽然阵地战这个概念导致了战争的非军事化，实际上还有阻止它在任何透明所指中被固定的不明确性引入社会之中。但是墨菲也指出，葛兰西的阵地战假定了社会空间分为两个阵营，而且把领导权连结描述为分离他们的边界的迁移性逻辑。墨菲对葛兰西的阵地战的评价是："然而，根据旧的概念，还存在着结构总是在二分的政治空间内扩张边界这个基础上运作观念。这是葛兰西的观点变得不可接受的地方，正如我们先前指出的，这些政治空间的增殖以及他们连结的复杂性和困难，是发达资本主义社会形态的核心特征。我们将要因此保留来自葛兰西连接逻辑和边界作用的政治中心性，不过我们会除去对于那些现象形成是必然结构这样单一政治空间的假定。"① 显然，墨菲认为葛兰西阵地战理论是不成立的。于是墨菲的霸权概念自然离开了葛兰西领导权的两个理论特征：一是领导权主体必须在基本平面上被构造，二是每个社会形态围绕着单一的霸权来构造自己。墨菲认为，这是残存于葛兰西思想中的两个本质主义因素，领导权基本上是换喻的，它的实现总是形成于来自置换活动的意义过程，这是一种错位的因素，任何领导权都是错位的，错位是领导权实践的本质，从俄国社会民主党到葛兰西，莫不如此。

但是，墨菲也意识到，如果一味地坚持错位、差异、否定等观念，霸权又将如何行使呢？她开始思考向总体化范畴有限度地回归，"假如我们继续停留在差异领域，我们就仍然存在于使我们不能思考任何边界的无限之物的领域之中，并且由此瓦解了'形态'概念。"② 在这里墨菲最终自己也回到了总体化的地平线，为了能够谈论霸权形态，墨菲引入先前分析所提供的另一个条件，即社会和政治空间的连续规定和那些构成社会区分的限制持续的置换过程，它们是当代社会所特有的。正是在这些条件下，被塑造的总体通过同等的逻辑获得了领导权的特征。总之，墨菲的霸权概念为说明否定性提供

---

① [英]恩斯特·拉克劳、查特尔·墨菲：《领导权与社会主义的策略——走向激进民主政治》，尹树广等译，黑龙江人民出版社2003年版，第155页。
② [英]恩斯特·拉克劳、查特尔·墨菲：《领导权与社会主义的策略——走向激进民主政治》，尹树广等译，黑龙江人民出版社2003年版，第162页。

了社会开放和非决定性，并且假定了连结和霸权实践的存在。这就是墨菲的新葛兰西主义的话语特征。

归纳起来说，墨菲所构造的霸权概念就是话语领导权，话语领导权的体系分为三个特征，第一个特征是以话语理论来构建一切社会关系。墨菲的话语理论承袭了维特根斯坦的后期语言哲学，话语不仅是语言的，而且是超越了语言，话语是社会所建构的一种关系系统。比如一个人在街上踢足球或者在比赛中踢足球，物理事实是相同的，但是各自的意义却不相同。"每一个客体被构成话语客体的事实与是否存在外在于思想的世界、现实主义与理想主义的对立没有关系，地震或者一块砖头的落下是当然存在的事件，在眼下出现的意义上，独立于我的意志。但是不管他们是否作为客体的特性按照'自我形象'的形式或者按照'上帝惩罚的表达'形式被构成，总是依赖话语领域的结构化。被否定的不是外在于思想的客体，而是能把自身构造为外在于任何出现的话语条件的对象这一不同主张。"① 由此可见，话语并不是单纯的语言，并非只是知识、思想，而是一种话语连结的社会实践，既包括语言，也包括行动。话语构建了社会，被话语构建的社会是异质的、开放的、偶然的、非决定性的。社会关系、社会主体和社会本身都是通过话语的连结而建构起来，所以话语领导权其实就是社会主义新策略。第二个特征是将霸权概念看作是一种话语的连结实践，通过话语的连结实践实现话语的领导权，使某种语言被接受、被认同。社会主义的领导权，意味着社会主义的话语通过连结而被认同、接受。在当代存在着生态主义、女权主义、平等主义等不同的话语中，当社会主义话语能在其他话语的连结中被认同和接受的时候，就意味着社会主义领导权的实现。话语的连接、领导权的实现是偶然的和开放的，它并非由社会的客观性和历史的必然性所决定，新的领导权摆脱了传统马克思主义的社会客观性、历史必然性的逻辑，进一步摆脱了经济主义决定论的逻辑，赋予了政治优先性的色彩。从解放政治到认同政治的转变，是一个过程，在《领导权与社会主义的策略——走向激进民主政治》一书中，墨菲以话语取代了意识形态，而话语不再与阶级性相关联，彻底放弃了阶级和阶级斗争的概念。第三个特征是揭示领导权的对抗性。"我们要强

① ［英］恩斯特·拉克劳、查特尔·墨菲：《领导权与社会主义的策略——走向激进民主政治》，尹树广等译，黑龙江人民出版社 2003 年版，第 118 页。

调的是，在理论和政治层面，对抗确实是我们当前研究的中心内容。"① 对抗问题在政治哲学中一直被广泛关注。墨菲认为，他们的霸权理论是以对抗为前提的。但对抗不具有客观意义，对抗是一方对另外一方的否定，对抗的存在使社会的客观性成为不可能。既然对抗不具有客观性因而也就没有什么必然的客观规律，没有客观的和谐秩序，而是显示为各种不同力量的整合，这一力量并不遵从统一和非统一的逻辑。总之墨菲的后马克思主义霸权策略把马克思主义置于形而上学基础上，然后对马克思主义进行大肆解构。她的霸权则意味着历史必然性范畴的解构，意味着社会的非客观性、偶然性、开放性、多元性。所以对于墨菲来说，霸权连结是一种激进的创造，是话语连结构建了社会，创造了历史。

墨菲的霸权理论看似非常玄奥，但是如果仔细思考，我们可以发现墨菲的霸权理论事实上是一场话语理论的游戏。这场游戏没有固定的主体，也没有固定的客体，从霸权的逻辑、霸权的谱系、霸权的超越等论述看似复杂和难懂，但是最终"变成了一种单纯的社会多元主义，它肯定的莫过于多元、不可化约的论述认同。"② 墨菲的霸权思想否定了马克思主义解放理论的可能性，并以认同政治代替解放政治，但因为霸权思想论述的简陋和不充分，对于重要的主张如"每一个激进民主方案必然包括社会主义面向、也就是资本主义生产关系之废除"竟然没有理论上的支持，更不可能有实践的回应。"这反映的不仅是马克思主义的危机，而是西方社会主义思想在 80 年代的总体意识形态危机。"③

本章的分析旨在明确这样一个事实：话语理论是墨菲的政治哲学内核，通过对葛兰西思想中的霸权和意识形态关系的研究，墨菲最终超越了葛兰西，完成了"新葛兰西主义"的设想。墨菲借助于解构主义的方法，用话语理论来反对本质主义，并用各种方法化解马克思主义传统范畴。墨菲的后马克思主义理论是在解构主义思想的哺育下成长起来的，解构主义的理论方法

---

① ［英］恩斯特·拉克劳、查特尔·墨菲：《领导权与社会主义的策略——走向激进民主政治》，尹树广等译，黑龙江人民出版社 2003 年版，"序言"第 9 页。

② 黄瑞祺：《马学新论——从西方马克思主义到后马克思主义》，台湾中央研究院欧美研究所 1998 年版，第 53 页。

③ 黄瑞祺：《马学新论——从西方马克思主义到后马克思主义》，台湾中央研究院欧美研究所 1998 年版，第 54 页。

对她观察分析新的政治形势又很大的启发，解构主义所提供的理论视域使他们有机会发现西方马克思主义理论中存在的一些严重问题。因此，解构主义不但是后现代理论的一个源头，而且也是后马克思主义的重要理论源头。但是结构主义的因素并没有在墨菲思想中完全得以消除，在研究霸权理论的时候，墨菲以阿尔都塞的症候阅读法来阅读葛兰西，拉康的外科手术式的"缝合"理论则被墨菲借用来完善"连结"理论。总之，结构主义和解构主义、霸权理论构成了墨菲政治思想的学理基础。

第三章　激进和多元的民主规划

在《领导权与社会主义的策略——走向激进民主政治》一书中，墨菲依托于霸权理论，将激进民主与多元主义进行嫁接，从而廓出了激进和多元的民主规划，而在出版《领导权与社会主义的策略——走向激进民主政治》一书之后，墨菲继续循着激进和多元的民主规划线路，在《政治的回归》、《民主的悖论》、《论政治》等著作中，通过对自由主义民主的批判，提出了"竞争民主"的概念。墨菲从激进民主到竞争民主的理论发展理路为我们提供了一条理解墨菲政治哲学的清晰的脉络。

第一节　民主话语的当代转向

乔治·奥威尔（George Orwell）认为，"民主"一词没有公认的定义，任何想作出定义的努力都会归于失败。在不同的历史阶段，民主表现为不同的状态，换言之，民主的话语是变动的，当民主被固定在一个意义上的时候，人们将停止使用民主的词汇。墨菲的激进民主规划正是把握了民主定义的漂浮性，在她的激进民主话语中，民主是一个永远处于移动的悬浮物，是一种"将到来"的人类理想价值的追求。

一、平等、自由与激进民主的内在联系

在后马克思主义民主谱系里面，激进民主作为"飘浮的能指"，没有固定和明确的定义，但是其价值取向则是人类对现代自由、平等的追求。在现代民主理论中，一般说来自由主义民主观更强调民主中的自由，共和主义民主则更多地强调民主中的平等。"在民主学说的两大主题'平等和自由'的

范围内，平等占据着传统的突出地位。"①民主是与平等诉求，与各种对不平等、反对等级制的斗争联系在一起的。等级制和不平等的社会是建立在神学政治逻辑之上的社会，君权神授在其中有着若隐若现的影子。这种社会被君主设计为一个整体，个体被固定在各自既定的纵向水平地位上，形成无法超越的金字塔型的不断重复的等级关系。按照近代民主观念，法国大革命的民主革命之所以是一场民主革命，就是因为法国大革命在哲学上的意义终结了盘踞在人类历史上的根深蒂固的神学政治模式，将政治统治的合法性回归到人民基础之上，《人权宣言》结束了古代的专制、等级制和不平等的形式，法国大革命也被看作是近代民主革命的开端。

墨菲认为，法国大革命是资本主义对封建制度政治不平等的批判，但法国大革命不能算是完全意义上的社会主义革命，因为法国大革命将民主作为理想来努力去抗争，却没有把民主制度化。结果是法国大革命不过是发动了一场没有形成宪政秩序的革命，在激进民主理论指导下的法国大革命挤压了法治的空间，而法国大革命之后，保守主义又主导了欧洲思想界，在一定程度上消解了法国大革命激进民主的影响，加强了宪政法治体系的建设。墨菲心目中的民主革命是社会主义革命，是一种对政治不平等和经济不平等的共同批判，也是多元主体的共同诉求。墨菲的激进民主理论更多地强调左翼的平等理想。社会主义的民主革命首先要求的是政治平等，然后是要求经济平等，到了当代则进一步要求多元主体的平等，所以女权主义也意味着一种民主革命。由此可以看到，墨菲的民主观具有强烈的平等取向。托克维尔（Alexis de Tocqueville）关于民主革命的思想，成为墨菲激进民主借以依托而强调平等的价值的主流理论。"难以相信，平等不能像在政治领域那样在其他领域广泛实现。不可能把人类本身理解成在某一方面是永远不平等的，而在其他方面却是永远平等的。在某个历史阶段，人们会在所有方面实现平等。"②那么，当代的社会主义民主运动形式又是什么样呢？墨菲认为从法国大革命开始，历经社会主义革命，再到新社会运动，构成了当代激进民主规划的线路图。新社会运动在当代多样纷呈，新社会运动是把许多不同的斗争

① [英] 恩斯特·拉克劳、查特尔·墨菲：《领导权与社会主义的策略——走向激进民主政治》，尹树广等译，黑龙江人民出版社 2003 年版，第 183—184 页。
② [英] 恩斯特·拉克劳、查特尔·墨菲：《领导权与社会主义的策略——走向激进民主政治》，尹树广等译，黑龙江人民出版社 2003 年版，第 173—174 页。

（包括极端的斗争）汇集在一起，例如生态主义运动、都市环境正义运动、同性恋运动、女权主义运动、反制度化运动、反种族歧视运动以及民族自治运动等，都是当代社会对抗的新形式。这些运动是民主革命的新形式，是平等主义理念的延伸，是19世纪以来人类反对不平等现象和制度的革命斗争的继续，因此是民主革命在当代向多元化领域的扩充。所以，墨菲认为新社会运动就是社会主义民主革命在当代的形式。

　　墨菲认为当代新自由主义的本质是反民主的。墨菲发现当代的新自由主义表象上是重新肯定了自由主义的中心地位，声称捍卫个人自由，反对建立在平等权利和大众主权的民主因素，实质上是要求保卫社会关系中的不平等原则，努力寻找不平等是正当的理由，为不平等、为等级制作辩护。"保守主义的反动因此具有一种明显的领导权特征。它试图使政治话语的概念发生根本改变，创造一种新'现实的定义'，在捍卫个人自由的名义下，这种新定义将使不平等获得合法性并且恢复为过去时代的斗争所摧毁的等级制关系。"[1]"自20世纪60年代以来，民主学说在大量提出新的要求的过程中发挥了重要作用，美国新保守主义完全理解这一点，他们谴责'民主过剩'，他们观点中的'平均主义'浪潮，在西方政治制度中产生了沉重的负担。1975年，亨廷顿在给'三边委员会'的报告中认为，1960年代，美国为争取更大平等和更多参与权的斗争，引起了'民主的巨浪'，使社会'失去控制'。他得出结论说，'民主观念的力量提出了民主政体问题'。在新保守主义看来，对于真正平等不断增长的要求，已使社会走上'平等主义绝境'的边缘。"[2]当代的新保守主义或新自由主义的这种反民主的攻势就是以自由否定平等，其实是一种反平等的攻势。哈耶克、弗里德曼（Milton Friedman）、诺齐克（Robert Nozick）都批判福利国家、反对国家干预，他们认为国家干预导致了对自由的侵犯。而法国的新右翼理论家阿兰·德·伯努瓦更是将平等的民主选举被视为极权主义，他从古典自由主义那里寻找根据，试图证明"平等＝统一＝极权主义"逻辑的合法性。墨菲通过对当代保守主义、新自由主义的分析，发现当代保守主义和新自由主义所标榜的"自由主义"其实

---

① ［英］恩斯特·拉克劳、查特尔·墨菲：《领导权与社会主义的策略——走向激进民主政治》，尹树广等译，黑龙江人民出版社2003年版，第197—198页。
② ［英］恩斯特·拉克劳、查特尔·墨菲：《领导权与社会主义的策略——走向激进民主政治》，尹树广等译，黑龙江人民出版社2003年版，第185页。

就是打着反极权主义的旗帜来反对民主。

在墨菲对民主革命和当代新右翼反民主的立场上，我们可以看到，墨菲的民主观念具有一种强烈的平等价值观的取向，她并不认为平等和自由是冲突的两极。墨菲通过分析当代社会不平等的新形式，强调了平等对于民主革命的意义。当代社会是一个商品化的、异化的消费社会。商品化摧毁了传统的社会关系，社会变成了一个交易市场，资本家的原始积累逻辑几乎渗透到社会的每一个领域，社会被演变成为一个异化消费的社会。但是，这种消费社会既没有像福山所预言的那样导致了意识形态的终结，也没有出现马尔库塞所担心的单向度的人的出现。商品化和异化的消费社会反而产生了各种新的不平等的现象，激起了多种新的对抗和斗争。在福利国家的背景下，国家干预主义的扩张成为社会不平等和冲突的重要根源。种种现象表明，我们与平等的人类理想价值的实现还有很大的距离。无论是商品化的、异化的消费社会，还是国家干预，都导致了当代社会的新的不平等形式、不平等关系的产生。墨菲认为反对商品化的消费社会、反对福利国家的国家干预都具有反对不平等的民主革命意义。换句话说，当代社会的民主革命，民主要求仍然是与反对不平等的对抗和斗争联系在一起的。所以，墨菲将民主的诉求理解为平等理想的要求，民主革命是反对各种不平等现象的斗争。尽管民主学说包括了自由和平等两大主题，但是墨菲更多地强调平等，而不是自由。虽然他们所主张的民主观念并不排斥资本主义的自由民主，而是对资本主义的自由民主的扩展，但是却更倾向从平等意义上采用民主的概念。墨菲在具有强烈平等取向的民主观念的基础上，进一步阐发了激进民主的新理论。

同时，墨菲的激进和多元的民主规划并不排斥自由理念，而是包含着一种新的自由理念，墨菲认为，激进民主需要一种超越了那种存在于"古代的自由"与"现代的自由"之间的那种虚假窘况的理念，把个人的自由和政治的自由放在一起来思索。"古代的自由"和"现代的自由"是近代的政治思想家贡斯当（Benjamin Constant）提出的概念。贡斯当认为古代的自由体现在古希腊和罗马的公共生活中，人们积极参与对公共事务的讨论和决策。但是古代的自由由于没有明确的私人空间，自由主要是一种政治参与的自由，而缺乏对个人权利的保护。所谓现代的自由，是指人们越来越注重于维护自己个人权利，倡导政府和国家的中立，反对公共权力对个人自由的干预。相比较而言，古代人的自由侧重于政治自由，而现代的自由则侧重于个人自由。伯林在贡斯当自由理论的基础上，提出了著名的"积极自由"和"消极自由"的区分。积极自由意味着不受强制的状态，强调真正的个人自由；消极自由则是指公民参与国家管理和决策的权利。伯林对自由概念的理解，分别成为当代自由主义和社群主义对自由观激烈争论的理论根据。新自由主义坚持积极自由的观念，强调个人自由的神圣不可侵犯，反对政府对个人权利的干预，而对于新自由主义者来说，个人权利是绝对优先的，国家和政府不能随意以公共利益的名义来干预个人的权利，参与公共事务与否只是个人的自由选择与决定。正是基于这样的观念，新自由主义者的代表人物罗尔斯（John Bordley Rawls）提出了"权利优先于善"的原则。很显然，罗尔斯所主张的自由观是一种积极自由。罗尔斯的积极自由观遭到了社群主义者的攻击，社群主义的代表人物如麦金泰尔（Alasdair Chalmers MacIntyre）、桑德尔（Michael J. Sandel）则提倡消极自由的观点，提倡参与公共领域，强调政治自由。关于权利是否优先于善的问题的争论，构成了自由主义和社群主义争论的焦点。自由主义认为，每个人都有找到他所理解的那种幸福的可能性，为自己树立一个自由的目标，进而以他自己的方式来努力实现这些目标；而社群主义者则断言人们无法确认权利相对于善的优先性，因为我们只有通过参与到那个定义了善的共同体中去才能有某种权利和正义观念。

亚里士多德（Aristotélēs）认为人天生是政治的动物，个人不可以脱离城邦而孤立存在，因此离开社会而存在的个人自由和权利同样不存在。现代意义上的个人自由的获得经过了一个漫长和复杂的历史发展过程，资产阶级国家的公共和私人领域的划分，使自由个体的存在成为可能。可以说，个人的自由只能通过个体参与到善的共同体中去，才能有某种有自由的保障。换言之，个人自由与政治自由并非两个割裂的理论单体，而是密不可分的一对孪生理论共同体。因此墨菲并不赞同贡斯当、伯林的民主观点，因为他们将民主的分拆导致了民主的对立，对于民主的理解走向了极端。从反对民主拆分的学术立场出发，墨菲通过超越自由主义自由观和共和主义自由观的对立，试图协调个人自由和政治自由的关系。

墨菲首先对罗尔斯的积极自由观提出批判。"如此看来，一方面权利自有其重要性，并且正义原则不会向一种特定的福利观念许以特权也是一个事实；然而，另一方面，很明显，权利相对于善的优先性只有在某种特定的社会中才有可能——这个社会有其给定的体制，而且，不可能有权利相对于善的某种绝对的优先性，因为——正如社群主义者合理断言的——只有在一个特定的共同体内部那个有其权利的个人才能存在，而这个共同体就是以它自己所设定的善来规定自身的。"① 新自由主义者将现代人的自由当作纯粹的个人自由，个人自由被理解为不受任何强制的自由。它唯独关注的是个人权利，这必然导致公共精神的丧失，结果是"它必定无视政治的存在并在有关政治学的本质问题上自欺。"② 自由主义忽视了个人与构筑群体的身份关系，导致社会亲和力的丧失，因此墨菲认为需要抵制那种强调纯粹个人自由的幻想。

墨菲在分析了以罗尔斯为代表的新自由主义者的自由观理论缺陷的同时，也指出了社群主义自由观的缺陷。麦金泰尔、桑德尔等人在当代占据着社群主义的重镇，墨菲认为他们的自由观最大的缺陷就是对个人自由的完全拒斥。社群主义者推崇公共精神，主张积极参与政治，致力于建立以善为基础的政治共同体，这似乎回到了古希腊社会。在社群主义的自由观中，私人领域和公共领域的区分被消除，个人权利完全被公共利益所覆盖。这极容易导致公共权利对个人自由的侵犯和对个人权力的漠视，并且有可能产生极权主义。

墨菲试图超越新自由主义和社群主义的对立，努力寻求消极自由和积极自由的协调。墨菲提出："现代民主政治哲学的主要任务就是协调个人自由和政治自由的关系，因为，多元主义的和民主的公民身份问题正是根植于其中的。"③ 她认为应当使用"公民良知"的概念，以区别于新自由主义和社群主义的"善"的概念。公民良知是自由主义民主政体中的所有公民所应具备的素质，在这种政体中，正义的标准也就是自由和平等的标准；而共同善却会在所有人身上强加一个单一的快乐主义概念。从公民良知的角度去理解自由的概念，新自由主义与社群主义观念是兼容的，"公民良知并不意味着这必须是一致同意的，共和主义理想也并不要求为了统一性而去压制差异性。"④ 新自由主义与共和主义的兼容意味着个人自由被保留，多元主义同样也被保留，所以墨菲视域中的自由，已经是一种经过民主方式而设定的公民

---

① ［英］尚塔尔·墨菲：《政治的回归》，王恒等译，江苏人民出版社 2005 年版，第 40 页。
② ［英］尚塔尔·墨菲：《政治的回归》，王恒等译，江苏人民出版社 2005 年版，第 189 页。
③ ［英］尚塔尔·墨菲：《政治的回归》，王恒等译，江苏人民出版社 2005 年版，第 49 页。
④ ［英］尚塔尔·墨菲：《政治的回归》，王恒等译，江苏人民出版社 2005 年版，第 46 页。

身份的个人自由，将个人自由同多元主义相兼容是一项任务。"而这一任务只有当我们尽力不把自由理解为对那种同国家相抵牾的个人权利的维护，同时又注意不因公民而牺牲个人时，才能完成。"① 墨菲引用了当代著名政治学者斯金纳（Quentin Skinner）的观点来说明个人自由和政治自由应当相互协调，而不是纵容新自由主义与社群主义的争论，将二者完全割裂和对立起来。"只有作为'自由国家'的公民，作为成员积极参与政府事务的共同体的公民时，这样的个体自由才能得到保证，为了确保我们自己的自由并避免使这种自由成为不可能的苦役，我们必须培养起市民德性并把我们自身献身于共同善。要想享受个体自由，高于我们私人利益的共同善的理念是一个必要条件。"② 斯金纳的观点意味着政治自由与个人自由是可以协调的，墨菲通过斯金纳的理论获取了一把钥匙，她因此而完成了对自由主义和社群主义争论的超越，政治共同体的共同善的理念与自由主义的个人权利优先的理念的理论兼容，使墨菲有机会赋予激进和多元的民主规划以理论的合法性。

二、民主的普遍性话语向颠覆性话语的转向

第二次世界大战之后，社会关系层面发生一系列变化，法律、国家制度和传媒迅速发展，现存社会交往方式发生极大变化。资本主义生产关系渗透到社会的每一个领域，工人阶级不仅是出卖劳动力的个体，而且通过他们所在的公司融入到社会关系中，文化、娱乐、教育、性都是这些社会关系的内容。但是消费社会反对从属形式的斗争从来没有停止过，行动反抗斗争包括由于自然资源的浪费、环境的污染和破坏以及生产至上所导致的生态保护运动、普遍城市化所带来的居住环境和公共产品及服务的匮乏所导致的居住权斗争、福利国家的发展而导致的反官僚主义的斗争，以及随着核武器的大规模部署和扩散，"灭绝逻辑"使全世界人们都感到生存面临严重的问题，人们产生了根植于国家防御控制原则领域的民主新要求。另外，女权运动、黑人解放运动、少数民族斗争之类古老的激进化斗争也一直没有停止过。上述种种运动，无论是新产生的运动，或者本来已经存在，现在只是经过了改良的运动，实质上都是一种新的对抗，是对社会生活自身不断同质化的反抗形

① ［英］尚塔尔·墨菲：《政治的回归》，王恒等译，江苏人民出版社 2005 年版，第 47 页。
② ［英］尚塔尔·墨菲：《政治的回归》，王恒等译，江苏人民出版社 2005 年版，第 83 页。

式，这种表现形式不是通过集体斗争的方式表现自身，而是逐步加强个人主义来表现。自 20 世纪 60 年代以来，民主学说在新的对抗环境下发挥了重要作用，以亨廷顿为代表的美国新保守主义提出的"新平等主义"，他们认为社会已经走上"平等主义绝境"的边缘，社会应该从机会平等转向结果平等，从个体之间的平等转向团体之间的平等。但是这种观点被丹尼尔·贝尔等学者认为不过是一套"漂亮的理论"，无法解决当前各种危机出现的根本原因。当代的社会现实迫切需要学界做出深层的思考，来应对来自自然与社会的危机。

1994 年以哈耶克为代表的新自由主义对国家干预和计划经济发起攻击，象征着新自由主义在当代展开了一轮的民主的批判运动。哈耶克的《通往奴役之路》从反对集权主义和官僚主义的角度，反对拓宽和加深自由的理解，而是强调应当加强"个人自由"。"民主本质上是一种手段，是保护内部和平和个人自由的功利手段"。[①] 西方民主的"洛克传统"作为自由主义民主的传统一直在西方占主导地位，经过约翰·斯图亚特·密尔的改造，民主的含义被融入了自由的观念，再后来在左翼的话语中，"自由"意味着抉择的能力，如受教育和享有良好的社会福利。哈耶克反对这种变革，竭力试图使民主的概念回到资本主义自由市场经济的大框架之下，不干预资本主义自由市场机制。与此同时，新保守主义也开始对民主采取攻击的姿态。新保守主义对于民主的方式是希望经济、社会和政治领域的基本决议完全非政治化，这样，新保守主义并不公开攻击民主，但是却试图抽空民主的所有实质含义，将政治排除在民主之外。

当新自由主义者大张旗鼓地对民主采取去政治化的运动的时候，世界社会主义运动也在发生着变化。因为苏联和东欧的社会主义政权的衰落、新社会运动的发展、极右翼的兴起和左翼的理论困境表明，阶级斗争在社会生活中的活动场域已经不太明显，逐渐退却并让位于各种不同的社会团体之间的非中心性的冲突和对抗等政治情形，导致了社会主义运动的政治现实与经典马克思主义理论产生了一个断裂点，所以，当代左翼迫切需要一个思想规划来弥合理论与现实之间日益加宽的裂缝，寻求新的社会主义策略。

---

① ［英］哈耶克：《通往奴役之路》，参见 ［英］恩斯特·拉克劳、查特尔·墨菲：《领导权与社会主义的策略——走向激进民主政治》，尹树广等译，黑龙江人民出版社 2003 年版，第 193 页。

在上述政治理论主题转换的大背景下，墨菲试图从哲学和政治学层面，从民主的激进和多元的立场出发，将解构主义的"颠覆性"话语移植到自己的理论当中，从而希望对当代的政治、自然抑或社会的危机作出深层次的思考。

墨菲在《领导权与社会主义的策略——走向激进民主政治》一书中，阐述了自己对新自由主义民主的批判，以及对经典马克思主义本质主义和经济决定论的不同见解，她认为民主制度不是永恒的体系，在每一种情况下都需要对它出现的原因以及它的社会效果作出预测和改进，这种改进的动力来自于某种颠覆性话语的出现。亚里士多德在《政治学》中认为，"最纯粹的民主"就是那种所谓遵守平等原则的整体，在城邦中，穷人不占有富人的财产，富人也不要想做穷人的主宰，二者处于同等地位。在亚利士多德的话语里面，暗含了一个前提和假设，就是民主首先要有制度上的平等。亚里士多德的观点被后来的政治思想家不断延续，最后被演绎成民主是多数人对少数人的暴政。例如托克维尔在《美国的民主》中认为，民主统治的要义包括多数人的绝对主权。墨菲对自亚里士多德以来的民主先验假设的前提——平等问题从文化领导权的角度提出了挑战。她认为民主的话语是从源头上可以理解为指向反对不平等斗争和挑战从属关系的集体行动，但是如果没有一个特定的民主空间，从属关系将不可能转化为压制关系，这样领导权将无法出现，激进民主更无从谈起。换言之，只有当不平等的社会环境出现，激进民主的环境才有可能。以女权主义运动为例，如果妇女被简单地固定在相对于男人的从属地位上，那么作为反对妇女从属斗争运动的女权主义就不会出现。18世纪英国的女权主义者玛丽·沃尔斯通克拉夫特（Mary Wollstonecraft）写作了《为妇女权利而辩护》一书，该书中对"女权主义"一词首次使用，试图通过民主话语从公民之间的政治平等转移到了两性之间的平等领域，确定了女权主义的诞生。从这个例子不难看出，从属关系自身并不表明对抗性立场，只有颠覆性话语出现，从属关系才转化为对抗。同样道理，墨菲认为"奴隶"一词代表了奴隶对奴隶主的从属关系，但是并不必然出现奴隶和奴隶主之间的对抗，而只有当"天赋人权"等颠覆性话语出现的时候，奴隶和奴隶主之间的对抗就开始了，激进民主的话语才开始出现。当今，颠覆性话语已经成为新社会想象的发源地，成为构造社会的一个关节点，必须使自身成为一种体制上的向往。"法国大革命不是一种变革，而是一种起源，一个起源的幻想。它之所以独特，在于构成了他的历史影响的东西；更有甚者可以说，正是它的独特的要素已经成为普遍性的了：它是民主革命的最初经验。"①墨菲因此认为法国大革命的真正意义并不在于法国大革命对社会的巨大政治变革，因为法国大革命很快就失败了。法国大革命的真正意义在于它代表了一种颠覆性话语，一种具有深层次的否定性和解构性的哲学话语。墨菲的观点得到了阿伦特（Hannah Arendt）的印证，"正是法国大革命而非美国革命使世界激动起来"。②法国大革命之所以能够出现激进民主的历史环境，正是由于颠覆的话语把从属关系转化为对抗，"平等"、"自由"、"正义"等话语出现的时候，原来的压制和控制性话语将成为不合法和反自然，专制体制于是失去了合法性空间。正是不平等话语的作用，在民主政治上颠覆性话语得以出现，它作为激进民主话语历史环境的一个起点，一种酵母，通过不同的社会主义话语，置换成对经济不平等的批判，走向对其他从属形式的怀疑，激发各种反对从属关系的斗争，并产生新的权利要求。如女权主义运动，妇女首先要取得政治权利，然后要取得经济权利，然后再考虑两性平等的问题，最后实现所有的平等，达到托克维尔所预言那样，在某个历史阶段，人们会在所有方面实现平等。根据上述思维范式，墨菲认为历史上发生过的工人运动其实是一种激进的多元的斗争，工人运动虽然远远不能保证满足社会民主要求的复杂性和矛盾性，但却经常使一整套从属关系的专断性暴露无遗。于是，通过层层的演绎，结合对女权主义到工人运动颠覆性话语特征的分析，墨菲将当代民主革命新的特点也显现出来，在颠覆性话语的扩充下，民主革命的新领域被创造出来。

　　面对领导权环境的新变化，墨菲寄希望于左翼运动的创新理论来解决当前世界价值危机现状。墨菲认为，无论是新保守主义的民主话语或是新自由主义的民主话语，都无法成为"有机的意识形态"，自由主义最终和保守主义合流了，他们求助于保守主义哲学获得一系列的关于民主的主题，这种"合流"试图把新自由主义对于自由市场经济的捍卫和根深蒂固的保守主义

① ［法］菲雷：《对法国大革命的思索》，参见［英］恩斯特·拉克劳、查特尔·墨菲：《领导权与社会主义的策略——走向激进民主政治》，尹树广等译，黑龙江人民出版社2003年版，第172页。
② ［美］阿伦特：《论革命》，参见［英］恩斯特·拉克劳、查特尔·墨菲：《领导权与社会主义的策略——走向激进民主政治》，尹树广等译，黑龙江人民出版社2003年版，第172页。

的社会主义传统结合在一起，他们的合流也明显具有一种领导权特征。"由于转向了有机意识形态，通过围绕个人主义的权利定义和消极自由的概念，使多样主体统一起来的同等体系，自由保守主义构建了新的领导权连接。因此，我们再一次面临社会边界的置换。与福利国家一致的领导权形态中，作为合法差异接受的一系列主体立场从社会确定性领域被排除，并且被构建为一种否定性——社会安全上的寄生虫（撒切尔夫人所谓的'小偷'）、与工会特权联系在一起的无能、国家补助，等等。"①上述情况表明，自由主义的领导权面临着危机。这为西方左翼提供了一个难得的夺取文化领导权的有利契机。但是，左翼也需要适时地构建一个正确的领导权形态。墨菲从霸权的角度，指出了传统左翼的主要的局限。传统左翼一贯先验地指认变革的代理人、忽略社会的断裂因素，拒绝放弃社会被彻底缝合的假定。当代左翼困境的形成与传统左翼的影响有关，所以当代左翼需要克服这些局限性。当今左翼需要解决下述问题：一是多元的激进民主规划需要确定对抗出现的层面及其连接形式。经典革命学说试图先验地说明对抗出现的层面是固定于将来某一点上的理论在现实中将会遭遇阻碍，因为对抗层面会因其他关联因素的影响而处于不断被颠覆和更改的状态，某些领域的社会逻辑转而演变为其他领域的社会逻辑，如此这般不断地置换。民主斗争的空间在某一时段可能是自治的，并且在不同的政治空间中产生与其他斗争等同化的作用，但是激进民主计划与社会多元性相关联，其可能直接来自于把自身构成为主体的话语多元性，而且也直接来自于发生在多元性中的置换；二是在当今社会，中心制度化和极权主义的逻辑是两个极端，都是需要消除的。激进民主的多元性特征只有在假设的封闭体系下，才与等同逻辑相容。凭借等同作用的政治空间的构造不仅与民主斗争相容，而且在许多情形之中是需要它的。民主等同链条，在当代左翼面对新保守主义的攻击时，为左翼在当前环境下争取领导权的斗争起到十分重要的作用。不相容性产生于等同空间被理解为中心的时候，这个中心压制并组织了所有其他的空间。换言之，不相容性出现在这种情形之中，某种社会层面上产生了等同的结构，因而这个层面被转变成了统一的体系；三是民主与霸权之间的关系问题。民主逻辑不是社会实证性的逻

---

① ［英］恩斯特·拉克劳、查特尔·墨菲：《领导权与社会主义的策略——走向激进民主政治》，尹树广等译，黑龙江人民出版社 2003 年版，第 198 页。

辑，而是平等观念价值理想对广泛的社会关系的等同置换，而且是不平等从属关系消除的逻辑，民主不能建立任何形式的关节点来重建社会结构，所以不会形成霸权。同样地，没有任何霸权能绝对地建立在民主的逻辑之上。霸权对于民主逻辑的影响，是从否定性开始的。每一个霸权的场域都是被不稳定的因素所围绕，社会实证性使它得以暂时的巩固。激进民主政治应该避免极权主义理想国神话和实证主义的两个极端。激进民主的视域中，多样化已经转变成多元性了，因为每个要素单体以及标准都没有溢出自身的总体的表述。

墨菲激进民主的规划策略，包含了社会主义的维度，蕴含了废除资本主义的政治体系的宏大理想，墨菲的政治哲学思想将社会主义理解为民主的一部分，反之，激进民主则超越于社会主义，它拒绝社会主义理论所预言的，伴随着废除资本主义制度，其他不平等也被消除的观念。在后马克思主义语境下，伴随着斗争和话语差异的去中心和自主性、对抗的增殖，民主空间多样性是需要在某种标准上它所作用的多元决定，是霸权驱动的结果，而不是民主自身演绎的结果。在当前的形势下，西方左翼只能根据有差异的等同体系结构来抉择，在新的基础上建立了社会划分。在面临新的社会的重建计划时，西方左翼的抉择应当是完全把自身定位在多元激进民主革命领域，强化反压迫斗争之间的等同链，顺应霸权理论的内在指引。所以，西方左翼的任务不是放弃自由民主的意识形态，相反，是在激进的和多元的民主方向上深化和扩大民主。只有放弃传统左翼理论基础，民主斗争才能开展，西方左翼领导权策略才有存在的可能性。所以，工人阶级的真正定位并不是依靠经济基础，而是要依赖于霸权间的制约，即各种力量的政治平衡，以及本阶级之外的多元民主斗争的激进状况。

政治对于民主的批判，以及民主对于政治的批判，在西方政治思想的发展过程中从来没有停止过。对民主的态度，并非全部是赞扬之声。在君主政体、贵族政体、暴君政体、寡头政体或者极权主义政体下，民主被称之为"坏东西"，因为民主被看作是多数人的暴政，而作为少数人的君主和贵族，在"暴政"之下，当然不会赞美民主。但在资本主义社会，虽然拥有着形式上的民主体制，如定期选举、议会制度、多党竞争等制度，这些制度也未必真正符合资产阶级本意，但是如果不贴上"民主的标签"，将无法对其政治目的自圆其说。正如丘吉尔无奈地感叹，民主是坏的政体，但其它政体比民主更糟糕。关于民主与资本主义的矛盾关系问题，自由主义、保守主义、社会民主主义及其他政治思潮均提出过一揽子解决方案，在特定历史时期起到过重要的作用。现代西方民主整合了多元文化，实现政治与民主的一体，在阿尔蒙德（Almond）、戴维·伊斯顿（David Easton）、悉德尼·维巴（Sidney Verba）等人的推动下，公民文化与民主成为民主政治文化的核心内容。在当代西方，民主又与协商民主、结盟民主等理论纠缠在一起，更显其重要性。包括威尔·金里卡（Will Kymlicka）、威廉·盖尔斯（W. Galston）、艾里斯·马里昂·杨（Iris Marion Young）、查尔斯·泰勒（Charles Taylor）在内的多元文化主义者也开始走上民主研究的前台。上述政治思想家对民主的批判和演绎为我们提供了一张从民主程序到民主价值的民主批判理论全景图式。墨菲显然延续了上述批判传统，但她的特殊性在于将民主的批判置放在应对当代各项社会危机的大背景下，并结合西方左翼的理论突围任务而展开。墨菲认为左翼的任务并不是拒斥自由民主的意识形态，相反，是在激进和多元的方向上深化和扩大自由民主的意识形态。在墨菲的民主话语中，民主革命思想是理论的关键。从属关系能够通过连接的实践被建构为社会对抗性，社会主义内在的生成性力量从生产方式和生产关系的互动转向话语领域。在西方社会的政治理想中，激进民主政治想象"提出各种不平等形式是非法的和反自然的，因而使它们等同于压迫的形式。这里存在着民主话语的深刻的颠覆性力量，这种颠覆性力量可能使平等和自由延伸到越来越广泛的领域之中，因而可以充当一种酵母，激发各种反对从属的斗争形式。"[1] 由此可见，从普遍性特征向颠覆性特征的转变，构成了民主话语的当代形态。

第二节　激进和多元民主规划的廓出

哈贝马斯对于对现代性顽强固守而提出审议民主模式，这其实是理性主义者出于对后现代的恐惧而坚持对现代性的怀旧思考，试图赋予现代性一种民主的"理性共识"。但墨菲面对后现代的挑战并没有胆怯，她认为理性和

---

[1]　[英] 迈克尔·拉斯廷：《绝对的意志主义：后马克思主义的霸权概念批判》，吕增奎译，参见周凡主编：《后马克思主义：批判与辩护》，中央编译出版社 2007 年版，第 178 页。

启蒙价值仍然是激进政治的重要方面，必须祛除的不过是本质主义和普遍主义倾向，但是激进政治绝不应该把后现代哲学当作威胁，它欢迎后现代哲学，并把它视为完成激进政治目标不可或缺的工具。所以，在对后现代理论接纳的基础上，墨菲通过霸权理论的内在指引作用，廓出了自己的激进和多元的民主规划。

一、激进民主与多元主义的接合何以可能

美国学者拉米斯（C·Douglas Lummis）认为，激进民主政治事务的根源，也是价值的根源。激进民主原初意义上是指公民直接参与国家公共事务的管理和决策，也就是直接民主。但是自古希腊和罗马的民主政体结束之后，民主思想分化为两条主线。第一条主线是反民主的线路，在主张"哲学王"治理国家的柏拉图视域中，民主是一种比暴君统治好不了多少的政治形式。而其学生亚里士多德则认为民主是暴民统治的变态政体。在亚里士多德之后，马基雅维利（Machiavelli）、洛克、孟德斯鸠、伏尔泰（François-Marie Arouet）、康德（Immanuel Kant）、麦迪逊等思想家均把民主与"多数人的暴政"联系并予以排斥。可以说，直到19世纪初，资产阶级及其思想家一直认为民主是个"坏东西"。而在另外一条民主的发展主线上，卢梭、杰斐逊（Thomas Jefferson）、潘恩（Thomas Paine）以及马克思等思想家的著作中，则对于民主政治寄予厚望。但是拉米斯失望地发现，无论哪条主线上的民主，激进民主思想都被隐去，民主被重新表述为所谓现代国家的特征，拉米斯遗憾地认为也许根本没有人真正相信激进民主。但是拉米斯坚信激进民主在当今存在完全具有合法性，"它是唯一的不需要论证合法性的政治国家，当权力不是交给人民而是交给别处时，理论才开始需要。"①19世纪三四十年代，随着工人运动的发展，托克维尔、穆勒等精英阶层意识到必须利用民主来进行统治，但是资产阶级思想家抛弃了民主的本意，认为人民直接参与国家管理是无法操作的，有必要重新定义民主。熊彼特在著名的《资本主义、社会主义和民主》一书中指出，在现实的政治实践中，民主仅仅意味着人民通过选举有机会接受或拒绝将统治他们的人，而不是人民的直接统治。这

---

① ［美］道格拉斯·拉米斯：《激进民主》，刘元琪译，中国人民大学出版社2008年版，第17页。

样，熊彼特就实现了民主的转换："民主"变成了"选主"，"人民统治"变成了"人民选举统治者"。从此，代议制民主代替了直接民主，从而成为资产阶级进行统治的合法性依据。随着社会的发展，代议制民主的低效率、精英政治、背叛民意等现象越来越引起公众的不满。于是针对代议制民主的弊端，卡罗尔·派特曼（Carold Pateman）提出了"参与民主理论"、本杰明·巴伯（Benjamin Barber）提出了"强势民主"、哈贝马斯主张"审议民主"，而奈格里（Antonio Negri）与哈特（Michael Hardt）则认为，为了挽救社会主义传统中仅存民主因素，"大众"应该主张各种形式的新社会运动的抗争，并把这种抗争扩大到全球范围内，通过"全球民主"来推翻资本主义统治。上述种种民主方案，都对代议制民主提出批评或替代方案。在这些批评中，"激进民主"逐渐形成一种思潮。"尽管使用它的历史是一部伪善和背叛的历史，民主仍然在一定意义上是一个纯洁的词，它含有一项至今未被实现的承诺。"[1]拉米斯试图把激进民主回归到民主的本意——人民的权利上去，从而为民主正名。

虽然拉米斯一直在努力为激进民主正名，但是真正提出"激进民主"这一名词的却是墨菲。墨菲在1985年出版的《领导权与社会主义的策略——走向激进民主政治》一书中，最早提出了"激进民主"一词，同时也标志着"激进民主"理论研究的肇始。墨菲主张一种"竞争性民主"的激进民主形态，一方面反对代议制民主，一方面又寄希望于保留民主政治状态。

古希腊意义上的"直接民主"已经成为人类的一个遥远的故事。现在墨菲之所以采用"激进"二字，已经不同于民主的原初本意。为了理解的便利，本书再次借用拉米斯的观点来理解"激进民主"，拉米斯认为，"激进"二字是一个修饰语，而不是装饰语，起着强化作用，意在表示一种本质和要素意义上的民主。在《牛津英语词典》中，"radical"的第一个含义是"基本液"（radical humidity）："在中世纪的哲学中，基本液是所有植物和动物中自然固有的，它保持的是动植物活力的必要条件。"[2]按照拉米斯的观点，激进民主就像基本液，它处在现存所有政治的中心，并是其能量的重要源泉。墨菲的激进民主思想，显然也不是民主原初意义上的直接民主，甚至墨菲也明确表

---

① ［美］道格拉斯·拉米斯：《激进民主》，刘元琪译，中国人民大学出版社2008年版，第7页。

② ［美］道格拉斯·拉米斯：《激进民主》，刘元琪译，中国人民大学出版社2008年版，第11页。

示了与自由主义思想的融合，她的激进民主政治思想是在本体论意义上论述民主的。所不同的是，拉米斯将民主正名为"人民的统治"，作为一种在政治社会中永不缺席的政治磁场，而墨菲则是认为，激进民主实质是一种乌托邦，"如果没有'乌托邦'，没有否定秩序的可能性，这个秩序超出了我们能威胁到的它的部分，也就根本没有任何构造激进想象的可能——无论是民主的还是其他形式。"① 乌托邦是必要的，左翼运动需要注入政治热情，需要在黑夜中的一缕光明来率先打破民主危机的僵局。

墨菲主张将激进民主和多元主义进行连接。墨菲担心暴力革命对社会政治秩序的严重破坏，因此在将激进民主作为自己的政治主张的时候，极力拉拢多元主义而反对极权主义。"每个激进民主政治应该避免：由极权主义理想国神话和改革者无法实施的实证主义方法代表的两个极端。"② 受新社会运动的影响，墨菲不主张激进民主是一个统一的体制或者意识形态，也反对阶级革命等暴力性的手段，她的目标是多元主义。通过多元主义与民主的连结，使民主运动在多元主义旗帜下，获得长足的发展。从社会主义运动的维度观之，墨菲的激进民主本意也是希望左翼将"霸权"作为一个基本的工具，在规则和选手都不明确的政治博弈中，绕过了暴力革命的雷雨区，跨越马克思理论中解放政治的门槛，直接获得民主的胜利，从而到达真正意义上的社会主义理想制度。

对于激进民主的讨论，不能避开对精英主义民主和多元主义民主这两个前置理论的讨论。在19世纪末和20世纪初，帕雷托（Vil-fredo Pareto）、莫斯卡（Gaetano Mosca）、米榭尔斯（Robert Michels）等三位意大利思想家创造了精英主义理论，依照精英主义理论，无论如何定义"人民"，历史的舞台不过是少数优秀分子的活动场所，人民无法控制他们，这就是所谓的"寡头铁律"，他们甚至认为民主政权本身也是寡头统治，与独裁主义的区别不过是多数人的统治而已，因此"民主是邪恶政体中最轻的一种"。20世纪的韦伯（Max Weber）和熊彼特（Joseph Alois Schumpeter）则是在精英主义理论的基础上，发展了精英主义民主理论。韦伯认为现代社会的理性化必然会

---

① ［英］恩斯特·拉克劳、查特尔·墨菲：《领导权与社会主义的策略——走向激进民主政治》，尹树广等译，黑龙江大学出版社2003年版，第214页。
② ［英］恩斯特·拉克劳、查特尔·墨菲：《领导权与社会主义的策略——走向激进民主政治》，尹树广等译，黑龙江大学出版社2003年版，第214页。

带来官僚制的扩张，无论何种意识形态的国家都不能改变这个结论，"官僚制"在韦伯这里也成了铁律，被人们称之为"官僚制的铁笼"。所谓的官僚，就是指居于社会管理位置的人员，他们制定国家制度，驾驭社会机构。韦伯认为，管理国家是一项事业，只有对政治管理感兴趣的职业精英才能做到，"人民"没有能力管理国家，只可能在管理国家的人选之间作出选举，因而民主成了精英们竞技的工具，在民主竞技的舞台上，优胜劣汰成为必然。熊彼特继承了韦伯的某些思想，在《资本主义、社会主义和民主》一书中，对民主与两大制度的关系做了分析。同韦伯一样，熊彼特认为，人民的作用不过在于"选主"，意即人民通过选举产生一个由精英统治的政府。"民主方法是为达成政治决定的一种制度上的安排，在这种安排中，某些人通过竞取人民选票而得出作出决定的权力。"① 总之，精英和民主之间的联系，归结而论就是将"人民统治"置于神话的地位。而对于精英民主的多元性质作出深入分析的则是美国的达尔。他虽然也赞成精英民主理论关于公民个人对民主没有实质影响的观点，但是他却反对"官僚制的铁笼"理论，因为达尔认为，人们通过民主的努力，可以避免权力集中在某些极为少数的精英手中。于是达尔提出"多元政体"的说法，在多元政体中，精英虽然比人民拥有更大的权力，但是最终通过重视多重的利益团体在民主体制中发挥的政治作用，铁板一块的精英独裁统治是能够避免的。因此达尔的民主观可以被称之为"多重少数人的统治"，其精髓可以用"一个民主政府，多重利益集团"的话语来概括。达尔的多元主义民主理论虽然相比韦伯和熊彼特的民主理论而言增加了多元化的元素，但是他并没有到此为止，他在《经济民主理论的前言》一书中，更关注经济领域的民主问题，他认为经济资源的集中化，经济组织的层次化构成对民主的最大威胁。而在英国，拉斯基将多元主义与政治哲学结合后认为，多元主义这个概念可以方便地表达自己的政治信念，拉斯基之所采用多元主义这个概念，就是强调在这一理论中不承认任何统一的、至高无上的政治组织，也就是那种绝对的国家主权，而他否定绝对的国家主权的目的是为了提升各种国家以外的社会组织的政治地位，并为这些组织的活动创造广泛的政治和社会空间。拉斯基的多元主义政治理论基于两个方面的认识。一方面是他所看到的近代西

① ［美］罗伯特·达尔：《民主的理论前沿》，顾昕译，东方出版社 2009 年版，第 163 页。

方国家政治生活的实际，即社会团体与国家分享着某个社会共同体内部的各方面权力的事实，这种"事实已经使（国家）主权的理论成为一种简直是荒唐的抽象"。[①]另一方面则是他认为针对第一次世界大战以来国家权力日益集中的趋势，多元主义是发挥民众对于国家政权的监督和控制，尽可能实现民主主义的唯一途径。

墨菲所理解的多元主义民主既不同于达尔的多元主义的精英民主理论，也不同于拉斯基的规范性多元主义民主，而是侧重于民主的激进向度的思考。墨菲的激进多元民主规划思考的出发点主要是立足于当代风云激荡的历史现实。东欧剧变和苏联社会主义的解体导致了民族主义和新的对抗的出现。西方民主主义者惊奇地注视着各种各样灾难性的种族、宗教和国家冲突的爆发，所谓的"世界新秩序"和西方自由主义价值观并没有实现，现实社会也没有出现如福山所言的历史的终结和意识形态的终结，而是出现了诸多政治与族群冲突的爆发以及不断增长的对西方普遍主义的挑战。与此同时，自由主义在把握政治的本质时显得软弱无力，墨菲深感忧虑："这一切说明在当前形势下大多数政治理论家是软弱无能的——在一个发生着深刻的政治变迁的时代，这种无能将可能对民主政治产生灾难性的后果。"[②]出于对于自由主义政治的失望，墨菲开始了对激进民主的思索。

墨菲在思考激进民主方案的时候，在方法论上采取了一种批判性的建构，即在对当前两种多元主义理论，即传统的多元主义理论和后现代的多元主义理论的某些错误作出批判的同时，又把"政治"植入多元主义，从而建构一个崭新的多元主义理论。首先她发现了现实中两种多元主义理论的误区。传统的多元主义理论认为多元主义仅仅是在私人领域内存在，在公共领域没有也不应该存在，这种将多元主义禁锢在私人领域的做法，其本质上是在排斥多元主义。传统多元主义理论会导致一种无冲突的虚幻民主政治。罗尔斯的多元主义就是这种传统的多元主义。后现代的多元主义强调去中心化和离散性，否定了多元主义的暂时稳定性以及政治与民主连结的可能，所以，这种多元主义反而变成了极端的多元主义。后现代解构主义利奥塔等人所主张的多元主义就是这种极端的多元主义。墨菲认为，激进民主所连结的

[①]　唐士其：《西方政治思想史》，北京大学出版社 2002 年版，第 449 页。
[②]　[英]尚塔尔·墨菲：《政治的回归》，王恒等译，江苏人民出版社 2005 年版，第 2 页。

多元主义要从后现代政治强调的异质性、分散性、不可通约的术语区别开来。对于后现代政治来说，多元主义是被理解为所有的差异作为整体性的稳定因素。这种极端的多元主义因素把所有的立场、观点以及所有的差异都视为合法的，因而无法为一个政治体制提供一个相对平稳框架，但一个国家的政治体制是需要相对平稳的框架的。其次，墨菲对多元主义的理解是从政治回归的角度理解。墨菲认为传统的多元主义因为和伦理道德混杂在一起，忽视了冲突和对抗，已经成了没有政治学的政治哲学。墨菲所强调的政治指的是马基雅维利的市民共和主义政治。在西方的政治思想史上，政治的地位从来没有独立过。在古希腊时代，政治成了道德的奴婢，柏拉图在《理想国》里提出使道德理念和公共权力合二为一的哲学设想，亚里士多德则进一步指出，个人和城邦本质上就是一种道德目的性的存在，个人实现美德与城邦实现正义是相通的。虽然亚里士多德认为"人天生是政治的动物"，但是政治只是被用来寻找"至善"的工具。到了中世纪，政治又被神学所遮蔽，基督教认为每个人都有原罪，上帝成为至高无上的权力象征，任何现实生活中的人及组织，因为自身的原罪和不完善性，在上帝面前就显得渺小和无能。无论是古希腊还是中世纪，伦理和道德都注入了政治，并对政治构成限制。文艺复兴时代的马基雅维利一反以往的固有观念，以"性恶论"为基础构筑自己的政治学理论体系，从马基雅维利开始，政治学开始独立，政治和伦理彻底分离。墨菲领悟到了马基雅维利的政治之含义：政治并不是中立的，而是时刻处于冲突和对抗之中。多元主义只有同政治的冲突和对抗维度达成妥协，才有可能使一种多元性民主秩序成为可能；最后，墨菲关注多元主义的价值而不是多元主义的形式，强调她的激进多元主义民主规划应当将权力和对抗予以重视。激进的多元主义民主一方面承认自由和平等是每个人天生的权利，同时又强调冲突、权力、对抗等元素不应该被视为暴力，而是潜藏的社会因素，它们在政治领域中是一种自然状态和原生状态，永远无法消除。所以墨菲意识到激进的多元主义民主是一个悖论：因为它实现之日也就是解体之日。"自由主义抽空了共同善的内涵，而市民共和主义则使之实体化了，与之相反，一种激进的民主观点则是把共同善视做一个'正在逝去的点'，当我们作为公民行动时必须不停地回溯到此点，但我们却永远也不能达到它。"① 但墨

---

① ［英］尚塔尔·墨菲：《政治的回归》，王恒等译，江苏人民出版社 2005 年版，第 113 页。

菲自愿接受上述悖论，墨菲发现自己在政治重建过程中，面临一个真正的挑战：如何在不放弃尽最大可能为多元主义做辩护时，又不放弃构成现代民主本质的那些东西？墨菲的答案是，对民主威胁的力量不仅仅是自由主义，也不仅仅是极权主义，而是民主自身的传统。传统的民主理论被一种等值性和同质性的逻辑所填充，因而使民主变成了不民主，个人自由明显地被这种等质性和同一性逻辑放置于危险的境地，于是民主出现了危机，但是民主同多元主义结合之后，等值性的逻辑和差异性逻辑建立了联系，这两种逻辑之间存在的张力，界定了多元主义民主的本质，这种多元主义民主符合现代政治学的不可决定性特征。墨菲高度评价了多元主义逻辑张力的道德影响，"相反，我们倒应该感谢它，并把它看成是一种须受保护而不是应被消灭的东西。"[①]"事实上，正是这种张力构成了一种最佳承诺——现代民主规划仍充满活力并因多元主义而得到充实，而那种清理掉它的想法只会导致政治的消亡和民主的解构。"[②]由于自由主义在民主危机面前的无奈，民众对于民主产生了怀疑和冷漠，这种怀疑和冷漠逐渐演变成一种自我的失望和骚动，而在多元主义和民主获得连结之后，现代民主获得了新的生命力，可见，墨菲利用多元主义呼唤一种政治激情，试图让面临危机的西方左翼从政治冷漠中挣脱出来，积极寻求政治解决社会主义危机的途径，至此，墨菲成功地回答了激进民主与多元主义之间的嫁接何以可能的问题。

二、激进和多元的民主规划的廓出

在充分探讨了激进民主和多元主义以及政治的关系之后，墨菲接下来的理论任务就是构建自己的激进和多元的民主规划。墨菲注意到"政治"的特性在于冲突和差异，差异的倍增和政治空间的增殖有一种历史的逻辑，在差异的对抗性和多元性中，统一拥有对立的两极。这些新兴的差异要求社会主义者重新考虑平等与自主性，反对潜在强制的和同质化的平等主张。那么，在差异的政治和冲突的政治空间内，激进和多元的民主规划就不应该是一个"总体性"意义上的民主，换言之，激进民主没有一个完全统一的形态，而是一种在变动中产生差异和冲突以及对抗的理论形态，如果这些差异、冲突

---

① 　[英] 尚塔尔·墨菲：《政治的回归》，王恒等译，江苏人民出版社 2005 年版，第 179 页。
② 　[英] 尚塔尔·墨菲：《政治的回归》，王恒等译，江苏人民出版社 2005 年版，第 179 页。

与对抗消失了，激进民主的总体化主张本身在范围和结果上就可能是极权主义的了。于是，墨菲认为社会主义者需要考虑的不仅是民主与等级制之间的对立，而且是不同社会群体的具体身份。墨菲在自己的政治想象中，引入了另外一个范畴——偶然性，由于总体化的民主形态不可能存在，一切都处于变动之中，那么偶然性也就是激进民主规划必不可少的一个元素。正因为偶然性的存在，那么一切矛盾和冲突与差异才有了合法性。而偶然性的合法性之成立，则必然会对必然性和总体性产生解构效果。墨菲通过对偶然性的接纳，对必然性提出了质疑和解构以后，得出的结论是，"结果，不同话语和斗争的离心性和自主性、对抗性、对抗性的增殖和大多数空间——他们在其中能够肯定自身并发展起来——的建构，是下述可能性的必要条件：传统理想主义——毫无疑问，它应该被扩展和重构——的不同内容能够得以实现。"①

可见，墨菲的激进民主理论并不是关于政治体制的描述，它是以建立在"开放性"与"接合"之上的新联合想象来取代在传统的经济、政治和身份之间建立的联合想象的一种尝试，这种尝试建立在"公民权"，"对抗"、"权力"这些范畴上。可以说，墨菲的政治想象抹去了完美化的理想色彩，它的"激进"不体现在与资本主义的暴力式地决裂，也不体现在取消差异的政治同质化的宏大叙事，而是体现在民主的彻底化上，当然，这种彻底化既表现在广度上也表现在深度上，"社会主义并不是同资本主义的过去作完全的决裂，而是'民主革命的一个内在发展阶段'。社会主义意味着彻底铲除等级制和不平等现象，把资产阶级所开创的民主革命推广到存在的所有方面。"②

民主与多元主义的连接并不是墨菲最先提出，但是墨菲将激进的因素、政治的因素以及偶然性的、冲突、差异等元素融入到多元主义和民主中，则是开创了对多元民主政治的激进维度的思考。这是墨菲的民主思想同达尔或者拉斯基的多元民主思想的根本不同之处。墨菲从"霸权"这一核心概念出发，对传统马克思主义做了批判性的解构。墨菲建立了霸权概念的谱系学，揭示了它在不同历史情景中如何获得各种不同的含义。这种努力所产生的解

① [英]迈克尔·拉斯廷：《绝对的意志主义：后马克思主义的霸权概念批判》，参见周凡主编：《后马克思主义：批判与辩护》，吕增奎译，中央编译出版社 2007 年版，第 180 页。
② [美]道格拉斯·凯尔纳、斯蒂文·贝斯特：《后现代理论：批判性质疑》，张志斌译，中央编译出版社 1999 年版，第 257 页。

构性后果在于它揭明了：“尽管社会的日益分化碎裂说明关于工人阶级之统
一性的传统信仰是虚假不实的，但是，霸权却一直被用来围绕阶级概念将社
会再整体化。”① 按照道格拉斯·凯尔纳等人的理解，霸权和本质主义逻辑存
在着密不可分的联系，因为本质主义也试图借助于霸权设想了工人阶级是历
史的真实和普遍的主体。墨菲认为社会是按照话语规则形成的一个非稳定的
差异系统。一般来说，社会政治认同和社会领域从来都不是封闭的和终极性
的结构，而是开放的、非稳定的、非统一的、偶然的状态。极权主义者力图
抹煞对抗所具有的建设性作用，为恢复统一性而否认多元性，而极端解构主
义者则是完全抛弃一切同一性。墨菲拒斥解构主义所主张的不确定理论，反
对将社会领域撕裂为不连续的片断，因为这种理论其实是本质主义的另一种
表现形式，一种“元素的本质主义”，社会不是一个既定的同一体，也不是
各种“孤立实践的异质性堆积物”。为了既反对本质主义，又要拒斥极端的
解构主义，墨菲引入了“结合点”一词，用以说明意义和认同（例如种族
与性别认同）只具有暂时的稳定性，这表明，一旦放弃工人阶级的中心地
位，各种主体立场就可以在葛兰西所认为的“历史集团”内部得以阐发，从
而可以从众多视角出发对资本主义展开批判。例如关于女权主义问题，墨菲
认为尽管性别不能还原为阶级，但是妇女却同时承受来自于男性和资本主义
的双重压迫，因此，“在反抗女性的屈从地位和反对资本主义这两种斗争中
间，存在着客观的结合点。”② 这里，墨菲意识到，这些“客观的结合点”成
为联系各种政治和斗争的纽带，这些结合点为霸权和民主话语的连结提供了
可能。墨菲认为霸权逻辑需要一种多元主义政治，这种多元主义政治完全
决裂于本质主义者对工人阶级的推崇，支持新社会运动的多样化的斗争形
式，这样，霸权就同本质主义分道扬镳了，人们通过这种分道则可以理解社
会现实的多元的、复杂的性质，就能掌握独立于阶级斗争之外的新社会运动
意义。这些新社会运动需要重新制定社会主义方案，这个方案必须在民主话
语下得以阐发，于是“多元的激进民主”得以形成。基于这种视野，墨菲提

① [美] 道格拉斯·凯尔纳、斯蒂文·贝斯特：《后现代理论：批判性质疑》，张志斌译，中
央编译出版社1999年版，第254页。
② [英] 尚塔尔·墨菲：《迈向对新社会运动的理论解释》，参见 [美] 道格拉斯·凯尔纳、
斯蒂文·贝斯特：《后现代理论：批判性质疑》，张志斌译，中央编译出版社1999年版，
第255页。

出，社会主义可以恰当地定义为"多元的激进民主"，"多元的激进民主"之所以是多元的，是因为社会是由多种权力、臣服、从属、压迫、对抗构成的一个复杂磁场，既有相互排斥的时刻，也会产生相互的吸引，但是无论如何不能还原为单一的场域。社会政治的承担主体不是确定的精英或者多重的利益团体，而是多元异质主体的联合，类似于"彩虹联盟"的一种多种政治力量的联盟；"多元的激进民主"之所以是激进的，第一个原因是因为政治身份的锻造是一个自我颠覆和锻造过程，不来自任何形式的先验规定和经验性安排，任何一种政治主体的独立性展示过程同时也就是其主体身份的具体生成过程，并不存在一个先验的主体。而不同政治主体在自我身份建构的过程中偶然地获得了联盟的主导权即领导权。第二个原因是指民主的话语需要站在左翼的立场予以阐发。虽然墨菲同古典马克思主义决裂以及认同自由主义的某些原则，但是仍然维护了马克思主义的某些概念范畴，如自由、民主等价值理念，而自由和民主的理念对于激进政治是必要的，因为他们可以用来表述和捍卫个人及团体之需求与政治要求的语言，"不过，在拉克劳和墨菲看来，自由话语能够而且必须站在左派的立场上来予以阐发，因为它同时肩负双重任务：建构一种积极的后资本主义世界概念；和发起一场对抗新右翼的反霸权斗争。"① 在"撒切尔夫人—里根"的政权模式下，右翼垄断了道德与政治话语，在他们的定义中，民主就是解构福利国家，回归到自由放任的资本主义以及原子式的个人主义中去，这样导致了民主在文化上的匮乏，从而民主政治被右翼任意操纵。墨菲认为激进政治必须放弃其狭隘的生产主义逻辑，采取一种文化政治，在形成认同的话语条件下展开斗争，"我们需要的是民主价值的一种霸权，这就要求民主实践的多样性并将他们制度化到更加多样化的社会关系中去，进而使主体地位的多样性能够经由民主的母体得以塑形。"②

墨菲站在后现代的反本质主义、反普遍主义、反中心主义的立场上来解释政治问题，并在此基础上确立激进的多元民主理论。其激进多元的民主理论具有以下特征：一是不确定性、差异性、多样性的特征。由于独裁和强权

---

① ［美］道格拉斯·凯尔纳、斯蒂文·贝斯特：《后现代理论：批判性质疑》，张志斌译，中央编译出版社1999年版，第258页。

② ［英］尚塔尔·墨菲：《政治的回归》，王恒、臧佩洪译，江苏人民出版社2005年版，第22页。

政治在现代民主社会中被霸权政治所取代，法律意义上的权力终极保障消失，先验的确定性标准在现代社会已经是不可能的了。启蒙运动试图将政治权力奠定在人类理性之上，以便取代上帝或自然的基础，虽有进步意义，但是这样的尝试也最后归于失败。正因为这样的时代背景，在墨菲看来，民主政治无法找出一个确定性的基础，现代民主的特征正好就是确定性标准的瓦解和偶然性的不断诞生。激进民主理论，包含多样性、差异性、各种对立、对抗、冲突。"今天正在被诉求的那些新的权利所表达的是差异，这种差异的重要性只有在今天才得以被肯定，而且它们再也不是可以被普遍化的权利了。激进民主要求我们承认的差异——特殊的、多样的、异质的——实际上包括被抽象的人（Man）的概念所排斥的所有的东西。"① 墨菲认为，在后马克思主义霸权理论下，激进民主承载的自由与平等的人类理想价值没有被抛弃，改变的只是表达自由和平等价值的形式，从经典马克思主义那里，从自由主义那里，从共和主义那里，自由和平等被偶然性和差异性解放出来，回归到现实的政治。墨菲倡导的激进多元民主理论，以偶然性、差异性、多样性的存在为前提，认为共同性、统一性在今天已经成了民主的障碍。在墨菲看来，无论是经典马克思主义的"自由王国"，还是社群主义所主张的实质性的共同的善，或者罗尔斯的政治自由主义所主张的高于一切的个人自由，都与激进民主理论的差异性、多样性不相容。二是激进民主理论具有反普遍主义和反本质主义的特征。现代性的启蒙观念为民主设定了一种抽象的、普遍的人权，强调正是在普遍的人权的基础上组成了民主社会。而墨菲则认为现代民主的主体是由多种多样特殊身份的人组成的，"人民"不应该被理解为具有普遍意志同质性的主体。墨菲得出结论：无论是自由主义所主张以抽象的权利为基础的个体，还是社群主义所坚称的"共同体"，马克思主义所倡导的阶级都不能构成现代民主的基础，因为它们都具有普遍主义和本质主义的倾向，而现代民主制恰恰是反对普遍主义和本质主义的。②

　　基于本章的上述分析可以发现，霸权理论是墨菲激进和多元主义民主策略的基石，霸权为民主和多元主义的联姻提供了理论支撑。虽然墨菲承认了激进和多元主义的民主仍然属于自由主义民主，但是并不认可自由主义的理

① ［英］尚塔尔·墨菲：《政治的回归》，王恒、臧佩洪译，江苏人民出版社 2005 年版，第16 页。
② 陈炳辉：《墨菲的后马克思主义理论》，《马克思主义与现实》2003 年第 2 期。

性民主模式。其原因在于，自由主义民主忽视了冲突和对抗的因素，导致了对民主的错误指认。墨菲的激进多元主义民主理论，是针对社会主义运动的现实和经典马克思主义理论之间的断裂而提出的弥合理论，这项理论的提出已经溢出了经典马克思主义的理论范畴，但是为处于困境中的西方左翼起到某种理论指引作用，尽管这个指引作用自身也需要指引，甚至这个指引也可能是一个误导。

第四章　激进和多元民主的主体重构

激进和多元民主的主体是什么呢？这关系着激进民主与精英民主和多元民主的根本区别。墨菲的政治哲学考虑建构一种新的公民身份，这种公民身份是通过政治来界定，而不是由法律来确认。墨菲通过公民身份的重构，试图为激进和多元民主塑造新的政治主体。

第一节　女权主义：激进和多元民主政治主体重构的实证

一、市民社会与公、私领域

墨菲把对女权主义的讨论视作激进和多元民主的主体重构的典型案例。由于女权主义和市民社会理论以及公、私领域理论紧密相连，所以，本书在展开对女权主义问题的讨论之前，需要对市民社会理论以及公、私领域理论作一个系统的梳理和归纳，以便发现其中女权主义运动中与激进和多元民主紧密相连的主体重构问题。

18 世纪，苏格兰启蒙运动理论家如霍金森（Francis Hutchson）、福格森（Adam Ferguson）、亚当·斯密等人，尝试解决一连串的社会领域的对立形式，如个人／社会、公／私、自我／利他、理性政治／激情政治等等。霍金森等人将这一连串对立形式的解决，赋予了市民社会，从而赋予市民社会伦理意涵。他们将市民社会视为"道德情操"与"自然情爱"力量所汇集的联带领域，而理性在这个联带领域扮演关键的角色。在霍金森等人那里，市民社会和国家是一个同一的概念，其后，真正促成市民社会与国家分开的则是黑格尔。黑格尔认为市民社会处于自然社会（家庭）与政治社会（国家）之间，由三个体系所构成，一是需求体系，亦即市场经济；二是多元体系，也就是自愿的结社组织；三是司法体系，亦即警察与司法机关。关于市民社会和国家的关系问题，黑格尔认为，市民社会并非一个完善的社会，它是由各种利益与阶级所构成的，最后会走向自我失败，只有将市民社会里的各种利益整合到一个普遍的社会架构，个人参与公共的生活，才是完美的人类社会。黑格尔心目中的普遍社会架构与公共生活，实际上就是国家。黑格尔的市民社会概念，在促成市民社会与国家分离的同时，也形成现代意义上的市民社会。在第二次世界大战之后的很长一段时间，无论是自由主义者或是马克思主义者，对于市民社会并没有太多的着墨，例如柏林和巴伯等人，虽然捍卫自由价值、个人自由等价值理念，可是很少提及或使用"市民社会"的概念。①

马克思关于市民社会与国家的划分基本上是通过批判黑格尔的市民社会理论而获得。黑格尔认为，国家是历史发展的顶峰，只有国家可以调停社会各阶层的冲突，可以提供合乎理性的社会秩序。马克思早年一度接受黑格尔的国家观，可是不久就对黑格尔的国家观感到失望，原因在于黑格尔的国家观呈现出一种"二律背反"的状态，亦即一方面主张国家是市民社会的"外在必然性"，另一方面又认为国家是市民社会的"内在目的"。黑格尔用抽象的思维，将国家视为一种"现实的理念精神"，换言之，家庭与市民社会是具体的、特殊组成，而国家才是最后的、普通的理想。所以，在黑格尔那里，市民社会反倒成为客体。马克思指出，"法的关系正像国家的形式一样，既不能从它们本身来理解，也不能从所谓人类精神的一般发展来理解，相反，它们根源于物质的生活关系，这种物质的生活关系的总和，黑格尔按照 18 世纪的英国人和法国人的先例，概括为'市民社会'，而对'市民社会'的解剖应该到政治经济学中去寻求。"②马克思由此把市民社会理解为私人的物质交往关系，市民社会的物质活动是国家的全部活动和历史的发源地，是政治社会变更和历史发展的原动力。所以，马克思把市民社会看成是社会的经济基础。近代资产阶级社会强调市民社会不受国家干预的自主性，然

---

① 参见曾志隆：《激进与多元民主政治理论的建构：以穆芙的"争胜式民主"为讨论对象》，台湾东吴大学博士论文第六章关于公领域 / 私领域的讨论。资料来源：中国国家图书馆。
② 《马克思恩格斯选集》第 2 卷，人民出版社 2012 年版，第 2 页。

而，马克思认为，资产阶级市民社会以无限制个人主义为基本特征，社会关系变成个人实现私利的工具。要把国家与社会的差距缩短，并把国家与社会的分裂及双重性克服，则必须从市民社会的主要因素批判着手，非如此无法成功。马克思认为，"个人自由"本身是一个界定相对模糊的认知，在每一个国家所指涉的含义不尽相同，个人自由的实现，与其寄希望于国家，不如去理解当下资产阶级社会的共同特征。这种社会形式在未来将会被革命所粉碎。总而言之，对于马克思而言，要实现人的解放，手段不在于完善国家，而是在于改革市民社会。

20 世纪 60 年代，西方马克思主义出现之后，市民社会作为一个新的理论域出现。西方马克思主义的早期代表人物葛兰西给予市民社会以新的解释，认为市民社会是国家的组成部分。葛兰西认为必须获得道德、知识等文化领导权，无产阶级革命的胜利才有获得的可能，而为了获得文化领导权，必须将政治斗争导向文化批判。葛兰西在《狱中札记》里分析了工人阶级革命之所以在西欧各国失败后指出，西欧各国的国家机器，不像东方国家只是单纯的以武力或强制的方式进行统治，而是以"教育者"的姿态来行使统治，透过法院、学校、教会、社团等渠道，使被统治者服从统治者的统治。凌驾历史发展的主导权属于私人的力量，属于市民社会，市民社会也是国家，实际上就是国家本身。市民社会与国家是无法分离的。葛兰西首先把国家分为"政治社会"和"市民社会"两部分，"我们断定上层建筑有两个层面，第一是'市民社会'，这是'私人性的'多种多样的有机体的总和；第二是'政治社会'，也就是'国家'。市民社会相应于'领导权'的功能，统治集团通过市民社会在整个社会领域内行使统治权，政治社会则相应于直接统治的功能，统治集团通过国家和政府利用法律来行使统治。"[1] 也就是说，"国家＝政治社会＋市民社会，换句话说，国家就是披上甲盾的领导权"[2]。在葛兰西的政治思想里面，政治社会主要是包括军队、警察、监狱在内的国家权力机构；市民社会则主要是指民间的社会组织，通过政党、学校、教会、学术文化团体等，向人们传播统治阶级的价值观体系，获得群众的认同和忠诚。葛

---

[1] Antonio Gramsci, *Selections from the Prison Notebooks*, Q. Hoare and G. Nowell Smith, Lawrence and Wishar Press, 1971, p.12.

[2] Antonio Gramsci, *Selections from the Prison Notebooks*, Q. Hoare and G. Nowell Smith, Lawrence and Wishar Press, 1971, p.262.

兰西认为国家是在市民社会中形成和发展的，国家最初是一个社会集团对其他集团的强制性主导，这时国家主要通过政治强权维护其统治，但是随着国家在经济、政治、文化等各个方面的发展，强权领导逐渐让位于文化、知识和道德的非强制性领导，在西欧各国，这种文化领导权日益明显。"在俄国，市民社会处于未成熟的状态，国家就是一切。在西方，国家与市民社会相互依存，国家基础一旦发生动摇，市民社会强大的堡垒作用立刻显现。国家只是前沿阵地，它的后面有强大的堡垒工事的抵御体系"。[①] 葛兰西的市民社会理论首先是为了反对当时对马克思主义唯物史观的机械决定论和经济还原论的解释，同时也继承了西方政治的文化传统，为了对当时的资本主义社会结构的变化进行深刻分析。意大利哲学家诺贝尔托·博比奥（N. Bobbio）对葛兰西的市民社会理论与马克思的市民社会观念作出区分：在马克思那里，市民社会是国家的根基，属于经济基础；而葛兰西认为市民社会属于上层建筑，市民社会来源于黑格尔的《法哲学》而不是《政治经济学》。在葛兰西看来，市民社会所包括的是整个思想文化关系，整个知识和精神生活，而不是物质关系、商业和交往关系。

葛兰西之后，法兰克福学派的代表人物哈贝马斯对市民社会的研究比较有代表性。哈贝马斯认为，市民社会历经了三种历史形态，在不同历史阶段具有不同的含义。第一种形态的市民社会是针对古希腊城邦而言，指涉的是当时城邦社会以政治生活为基本内容的公共生活。亚里士多德在《政治学》中，将市民社会分隔为城邦和家庭，实际上是对公共领域和私人领域进行了划分，即城邦对应公共领域，而家庭则对应私人领域。第二种形态的市民社会出现在中世纪的欧洲封建社会，在这个阶段，不存在现代意义或者古代上的"公共领域"与"私人领域"的划分，因为在王权之上，国王、贵族阶层、封建领主等上层阶级的统治的背景下，以"封建领主所有权"为基本特征的生产关系占有主导地位。这种封建领主所有权既不是公共领域，也不是私人领域，因为统治阶级把广大民众排除在政治活动之外。这个期间的公共领域或私人领域实际上就是马克思所描述的政治国家与市民社会没有发生分离的状态。第三个形态的市民社会就是哈贝马斯所声称的"资产阶级公共领域"。

---

① Antonio Gramsci, *Selections from the Prison Notebooks*, Q. Hoare and G. Nowell Smith, Lawrence and Wishar Press, 1971, p.238.

"在哈贝马斯看来，私人领域是必然王国和瞬间世界，相反，公共领域是自由王国和永恒世界。"① 随着资本主义生产关系的发展，出现了公共领域和私人领域的划分。这里的公共领域并不是指涉公共权力领域，而是与公共权力领域相抗衡的公众舆论领域，也就是私人聚集在一起形成一个公众团体，他们同时是国家公民，介于国家与市民社会的需求之间。

　　经由不同时代的演进与不同的诉求，当代市民社会蕴含不同的涵义，塞利格曼（Martin E.P. Seligman）指出，"市民社会"在当代有三种既交叠又差异的用法。一是当市民社会被各种运动以及政党当成一种口号时，指涉的是对政府特定政策的批判；二是当市民社会作为一种分析概念时，指涉的是对社会现象的特定形式、社会组织，甚至关联到对社会宏观与微观层次的分析，或者愈来愈普遍的用法是在描述民主以及公民身份等概念有关的社会组织形式；三是当市民社会作为一种哲学上的规范概念时，则是融合上述两种观点，指涉的是一种伦理观念、一种社会秩序的景观，也就是对什么是好的生活提出描述性与指示性的内容。泰勒（Charles Taylor）则将市民社会分为宽松、严格和替代的含义。宽松意义的市民社会，是在不受国家权力干预的情况下，公民可以自由结社；严格的意义的市民社会，是指在不受国家干预的情况之下，公民借由结社组织，整个社会得以组织及调整自身的行动，而替代或补充意义上的市民社会，则是指所有社团可以有效地决定或改变国家政策。②

　　墨菲对于女权主义的讨论，也是从市民社会开始的，只是墨菲与传统的市民社会理论关注的问题侧重点完全不同。墨菲侧重于由于市民社会问题而导出公共领域和私人领域的讨论，以服务于女权主义问题的讨论。由于市民社会概念而导致的公共领域和私人领域划分的传统观念被墨菲突破。传统政治哲学认为，公共领域与私人领域的讨论有如下两个特点：第一，公共和私人领域的讨论是以市民社会为主轴展开理论拓展。第二，公共领域与私人领域的划分又被用来对抗威权体制，或者要求更多的政治参与。无论是黑格尔、马克思、葛兰西或者哈贝马斯，区分公共领域与私人领域的目的都是希

---

① 李佃来：《公共领域与生活世界——哈贝马斯市民社会理论研究》，人民出版社 2006 年版，第 81 页。

② 参见曾志隆：《激进与多元民主政治理论的建构：以穆芙的"争胜式民主"为讨论对象》，台湾东吴大学博士论文第六章关于公领域 / 私领域的讨论。资料来源：中国国家图书馆。

望激发民众对于公共事务的政治参与热情，例如哈贝马斯，他所倡导的"审议民主"其实是希望在公共领域，民众通过理想的语言情景，经过既定的审议程序，从而获得普遍的理性共识。墨菲不赞成传统的自由主义思想家对公共领域与私人领域的划分方式，她对于传统公共领域与私人领域划分的批判立场，体现在对哈贝马斯的公共领域和私人领域划分方式的批判中。

哈贝马斯所指出的"资产阶级公共领域"的概念，基本上是对于公共议题进行反复的辩论、讨论与沟通之后，形成理性共识的一个民主场域。换句话说，公共领域的普遍意见并非个人意见的总和，而是透过辩论与讨论，然后为大家所接受而成为共同的意见。然而，墨菲认为哈贝马斯的"资产阶级公共领域"观点最大的问题在于，他为了寻求公众舆论领域上的共识，营造"合理的共识"的条件，于是将所有争议性的议题从议程中剔除，并将多元主义与异议贬逐至私人领域，结果秩序政治的领域变成仅是个人的领域。这样的结果反而剥夺了民众参与民主政治的热情。哈贝马斯的审议民主被视为是理性的行动者在道德的限制之下寻求自我的利益，并提出裁定彼此争议的"公平"程序。因此，审议民主无异于视秩序政治只是个人之间理性的协商过程，而且摧毁了权力与敌对，忽视了政治激情才是人类行动的动力。墨菲进而认为以哈贝马斯为代表的自由主义者的目标是将每一种不稳定的因素排除，从而获取一种共识的形态。他们试图完全实现自由民主秩序，在个人与制度之间，形成政治安排与所有偶发事件的完全一致的局面，这不过是一种民主的幻觉。自由主义者所捍卫的多元主义只存在于私人领域，并且只局限于哲学、道德与宗教议题，他们否认在政治价值领域里也有不可消除的冲突。但是，墨菲却强调，多元主义不能被限定于私人领域，民主的秩序政治并非消除权力与对抗，而是要让它们显现，进入争论领域。

总之，自17世纪以来，政治哲学一直试图通过公共领域和私人领域的划分，来寻求一个明确的、一致的市民社会本质概念。然后在这个本质概念之下，尝试去建构一个单一的空间，使得自由与平等的根本作用可以发挥出来。于是，在这个单一空间里，又进一步区分出公共空间与私有空间，在公共空间建构出公民身份，以公民作为"普遍的同义"来消除各种差异。至于在诸多私有空间里，则容许差异继续存在。墨菲对于传统的公共领域与私有领域的区分持反对意见，她认为如果将国家具体化为公共领域，那会忽略在市民社会中其实也存在着诸多的压迫关系。况且，国家与市民社会的区分也不是那么泾渭分明。墨菲指出，这并非否定国家或市民社会构成政治的界限，而是强调不应该预设政治的界限，对传统公、私领域划分理论的批判形成了墨菲对女权主义研究的理论出发点。

二、传统女权主义的批判与公、私领域的重构

关于公共领域与私人领域的重构问题，当代女权主义者其实已经有很多论述，墨菲讨论重构公私领域，只是借助于公私领域重构的话题来展开对传统女权主义的批判。具有自由主义传统的女权主义者一直在为使妇女成为平等的公民而在一个广泛的范围内为女性争取新的权利，但是由于没有对关于公民身份和政治学的主导性自由主义模式发起挑战，导致她们发起的女权主义运动的失败。这些具有自由主义女权主义的观点已经受到其他一些现代女权主义者的批评，因为后者认为，目前的政治观念其实是男性化的，妇女的要求是不可能与这样一种政治框架相协调的，她们以"关心伦理"来反对自由主义的"正义伦理"。现代女权主义者乃是站在批判的立场，将自由主义作为批判的对象，她们谴责自由主义把现代公民身份建构于公共领域并使其与男性相同一，而妇女则被排除在外，因为妇女的地位已经被贬到私人领域中去了。为了破解这种带有男权主义思想的公共领域与私人领域区分，现代女权主义者的观点虽然在挑战传统女权主义的立场上是一致的，但是由于切入点不同，她们的理论结果也呈现出丰富多彩的特征。例如莎拉·路狄克（Sara Ruddick）提出"母性思维"的观点，爱尔斯坦（J·B. Elshtain）提出"社会女性主义"的观点。她们认为，女性主义政治应该赋予女人"作为母亲"的身份，并使女人在家庭的私人领域中获得特殊地位。而派特曼（Peteman）则对自由主义提出更为严厉的批判，她的理论重点并不是放在母子关系上，而是放在男女之间的性别对抗上。在派特曼看来，公民身份是一个父权性范畴：一个"公民"的身份和他的行为以及活动范围，都是比照男性的形象而被勾画出来的，在当代自由主义民主制中，妇女虽然也是公民，但是要赢得正式的公民身份却要通过那种父权制的权力结构，在此结构中，妇女的特质和职能仍然是被低估了的。派特曼进而认为，把妇女的才能完全整合到公民身份的公共领域中去的这种要求还面临着"沃斯通克拉夫特二难悖论"的困境。沃斯通克拉夫特（Mary Wollstonecraft）的二难悖论表明，妇女如果想平等地接受公民身份的父权制概念，这也意味着妇女必须变得像男人一样；

而要坚持妇女的独特品质和才能，则意味着妇女不可能变得和男人一样。为解决上述困境，派特曼尝试提出赋予母性之道以政治内涵，女人创造生命的独特品质也恰恰是男性所缺乏的，这种品质和男人的品质——为国家去战斗和牺牲具有同等含义。派特曼的女权主义的目标是制定关于个体性以及公民身份的一种性别区分的观念，这种观念对女性的理解是："存在于市民社会平等性和积极性的公民身份的语境中的作为妇女的妇女"。① 显然，现代女权主义者对自由主义者关于公共领域和私人领域的区分是持不同意见的。

墨菲注意到上述女权主义者对自由主义区分公共领域与私人领域方式的思考，只是以女性的身份来思考，没有考虑到社会所存在的支配关系与从属关系其实是各式各样，不只是存在于性别上的主导与被主导关系，所以她们仍然无法跳脱本质论。她以派特曼为例对现代女权主义者进行了客观的评价：一，墨菲同意派特曼的公私领域的划分会对女性追求平等理想构成妨碍的论断："我同意派特曼的下述观点：个人范畴的现代建构方式设定了一个普遍主义者即同质的'公共'，它把所有的特别性和差异性贬归于那个'私人'，而这对妇女就产生了极为不利的后果。"② 二，墨菲又同时认为派特曼设定的女性自我救赎之路是错误的。派特曼用一种"双性"的观念来代替性别区分，把妇女的特殊职能直接引入对公民身份的界定之中去，这种思路的缺陷在于派特曼断定公共领域和私人领域的划分是现代父权制的奠基性因素，因为"私人和公共之间的分离也就是自然主体性世界，即妇女，同世俗关系和个人世界即男性之间的分离。自然、特别性、差异性、不平等性、情感、爱以及血缘关系等等这种女性化的私人性世界被隔绝于世俗、市民平等性和自由、理性、公益与契约等等这种公共性的、普遍的（而且是男性化的）领域之外。"③ 三，墨菲非常鲜明地指出了派特曼的谬误根源，派特曼通过生育行为与母性之道的政治观，意欲克服男女两分性并想藉此来解构公民身份、私人以及公共生活的父权性观念，但是事与愿违，"然而，作为其本质主义的结果，她绝没有解构掉男性／女性之间的这种对立。这就是为什么她同母性

---

① ［美］派特曼：《女权主义以及参与性民主》，参见［英］尚塔尔·墨菲：《政治的回归》，王恒等译，江苏人民出版社 2005 年版，第 107 页。

② ［英］尚塔尔·墨菲：《政治的回归》，王恒等译，江苏人民出版社 2005 年版，第 108 页。

③ ［美］派特曼：《女权主义以及参与性民主》，参见［英］尚塔尔·墨菲：《政治的回归》，王恒等译，江苏人民出版社 2005 年版，第 108 页。

主义者一样，在关于女权主义应倡导什么样的民主政治学这一问题上最终只能提出一种不充分的观点的原因。"①

墨菲在批判了派特曼的女权主义理论之后得出如下结论，性别差异对于女权主义其实是无足轻重的，在政治领域，性别差异不应当是一种必然的区分。问题的关键应该是打破传统的以法律来定义公民身份的既定逻辑，以法律来界定公民身份，天然蕴含着对女性的歧视。于是墨菲提出应当将"公民身份"引入到一种激进和多元的民主观念之中，作为主体地位的一种整体表述，社会行动者对应于他铭刻于其中的社会关系的多样性，以构建一种崭新的多元主义理论。这种多样性建构于各种不相同的对话之中，这些对话没有必然的联系而只有偶然、随机的方式。在多元主义的激进民主观念之中，公民身份则是由多元政治原则的一种认同构成，即肯定所有人的自由和平等。这将是人们共同的政治身份，虽然人们会投入到各种不同的政治实体中。墨菲并没有主张在理论上将性别差异消失，也不主张男性和女性之间的平等需要建立一种中立的社会关系，而是对于男女差别的现实给予了认同。墨菲所主张的女权主义，并不是去覆盖公共领域和私人领域的划分，而是认为基于公共领域和私人领域划分方式的不当，男女平等的目标不在于取消性别差异，而在于一种实质上的政治身份的平等，女性应该突破私人领域的藩篱，进入公共领域，一如男性一样，不但是孕育生命和构建血缘关系，而是和男性一样参与社会公共事务，诸如参政议政、保家卫国、享受教育等。可见，墨菲对于女性主义理论困境的救赎之路，是从对于公共领域和私人领域的重构开始的。

墨菲从欧克肖特（Michael Oakeshott）那里找到了灵感来重构公共领域和私人领域。依据欧克肖特的说法，私人领域是一个公民条件，在此公民条件里，每一种事业是"私的"。然而，不能免于公共领域所指定的"公共的"条件之影响，必须遵循公共领域所指定的条件。借由接受公共领域里所述的共同关怀，个人归属于政治共同体并认同政治共同体的伦理政治的原则是明确的，它提供公民行为的"文法"。在欧克肖特那里，私人领域与公共领域的区别还是保留下来，一如个人与公民之间存在区分，但是，它们并非对应各自分离的领域，不能说一个人在公共领域结束了作为公民的义务，就开始

---

① [英] 尚塔尔·墨菲：《政治的回归》，王恒等译，江苏人民出版社2005年版，第109页。

了作为个人的自由。墨菲对于公共领域与私人领域的诠释，虽然是以欧克肖特对于公共领域和私人领域的不可严格区分的观点作为思考的出发点，但是墨菲认为欧克肖特的论点，仍然有其缺陷，也就是欧克肖特忽略了施米特(Carl Schmitt) 所指出的，"政治"是一种"友/敌"关系的分判。换句话说，欧克肖特只着重于"我们"、"友"的那一面，忽视了"他们"、"敌"的那一面，因而欧克肖特的公共领域的论述缺乏竞争的涵义。墨菲认为"激进和多元民主政治"是在回应新社会运动所提出来的要求扩大政治参与的诉求，应该是一种竞争的民主。如果"激进"意味"深化"、"根本化"、"彻底化"，而"多元"意味各式各样不同的诉求，意味着竞争。则"激进与多元民主政治"的内涵是将民主政治推广到政治领域之外的生活世界，如家庭关系、两性关系、学校、社会运动、族群关系等竞争领域。因此，从这里可以理解，在墨菲的激进民主的理论方案里，公共领域归结到最后，还是由"政治"所建构。墨菲对于公共领域和私人领域的划分，目的是为建构激进的公民身份做理论的铺垫。激进的公民政治身份的建构是墨菲伦理政治的承载主体。因此，各种社会团体固然有各自的诉求，可是一旦参与激进民主的反支配与反制约的斗争中来，即是接受激进民主的公共领域。所以，墨菲认为公共领域与私人领域的区分目的在于转化二者而不是保持它们的对立。这是墨菲不同于自由主义者、马克思主义者乃至于以哈贝马斯为代表的新自由主义者的公共领域和私人领域划分的独特的理论品质。

第二节　公民身份的重构

对于公共领域与私人领域的区分的讨论是墨菲对当代女性主义的反思结果，而公民身份的重构则是墨菲基于当代社群主义者和自由主义之间争论的思考。"我认为政治身份问题是至关重要的，并且建构'公民'身份是民主政治学的重要任务之一。"[①]墨菲认为公共领域与私人领域的划分和公民身份具有关联性，或者说是一个问题的两个方面，但是如果从理论的位阶来看，墨菲政治哲学的关怀议题首先是公民身份，而不是其他。

---

① ［英］尚塔尔·墨菲：《政治的回归》，王恒等译，江苏人民出版社 2005 年版，第 79 页。

一、政治共同体

墨菲视域中的公民身份是在激进的和多元民主目标下的公民身份，公民身份要求左翼在民主斗争中创造一系列的等值性，进而在民主主体之间创造出一种普遍的政治同一性，但要解决这些问题，就需要重构政治共同体的新形态。换言之，重构激进和多元的民主主体身份，必须考虑如何在现代民主条件下构想政治共同体。墨菲的思考路径是："我认为我们需要超越自由主义和市民共和主义传统的公民身份观念，与此同时，又以他们各自力量为基础来进行政治共同体的这种构建。"①

政治共同体又称为政治社区，是指具有共同政治利益和特定居住区域的人们所构成的社会单元。政治共同体与其他社会共同体的主要区别在于，它以共同体成员的政治利益为基础，并且拥护政治机构。政治共同体的成员通常也拥有特定的居住区域。政治共同体包括国内的政治共同体和国际的政治共同体，在任何国家内部，必然存在着各种具有共同政治利益的社会集合体，这些政治共同体构成了国家政治生活有序性的结构基础。国际间的政治共同体一般是不同的国家出于共同的安全利益而组成的国家集团。这些国家集团往往设有处理有关各成员国的外交和安全利益的政治机构。

政治共同体作为社会政治生活有序性的一种结构基础，它具有重叠性和不变性两个显著特征。一般地说，任何社会都存在着很多的政治共同体。由于政治共同体是在其成员的共同政治认同和共识的基础上构成的，国家的政治制度、政府和执政党发生的变更并不能轻易改变他们的继续存在。亨廷顿认为，政治共同体以种族、宗教、职业和共同的政治机构为基础，一个社会所达到的政治共同体的水平，反映了构成该社会的各种社会势力与政治制度之间的关系；K·W.多伊奇（Karl W. Deutsch）认为政治共同体是"辅之以强制和服从的社会互动者"，它由形形色色的政治行为者构成；E·B.哈斯把政治共同体当作是一个理想的、典型的政治单元，认为政治共同体最主要的要素不是地理区域而是政治关系，尤其是公共的政治权利以及公民对核心政治机构的忠诚；D.伊斯顿把政治共同体看作是联结政治系统成员的一种纽带，最基本的要素是情感的联结，他认为政治共同体指的是政治系统的一个

---

① ［英］尚塔尔·墨菲：《政治的回归》，王恒等译，江苏人民出版社 2005 年版，第 79 页。

方面，它是由政治分工联合在一起的"人群团体"。

墨菲对于政治共同体的讨论，有别于亨廷顿、多伊奇、哈斯和伊斯顿，她认为在激进和多元的民主规划中，不需要预设一种实质性的共同体，而是需要构想政治联合体的某种模式。墨菲对自己所设想的政治联合体做出如此描述："换言之，我们正在寻求的是一种调和公共和私人、道德与政治的区分方法——这种区分是自由主义对现代民主制的重大贡献，同时又没有与政治联合体的伦理本性断绝关系。"① 为了发现政治共同体的实质特征，墨菲把欧克肖特对市民联合体的反思来作为讨论的出发点。欧克肖特否认国家权威会拘束个人自由，为了尝试调和权威与自由、个人与群体之间的关系，欧克肖特在《论人类的行为》一书中，将人的行为分成两种：一是"计量行为"，二是"道德行为"。以"计量行为"为基础所构成的组织，欧克肖特称之为"企业组织"；以"道德行为"为基础所构成的组织，欧克肖特称之为"公民结社"。两者的区分在于，企业组织只是在满足某种特定的需求。所以，成员可以在主观上认同组织所欲追求的共同目标，同时也可以随时离开组织。而公民结社则是政治组织，指涉的是公共的关怀，寻求的是组织的共同规则，而非共同的目的，强调公民结社的权威基础是"法"，而不是卢梭或黑格尔所言的"普遍意志"或"理性意志"。换句话说，透过法的规范，个人自由与权威之间不至于相互冲突。据此，欧克肖特认为，国家应该被视为是"公民结社"，而非"企业组织"。或者，以中世纪的语言来类比，国家应该是所谓的"societas"，而不是"universitas"。依据以上的说明，对于欧克肖特而言，所谓的"universitas"指涉的是追求一个共同实质的目的，或者是提升共同利益企图的一项约定；而"societas"或可称之为公民联合，指涉的是指定规则的正式关系，行动者借由选择与相关的他人形成某种约定的联合。② 欧克肖特接下来描述了中世纪后期人类联合体的两种模式，即"社会形态"与"普适形态"两种联合体特征。"普适形态"的人类联合体中的个体没有独立特征，相互成为一种密切的伙伴关系，甚至在某些重要方面像是一个人，"社会形态"的人类联合体指的是"依据规则而构成的形式关系，而不是一种依

---

① ［英］尚塔尔·墨菲：《政治的回归》，王恒等译，江苏人民出版社 2005 年版，第 87 页。
② 参见曾志隆：《激进与多元民主政治理论的建构：以穆芙的"争胜式民主"为讨论对象》，台湾东吴大学博士论文第六章关于公民身份建构的讨论。资料来源：中国国家图书馆。

据共同行为而构成的实质性关系。"①欧克肖特认为，社会形态参与者既不是为了一种共同实体也不是为了促进每个个人的成功而联合起来的，把他们连结在一起的是与他们的共同或"公共"关心相对应的条件的权威的认知，即某种"市民性实践"，欧克肖特称这种"市民性实践"为共和主义。墨菲对于欧克肖特社会形态研究持肯定观点。"在我看来，欧克肖特关于市民联合体的理念——如社会形态，对于在现代民主条件下定义政治联合体来说也是恰当的。"②墨菲指出，一旦我们接受政治共同体的建构是一种认同作用的形式，那么公民即非如自由主义者所言，只是具有法律地位，消极地接受某些特定的权利与享有法律的保护而已。另外，也不是如社群主义者所言，有一个以单一实质价值为基础所建构的政治共同体。

　　墨菲肯定欧克肖特政治共同体的理论贡献之后，又对他的理论形态进行了改进。她首先把冲突和对抗引入到"社会形态"中，认为政治共同体的目的是建构一个"我们"，并设定一个定义"敌人"的边界，然后借用德里达的解构主义关于"外围构造"的概念，断言政治共同体外部永远存在一个外围构造，这个外围构造不会融入共同体之中，而且永远以不特定的方式存在于共同体之外。而在政治共同体内部对抗性力量永远不会消失，一致性是以排他性为条件，并具有局部和暂时性的特征。政治共同体是一种社会想象作用，完全达到一种理想的"共同善"是不可能的，但是它却拓展激进民主的想象空间，体现了对现代民主的"所有人都是自由和平等"原则的遵从。因此，一种包罗万象的政治共同体、一种终极性的政治共同体是永远不可能实现的。这样，墨菲把欧克肖特的社会形态思想和德里达的外围构造概念巧妙地捻连在一起。墨菲认为这一切需要认可政治共同体封闭及获得的不可能性，"我们"相对于"他们"而存在，政治共同体总是存在于一个多样性和相互冲突的语境之中。自由主义对于政治共同体概念构想高度抽象，而社群主义对于政治共同体的概念设计又特别具体，与二者相反，墨菲的激进和多元民主概念把政治共同体视作一个正在逝去的点，公民的行动不停地回溯到此点，但永远也不能达到它。墨菲认为，政治共同体并不是一种实体性的共同的善的理念，而是缘于一个共同的纽带，一种公共关心。因此，这个共同

---

① 　［英］尚塔尔·墨菲：《政治的回归》，王恒等译，江苏人民出版社 2005 年版，第 88 页。
② 　［英］尚塔尔·墨菲：《政治的回归》，王恒等译，江苏人民出版社 2005 年版，第 88 页。

体没有确切的外观或确定的同一性，而只是一个反复制定法规的连续过程。墨菲最终将"冲突"和"对抗"引入到欧克肖特的模式中，使欧克肖特的社会普适形态理论成为表达权力关系、可以接受挑战的政治霸权模式。显然，经过墨菲改造过的政治共同体的只是一个无法实现的理想，而在政治共同体不可能性这一视觉下，墨菲又是如何重构激进民主的"公民身份"概念呢？这需要从自由主义和社群主义的论战来讨论。墨菲既分别吸取了自由主义和社群主义对公民身份思考的合理内涵，同时又超越了自由主义和社群主义，构建了激进民主框架下的公民身份。

二、公民身份

公民身份（citizenship）是一个古老的政治哲学概念。亚里士多德认为"公民"是一个经常引起争论的问题，人们始终没有达成普遍共识。公民身份又是一个不断演变的概念系统，是以公民为理论基点对公民与国家之间关系的讨论，是公民与政治共同体之间的各种关系的总和以及公民对这种关系在心理上的体认和生活中的实践。学术界在 20 世纪 70 年代所热议的"基本结构正义"、80 年代的"共同体成员资格"议题，都是关于公民身份讨论的一隅。而在后马克思主义的话语理论中，"公民身份"则是对上述二者的对接和整合。公民身份一方面与个人权利紧密相连，另一方面又与政治共同体密切相关，所以它"有助于澄清自由主义者与社群主义者的争论中紧要的东西。"① 关于公民身份的概念，学术界存有争议。巴伯认为公民身份对于现代国家而言，领土乃其首要基础；费尔克（Richard Falk）则尝试提出"公民朝圣者（citizenpilgrims）"的概念，认为政治共同体是每一个公民所膜拜的无形的最高精神；而赫尔德则提出"全球公民身份"概念，认为有必要创设一个"全球民主法"的体系，一旦个人权利受到母国的侵犯，可以请求国际法庭裁决保护。上述关于公民身份的观点有一个共同点，即公民身份必须通过法律来界定。通过法律，公民身份得以权利、责任、义务三者的统一，从而使个人获得了社会活动的准入证书。自由主义者对公民身份的理解正是基于"法律意义上的公民身份"这一传统含义。墨菲的公民身份理论是在激进民

---

① ［加］威尔·吉姆利卡、威尼·诺曼：《公民的回归——公民理论近作综述》，参见许纪霖主编：《共和、社群与公民》，江苏人民出版社 2004 年版，第 236 页。

主理论的框架下，超越自由主义与社群主义的争论，对激进民主规划的主体问题所做的思考。她所指认的"公民身份"概念，是"政治意义上的公民身份"，而不是法律意义上的公民身份。墨菲对这种公民身份的建构过程，则是超越新自由主义和社群主义的争论，对法律边界的突破而获得。

新自由主义是在古典自由主义基础上发展而来的，个人主义既是古典自由主义的基础之一，也是新自由主义的基础。洛克作为古典自由主义的代表，他的契约论从"自然国家"概念出发，依"自然"之本义，每个人对于自己的行动与财产有完全的自由，也就是所谓的"天赋人权"。在洛克之后，卢梭、康德都依循契约论的模式来建构政治社会。其后以罗尔斯和诺齐克为代表人物的新自由主义同样遵循了契约论的基本模式。"从20世纪到70年代开始，与古典自由主义不同的新自由主义在美国迅速崛起，继而传播到全世界。这种新自由主义在政治价值、理论体系和论证方法等方面对古典自由主义提出了挑战，并取代古典自由主义成为当前西方政治哲学的主流……美国哈佛大学教授约翰·罗尔斯就是这种新自由主义的主要代表。"[1]墨菲指认的罗尔斯的正义理论其实是一种"新契约论"，虽然他的目的是在建立"正义原则"。但是，"正义原则"的涵义，其实是要建立一个"公平正义的政治社会"，而建构的路径也与契约论无异。自由主义以个人主义为基础，虽然不否认社群的存在，但是赋予个人优先于社会的特权。这种政治主张遭到了社群主义的批评。

社群主义是在20世纪80年代，与以罗尔斯为代表的新自由主义的论战中兴起的。"在批评新自由主义的过程中，各种新自由主义的反对观点在许多问题上逐渐形成了共识，而且这种共识是如此的广泛和具有系统性，以至于形成一种新的政治哲学思潮，人们把这种系统地批评新自由主义的思潮称为政治社群主义。"[2]社群主义是一种强调社群至上价值观的新的政治哲学思潮，代表人物是阿拉斯泰尔·麦金太尔（Alasdair Chalmers MacIntyre）、迈克尔·桑德尔（Michael J. Sandel）、查尔斯·泰勒（Charles Taylor）等人。社群主义者主要观点是社群优先于个人，公益优先于正义。在社群主义者看来，社群的地位永远高于个人，社群是社群主义者思考一切问题的出发点，

---

① 姚大志：《现代之后：20世纪晚期西方哲学》，东方出版社2000年版，第21页。
② 俞可平：《社群主义》，中国社会科学出版社1998年版，第4页。

对于社群主义者来说社群具有压倒一切的重要性。社群主义对新自由主义的批判是多维度的，归纳起来包含以下内容：一是对个人至上价值观的批判。新自由主义坚持个人至上的价值观，个人是他们分析和解释一切的出发点。个人具有自主选择的权利，个人行为完全是由个人动机所支配而不受社会的束缚，个人利益高于整体利益。相反，社群主义强调个人依赖于社群，社会环境制约个人自主与创造力、公益优先于正义等。二是对普遍主义价值观的批判。以罗尔斯为代表的新自由主义坚持权利优先于"善"，个人权利不能为普遍的利益作出牺牲，权利的正义规则不受任何善的观念的影响。社群主义者认为，新自由主义从权利优先出发推出的必然是一些不受任何具体社群"善"约束的普遍正义原则，这种正义是从所有的社会关系中抽象出来、没有任何差别、完全中立的个人，因而不受时间和空间的限制，它普遍地适用于任何时代、任何背景下的任何人，具有最大的普遍性。但是，正义是特定历史条件下的产物，从来不存在什么普遍和绝对的正义，事实上，正义总是存在于各种具体的社群之中。三是对机会平等观的批判。以罗尔斯为代表的新自由主义坚持机会平等，即个人在进入市场时拥有平等的自由和权利。社群主义则认为，只有实现了社会平等，机会平等才有可能。但社会平等并不等同于毫无差别的平均主义，在人与人之间社会地位平等前提下的收入差距的存在是合理的。与新自由主义"不平等的平等"相比较，社群主义者认为，建立在社会平等前提下"平等的不平等"更具有合理性。四是对中立国家观的批判。新自由主义者认为，国家应当中立，即国家在不同的"善"的观念发生冲突时应保持中立的立场，政府不鼓励公民参加政治生活。社群主义者则认为，政府中立只是一种虚假的承诺，国家应该在教育和道德方面发挥重要作用，公民只有积极参与公共政治生活才能充分实现自己的人生价值和目标，从而也才能践行美德。五是对消极权利观的批判。根据政治学的一般观点，权利有两种：一种是否定的或消极的，即不通过他人或者国家的干预而实现的权利，如生命、安全、自由等权利；另一种是肯定的或积极的，即必须通过他人或者国家的干预才能实现的权利，如受教育权、工作权、享有社会保障和福利的权利等等。以罗尔斯为代表的新自由主义沿袭古典自由主义及功利主义的传统提出消极权利的优先性，认为消极权利比积极权利更为重要，争取积极权利不能以牺牲消极权利为代价。社群主义者对罗尔斯为代表的消极权利观进行了批评，强调积极权利的优先性。他们指出，现实中根本看不到消极权利，而是存在着具体的积极权利，如果积极权利得不到保障，就谈不上消极权利，消极权利是积极权利的保障和前提。六是对规范教育观的批判。新自由主义认为，教育的目的是为维护一个组织良好的社会而培养公民的正义感，教育的主要内容是正义规范，教育的主要方法或途径是市场或者学校；而社群主义认为教育的目的是为建设理想社群而塑造成员的美德，教育的内容是社群实践生活中形成的各种美德品质，家庭、学校、工会组织等各种社会团体是美德教育的苗床。[①]

社群主义对新自由主义的批评，乃是立基于亚里士多德和黑格尔的思想。亚里士多德的城邦学说中提出个人依赖于社会群体、社群整体优先于个人的思想。社群主义提出的构建美德社群的理论是对亚里士多德"德性"学说的继承和发展，也继承了亚里士多德关于公民教育的思想。如亚里士多德指出："一个城邦，一定要参与政事的公民具有美德，才能成为善邦。在我们这个城邦中，全体公民对政治人人有责。那么我们就得认真考虑每一个公民怎样才能成为善人。"[②] 黑格尔的国家学说也是社群主义思想的一个重要理论来源。黑格尔认为，国家高于个人，个人必须服从国家。国家是"地上的神"、"现实的神"，是"精神为自己创造的世界"，它高居于一切自然生命之上，"国家本身就是绝对目的，因为国家是客观精神发展的最高环节，从而达到了自我满足。正如国家对自由具有最高权力一样，国家对个人也具有最高权力，而个人的最高义务就是成为国家公民。"[③] 社群主义者继承和发扬了黑格尔的国家学说，强调国家是最重要的政治社群，在他们看来，个人利益和国家利益是一致的，个人应该为国家积极奉献，而国家也应积极地为个人的发展创造条件。但是社群主义和黑格尔不同的是，社群主义在强化国家利益的同时也没有完全忽视个人利益，提倡强化国家职能的同时也反对把国家神化的极权主义，特别是 20 世纪 90 年代以来，社群主义者提出了把社会整体利益和公民个人权利同一起来的主张，他们认为，爱国主义不等于忠诚于政府机构，他们把作为一个社群的国家与政府进行了区分。总之，社群主义

---

① 参见何霜梅：《正义与社群——社群主义对罗尔斯为首的新自由主义的批判》，人民出版社 2009 年版，第 2—6 章。

② ［古希腊］亚里士多德：《政治学》，吴寿涛译，商务印书馆 1965 年版，第 384 页。

③ ［德］黑格尔：《法哲学原理》，杨东柱等译，北京出版社 2007 年版，第 113 页。

从亚里士多德和黑格尔出发，召唤的是公民共和主义的传统，批判的是自由主义的个人主义观点，认为自由主义的个人观点是去历史的、去社会的，并且赋予个人有优先于社会而存在的自然权利。

墨菲认为自由主义与社群主义的争论，其实是现代政治思想的两个源头。现代政治思想的起源有两种政治语言，一是德行，为古典共和主义的政治语言；另一则是权利，为自然权利的表述典范，并且存在于法学里。"自由"在这两种语言里，呈现的意义不同。在自由主义者那里，"自由"意味着公民的自由在法律的保护之下，有从事自己事业的自由。在共和主义者视野中，自由则意味着坚持认为参与国家政治，自由才具有意义。这个看法与亚里士多德把人当作是"政治的动物"的理念有关，也就是人唯有透过公共事务的参与才能了解自身的本质。自由主义与社群主义各自坚持自己的政治语言，例如柏林坚持自由主义的立场，认为自由可以区分为"消极自由"与"积极自由"。前者指涉的是在社会控制之下，仍然保持自主；后者指涉个人是自己欲望的主人，并且暗示人的真实本质之理解与完成。柏林进一步认为，第二种概念的自由其实具有潜在的极权因子，因为它必须提出一个客观的善，可是这是自由主义者所无法接受的，而且是反现代的。然而，斯金纳则不同意柏林的说法。斯金纳（Quentin Skinner）在《现代政治思想的基础》第一卷指出，中世纪的意大利共和主义者同时具备这两种政治语言，尽管后来权利的语言取代了共和主义者语言。但是，古典自由主义仍然关联到德行，只是到了霍布斯的理论中，自由才被使用于捍卫个人的权利。因此，斯金纳认为，在古典共和主义的传统里面，尤其是马基雅维利（Machiavelli）的自由概念，尽管是消极的，仍然包含政治参与和公民德行，例如马基雅维利在《李维罗马史疏义》一书所提出的自由是个人得以追求自己目标、追求自己的真性情，而且为了避免强制与奴隶状态，无可避免地去实践某些公共功能及培养必要的德行。

对于自由主义和社群主义之间的争论，墨菲首先对于二者分别进行了客观的评价，然后，提出了自己关于公民身份的新概念。首先墨菲肯定了自由主义和社群主义分别对政治哲学所做的贡献。墨菲认为罗尔斯的正义理论提出了政治哲学的一系列十分重要的问题，虽然罗尔斯本人对这些问题无力回答，但是他的伟大功绩在于，"他强调指出，在现代民主社会中不再存在一种唯一的实质性共同善，多元主义是这个社会的核心，而正义的政治观念不可能源自于关于幸福生活的一种特别的宗教的、道德的或哲学的观念。"① 而社群主义的观点对于激进民主规划有如下贡献：一是社群主义重点强调了一种公共善，这种公共善独立于个体欲望和利益。自由主义唯独关注个人的权利，导致市民行为和公益行为的价值贬损，长此以往，将引发民主社会中的社会亲和力的缺失，社群主义对此予以批判。"社群主义对这一情形的批评是正确的，而且我也赞成他们复兴经典政治学观念的某些方面的尝试。"② 二是社群主义中"社群优先于个人"的理念为墨菲提供了一种公民身份认同的标准，即"不要把公民身份视做一个法律地位而是视为一种身份认同方式，即一种政治身份：某种待建构而非过去经验给予了的东西。"③

　　在对自由主义的多元主义思想以及社群主义对公民政治身份构建的予以认可的基础上，墨菲又分别对自由主义和社群主义展开批判。第一，墨菲认为，柏林与斯金纳的论点可以提供一个思考方向，亦即自由主义与社群主义之间的争论，涉及一个古老的两难，就是如何调和"古代的自由"与"现代的自由"，也就是如何兼顾"积极且经常地参与集体权力"与"平静地享受个体的独立"？因此，现代民主政治的哲学之主要工作，是在接合"现代的自由"（个人自由）与"古代的自由"（政治自由），这即是多元与民主公民资格问题的根源。换句话说，墨菲主要是由两个层面来思考公民身份：民主参与团结的原则如何与多元的原则调和？以及在不牺牲自由的前提之下，如何达成一个更为平等的社会？墨菲同意社群主义对于自由主义的个人主义式概念的批评，认为个人主义尽管是自由主义理论里的一种主要的语言，可是并非唯一的语言，不能将个人理论化为"一个原子"，主张个人先于社会而生存，并且是独立于社会之外的"没有负担"的自我。墨菲本人也认为自由主义的公民只具有法律上地位，以及持有诸多对抗国家的权利，不过是众人之中的一分子，政治对他们而言，不过是各式各样的团体为提升自己的私人利益而从事竞争的领域。因此，政治共同体无疑会受到质疑，"公民身份"被个人主义所牺牲。总而言之，现在的民主理论在公民身份问题方面的失败，是自由主义单纯地从法律方面界定主体概念的结果。自由主义视个人先于社会、是自然权利的载体，就所有的情况而言，凡是被从社会与权利关

---

① ［英］尚塔尔·墨菲：《政治的回归》，王恒等译，江苏人民出版社 2005 年版，第 72 页。
② ［英］尚塔尔·墨菲：《政治的回归》，王恒等译，江苏人民出版社 2005 年版，第 86 页。
③ ［英］尚塔尔·墨菲：《政治的回归》，王恒等译，江苏人民出版社 2005 年版，第 86 页。

系、语言、文化以及所有可能成为媒介的实践当中抽离出来、被理性方法所排除的，就是民主主体存在的条件。第二，墨菲指出，尽管自由主义的论点需要被批评。但是，这并不表示人们必须接受社群主义者的观点。尽管社群主义的优点在于公民资格的观念比自由主义更丰富，可是社群主义忽略了自由主义对现代民主的贡献，例如捍卫多元主义、个人自由与国家的区分以及市民社会的发展等等。况且，现代的民主政治共同体以单一实质的共善观念为组织来源，不能因为公民资格的强调而牺牲了个人的自由。社群主义所尝试重建的是一种一致型态的共同体，这个共同体是藉由实质的共善来凝聚，可是社群主义的主张基本上是一种前现代的观点，并且不符合现代民主是由多元主义构成的事实。因此，墨菲认为，在批评自由主义的同时，也肯定自由主义对于现代民主的贡献，理解现代民主的特殊性以及多元主义所扮演的角色。

综合上述分析可以得出一个判断，墨菲赞许自由主义的公民身份观点尊重多元性，可是也批评自由主义的公民身份观点是将个人化约为原子的个人、认为个人先于社会而存在、权利优先于共善、公民只是具有法律地位的个人等等。在墨菲看来，个人并非先于社会而存在，相反的，个人其实是被建构为诸多"主体位置"的整体、被镶入多重的社会关系里，是众多群体里的一员，而且是多元集体认同作用的参与者。至于社群主义所提出的公民身份观点，尽管比自由主义的公民身份观点丰富，可是为了强调政治参与的重要性，以单一实质共善来凝聚共同体的做法，则是忽略了当代的多元性要求。依此来看，墨菲认为社群主义所倡导的市民共和主义的传统充其量只不过是提供我们观看自由主义缺失的一面，无法完全适用于当代，因为当代的特征呈现的是各种社会运动的出现。所以，墨菲指出，尽管批判自由主义是必要的，可是也要肯定其舍弃单一实质"共善"的观念的一面。总结社群主义和自由主义的论证，可以得出这样的结论，社群主义只强调共同性而牺牲了多元性与差异，而自由主义则是以多元性与差异为名义，否认任何的共同性。在这种情形之下，必须重新思考的是：多元民主如何将分属各种不同共同体的价值、语言、文化等融入我们所共同拥有的政治共同体。

在批判了自由主义和社群主义的公民政治身份理论基础上，墨菲提出了自己独特的公民身份理论。她的公民身份重构理论沿着如下理路展开：

首先，墨菲将施米特的"敌／我"概念分判引入到关于公民身份的构建中，但是采取了"拿来主义"，而不是"接受主义"。施米特批判自由主义的平等观，认为自由主义的平等乃是以自由的个人主义为基础。在施米特看来，谈论平等必须区别"自由的平等"与"民主的平等"。自由的平等主张人皆平等，民主的平等则主张平等的对象必须区分谁是人民。换句话说，对于施米特而言，同质性才是民主平等概念的核心，也就是那些同等于"我们"的人才有平等可言。既然同质性是平等的核心，那么异质性就是不平等，而且不平等必然存在。因为如果没有不平等，那么民主的平等就无法存在。施米特对于平等的看法，是他将政治界定为友/敌分判观点的延续，这个友/敌分判其实涉及我们/他们的认同，这是一种"决定"，是冲突与敌对，而不是自由的讨论。因此，不管这个世界有多少国家，这些国家的建立必然都是以同质性为基础，即使是民主国家，也不会以对待公民的态度来平等对待那些不属于"我们"的所有人。墨菲认为，施米特所真正关怀的其实不是民主的参与问题，而是政治同一体的建立。换句话说，施米特将民主视同为一个政治同一体，如果这个政治同一体不存在，那么国家也不存在，因而这个政治同一体必须由一个共同的实质所支撑，为政治同一体内的公民所共享，并赋予公民平等的地位。因此，对于施米特而言，民主是统治者与被治者之间的认同，关联到人民与主权意志的一致性。所以，必须先理清谁是"我们"，否则无法决定谁拥有民主权利，而且人民的意志也无法形成。墨菲指出，虽然施米特认为自由主义否定民主，民主否定自由主义，然而，施米特对于自由民主批判的目标，其实是针对自由主义的多元主义，而不是针对民主。施米特所标榜的民主强调涵盖与排除的关系，这的确是自由主义所忽略之处。可是，施米特认为自由与民主是两个无法互为调和的概念，并且最后会导致民主走向自我崩溃的看法，同样无法让人接受。施米特过于强调同质性的结果，将使得多元主义没有存在的空间，甚至会为极权主义打开一扇窗。

其次，墨菲将多元主义和公民身份链接在一起。新社会运动出现很多形式，妇女、黑人、工人、同性恋者、生态主义者等公民身份，表面看没有什么关联甚至还存在冲突的身份，如生态主义者有可能是反对工人运动的，但是，墨菲认为，公民身份应该是这些不同运动之间的自由和平等原则的等值体系，目的是构造一种通过等值性原则来加以连结的群体性政治身份。因此，墨菲所倡导的公民身份是一种共同的政治身份，对这种身份的鉴别不是多样群体对善的不同理解，而是不同群体对自由平等的民主政治原则的认同，这种认同建构了政治共同体，公民身份在这一政治共同体中得到界定。自由主义者一致试图构建普遍性的公民身份，他们根据"人人生而平等"的原则，来构建这种普遍性的身份观念，但由于把公民身份沦为一种法律概念，暗示所有的公民身份同国家是对立的，而社群主义者对于公民身份的界定过分强调政治性的参与和政治共同体的价值，这与共享道德价值坚守的多元主义是不相协调的。"公民身份并不像自由主义所认为的那样——是并列于其他身份中的一种；它也不像市民共和主义（社群主义）所认为的那样——是凌驾于所有其他身份之上的那种支配性的身份。相反，它是关于社会行动者的不同主体地位的一种联接原则，而同时，它又承认各种特殊义务的多元性并保留了对个体自由的尊重"①。

传统的自由主义把多元主义禁锢在私人领域，而把政治囚禁在公共领域，从而使公民对政治的参与身份仅仅变成了一种选民地位的法律身份，这样，公共和私人之间的划分造成了公民身份理解的单一性和僵化。墨菲认为，"同个人与公民之间的区分一样，私人（个人自由）与公共（共和主义）之间的区分也仍然保持着，但他们并不是两个完全对立的领域。我们不能这样说：我作为公民的义务在这里结束了，随之作为个人的我的自由就开始了。这两种身份在于永远也不会被调解的永恒张力之中，但这正是作为现代民主制特征的自由与平等之间的那种张力。"②这样，墨菲通过对公共领域和私人领域区分的新的阐释，对公民身份做了多元主义的界定。

最后，墨菲提出了公民身份的新概念。激进民主的公民身份基本上还是一种政治建构的结果，它发挥同值链的效果，它提供民主认同的公分母。但是，它不是绝对的同质，而是容纳差异。换句话说，因为差异而展现社会的多元性，因为同值而使得多元性呈现平等。社群主义最主要的缺陷是对多元主义的排斥和否定。社群主义认为公民身份、政治共同体（社群）和多元主义是不相容的，墨菲认为这会导致普遍主义和本质主义，同时也会损害多元民主原则的价值。公民身份和政治共同体属于政治认同，社群主义的政治学观点强调了一种公共善，虽然避免了自由主义的关于公民身份和共同体的某

---

① [英]尚塔尔·墨菲：《政治的回归》，王恒等译，江苏人民出版社 2005 年版，第 111—112 页。
② [英]尚塔尔·墨菲：《政治的回归》，王恒等译，江苏人民出版社 2005 年版，第 95—96 页。

些缺陷，但却回到前现代的政治观念中，前现代的政治观念不承认现代民主的新颖性以及自由主义的重大贡献。个体自由主义、政教分离、市民社会的发展——所有这些都是现代民主政治学的组成部分，社群主义否定上述贡献，强调公民身份和政治共同体，墨菲认为这样不足取。"公民身份的强烈参与理念的恢复不应当以牺牲个体自由为代价。这正是社群主义者对自由主义的批判出现一个危险转向的关键。"① 于是，墨菲提出了公民身份的新概念："这种身份由对现代多元性民主的政治原则的一种认同构成，即肯定所有人的自由和平等。这将是人们共同的政治身份，虽然人们可能会投身于许多不同的实体之中并且对善也有着各自不同的观念，但是他们还是普遍认同对于某种伦理政治价值观体系的给定理解，并受其制约。"②

归纳起来，墨菲对公民身份的理解应该包括如下内容：第一，公民身份并不是仅仅指一种法律地位的身份，而是一种政治身份，一种身份鉴别形式；第二，公民身份是一种公民的共同的政治身份。不同的团体需要达成一种共识，他们都要为共同关心的民主的扩展和激进化而斗争，在选择其行为方式时应该遵循某些特定的规则；第三，公民身份的创造有赖于身份鉴别一种群体性形式。"新社会运动"就是这种身份鉴别的群体性形式，由于新社会运动的形式很多，也就会存在不同的身份鉴别结果，人们可能会献身于不同的民主运动，但他们普遍认同于自由和平等原则的某种激进理解，通过某种政治共同体来界定出一个个"我们"，从而把一系列民主等值性原则结合到一起；第四，公民身份拒斥普遍主义的观念。公民的身份并不是单一的，它可以有很多种，而且对其解释也有很多种，"我所提倡的公民身份观点拒斥对公共的抽象的普遍主义定义，并与被看成是特殊的和差异领域的私人空间相对立。"③ 至此，墨菲把公民身份从法律的藩篱中解放出来，并赋予其政治的涵义。墨菲借用"政治共同体"和"公民身份"这两项理论资源来充实了多元激进民主的理论，"通过把权利和多元主义的理想同公共精神状态和伦理政治关心的理念结合在一起，公民身份的一种新的现代民主观念就可以恢复政治的尊严，并为构造一种激进的民主霸权提供途径。"④

---

① ［英］尚塔尔·墨菲：《政治的回归》，王恒等译，江苏人民出版社 2005 年版，第 81—82 页。
② ［英］尚塔尔·墨菲：《政治的回归》，王恒等译，江苏人民出版社 2005 年版，第 111 页。
③ ［英］尚塔尔·墨菲：《政治的回归》，王恒等译，江苏人民出版社 2005 年版，第 94 页。
④ ［英］尚塔尔·墨菲：《政治的回归》，王恒等译，江苏人民出版社 2005 年版，第 96 页。

　　本章主要是讨论墨菲对于公民身份重构问题的思考。一方面，墨菲认为当代社群主义的关于公民身份建构的观点比较丰富，可是墨菲并不同意社群主义所预设的单一实质共善的观点。另外一个方面，墨菲虽然同意自由主义强调多元性，可是不赞同自由主义所主张的普遍权利与权利优先于善的观点。墨菲对公民身份的重构，主要是试图调和左翼传统与自由主义传统。她从欧克肖特的人类联合体的理论出发，并将施米特的"敌／友"关系理论引入到欧克肖特的理论中，从而突破了自由主义从法律意义上界定公民身份的传统做法，而赋予公民身份以政治含义。这种具有政治意义上身份的公民将成为激进和多元民主政治的新主体。

第五章 竞争民主：审议民主的替代

在公民身份重构的基础上，墨菲提出了"竞争性民主模式"（an Agonistic Model of Democracy）。竞争民主是墨菲的原创概念，墨菲认为应该用"竞争式的多元主义民主"模式来替代审议民主模式，把"对抗"（antagonism）转化为"竞争"（agonism）。墨菲竞争民主的实质是把多元主义和政治激进因素萃取后同民主运动连接，其目的是为了实现一种在冲突中形成共识的民主理想。

第一节 民主的批判

面对当代资本主福利国家的合法性危机，自由主义者试图通过民主的重建摆脱理论困境。例如哈贝马斯提出"理性共识"的审议民主模式，罗尔斯提出普适论正义观，而吉登斯提出了旨在实现"第三条道路"的对话民主和民主的全球化。哈贝马斯和罗尔斯属于新自由主义民主（新右翼）流派，而吉登斯则属于自由主义的"中－左"派别，主张西方资本主义国家走超越左与右的"第三条道路"。哈贝马斯、罗尔斯、吉登斯的理论共同点都是将民主置于幻想语境中。针对两种派别的民主幻想，墨菲指出，他们的民主理论缺陷在于对于权力、冲突和对抗的漠视和排斥，他们的民主理论在解决民主危机时，溢出了实践的轨道，因而面对福利国家的合法性危机，显得软弱无力。

一、对新自由主义民主的批判

墨菲对于新自由主义民主的批判，主要是以哈贝马斯和罗尔斯两个人所主张的理性共识民主模式为批判客体。哈贝马斯和罗尔斯的理性共识模式虽然都主张民主应该以理性为基础，但是二者的侧重点与理论内涵并不完全一样，墨菲注意到了二者的重大区别，在批判的时候，将他们的主张分别予以讨论和反驳。

第一，墨菲对哈贝马斯审议民主观的批判。哈贝马斯所提出的审议民主的政治谋划，是为了解决福利国家的合法性危机问题。哈贝马斯是以现代社会对启蒙理性现代性危机反思的大时代背景来探讨这些问题的，所以，现代性构成了哈贝马斯反思民主理论的宏观背景。所谓现代性，泰勒认为，是一个多义的概念，可以将它们视为制度安排，可以看作是一种精神，也可以把它视为"西方的规划"。另外其他学者认为存在两种现代性，即启蒙的现代性和文化的现代性。哈贝马斯视域中的现代性无疑属于文化的现代性。关于现代性危机的根源，韦伯从宗教伦理学出发，认为"理性的吊诡"造成了现代性危机，从而造成了现代社会生活的"意义丧失"（loss of meaning）和"自由丧失"（loss of freedom）。哈贝马斯拒绝韦伯对现代性的诊断结果，他认为韦伯忽视了文化和道德等重要方面的因素。哈贝马斯首先分析了"生活世界的殖民化"的问题，他采取"系统—生活世界"的双重社会架构方法论对现代性危机的当代表现进行了分析。在哈贝马斯那里，系统主要有两层含义，一是从方法论角度看，系统是观察和理解社会的一种方法，即他把社会当作一个系统来看，并分析其结构和功能；二是从实质内容看，系统是影响人类生活的社会组织原则或社会制度，在《合法化危机》中，哈贝马斯考察了不同社会形态的社会组织原则，并把社会系统分为经济、政治、文化系统，然后分别考察了各个社会系统领域里的危机。而"生活世界"则是哈贝马斯从胡塞尔那里借用的一个概念，意指"我们之中与我们的历史生活之中的一种精神结构"。但是哈贝马斯突破了胡塞尔对生活的单纯现象学解释，认为仅仅以意识为中心的行为与世界均不足以成为生活世界。同时，哈贝马斯还批判接受了舒茨（Schutz）与卢曼（Luhmann）关于生活世界的契机理论，即生活世界被赋予经验的主体具有相互理解的主体间性的限度不能被超越。如此一来，哈贝马斯就从日常生活的交往活动来理解生活世界。哈贝马斯认为系统与生活世界发生分裂，摆脱了生活世界的控制，反而侵入生活世界并破坏了生活世界的结构，于是，现代性问题产生了。哈贝马斯将现代性危机的表现形象地称为"生活世界的殖民化"，因为"自主的子系统必然要从外部进入生活世界，并强迫其同化，就像殖民主义者侵入一个部落社会一样。"① 哈贝马斯在考察"生活世界的殖民化"以后，又对当代两大民主——自由主义民主和共和主义民主的实践危机进行了分析。自由主义者反对国家干预，把民主和自由局限于个人领域，公民只要在法律的范围内追逐自己的私人利益，就不受国家的干预。个体为了私人利益通过选举或者议会对行政权力产生影响，政治意志在公共领域和议会中，受到不同利益集团的操纵，选民及各个政党为了权力而你争我夺，竭力争取选民的选票，所以选民投票是一种政治博弈的策略行为。而共和主义民主主义者则主张，公民权利主要是政治参与权和政治交往权，公民参与政治过程的主要目的并不是唯自己的利益是从的，而是为了"公益"而形成规范共识，在达成规范共识后，不同价值的民意或共同体才会得到社会认可，这种在公共领域和议会中达成共识的过程，是一种交往行为。而哈贝马斯则认为当代资本主义国家的民主实践既不能确保私人自主，又无法实现公共自主，从而使民主面临着深刻的危机，而且相关民主建设方案在解决民主实践危机上已经束手无策。在分析了资本主义现代性危机和民主的实践危机基础上，哈贝马斯以他早期的"交往行为理论"为基础，将语言—沟通—理性连结起来，理性表现在沟通的过程，而沟通则有赖于语言的表达。哈贝马斯试图通过构造沟通理论来解决人们之间的相互误解。哈贝马斯用"交往理性"对公共领域进行重新建构，同时以审议民主为公共领域提供一种根据，确立了公共领域公意的正当性，在多元价值时代确保了公意的客观性，为公共领域的沟通何以可能的问题提供了一种制度上的路径。在哈贝马斯的审议民主理论中，是不允许公共意志不经过交往权力就直接转化为行政权力的，他所设计的理想模式是通过非正式的"公共舆论的形成"产生"影响"，从而通过政治选举的渠道转换为"交往权力"，进而又通过立法过程转换为"行政权力"。因此，共和主义和自由主义对人民主权原则的解释在审议民主中焊接在一起了。"这种民主程序在协商、自我理解的话语以及公正话语之间建立起了一种有机的联系，并证明了这样一种假设，即在这些前提下，合理乃至公正的结果是可以取得的。这样，实践理性就从普遍主义的人权或一定共同体的道德当中抽身而出，还原成为话

---

① Jurgen Habermas, *The Theory of Communicative Action*, Vol.2, Boston:Beacon Press, 1985, p.335.

语原则和论证，它们从交往行为的有效性基础，说到底，就是从语言交往结构当中获得了其规范内涵。"①

在墨菲看来，所谓"审议民主"，是指民主政体的政治决定，通过具有自由和平等的公民之间的共同商议来完成的程序，这个概念来源于古希腊时期的激进的直接民主，所以哈贝马斯的审议民主并非创新，而是一种激进民主思想的复兴。因为他只坚持程序问题，而不涉及民主的实质内容，这完全是从一个法学家的角度来过分强调程序正义而忽视了实体正义，最终，哈贝马斯的审议民主不过是一种空想。哈贝马斯提出民主的程序与实质问题之辩，回避了多元主义。"多元主义的内在冲突、对抗的不可判定性和不可根除性，这些都是审议民主煞费苦心想要予以消除的东西。"②哈贝马斯设想"自由的协定（free agreement）"、"理想的语言情景（idea-speech situation）"来建立理性的共识来掩盖处理当代社会所无法移除的对抗因素，因而导致一种对民主的误区，使人误认为民主就要一团和气，"凡是只要与热情（pas-sion）、敌对有关，就会被视为暴力（violence）与非理性（irrational）。"③所以，墨菲认为审议民主的根本缺陷在于：它假设公共领域可以消除对抗，可以达成理性共识。"离开了相互抗衡的主张和利益之间的冲突，政治领域就没有了主题，就无需去做什么政治决策。"④墨菲认为"政治"作为各种实践、话语和制度的集合，目的在于化解敌意。因此，民主政治的首要问题不是思考如何消除权力，而是应该规划如何建构与民主价值相协调的权力形式，即在冲突和对抗的背景下创造公民团结。墨菲认为应该用"竞争式的"民主模式来替代"审议式"的民主模式，把"对抗"（antagonism）转化为"竞争"（agonism）。"与'审议民主'模式相反，我所倡导的'竞争式的多元主义'模式主张民主政治的首要任务不是消灭激情，也不是将激情放逐到私人领域，以便使理性共识成为可能，而是要把各种激情动员起来，并引导其推动

---

① [德] 哈贝马斯：《包容他者》，曹卫东译，上海人民出版社 2002 年版，第 286—287 页。
② [英] 尚塔尔·墨菲：《审议民主抑或竞争式的多元主义?》，参见谈火生等编译：《审议民主》，江苏人民出版社 2007 年版，第 360 页。
③ Chantal Mouffe, *for a Politics of Nomadic Idendity*, London and New York: Routledge Press, pp.106-107.
④ [英] 尚塔尔·墨菲：《政治的回归》，王恒、臧佩洪译，江苏人民出版社 2001 年版，第 66 页。

民主蓝图的实现。"① 在墨菲看来，较之审议民主，竞争民主模式更善于接纳多元社会所包含的多样化声音，以及这个多元社会所蕴含的权力结构的复杂性。只有这样站在政治的视角而不是经济或道德的视角之上，才能更好地理解民主政治的本质——对抗与冲突是政治的本质特征。

第二，墨菲对罗尔斯普适论民主观的批判。虽然罗尔斯的普适论正义观也是强调理性共识，但是较之于哈贝马斯，罗尔斯更强调"公正"这一社会的首要价值，他坚持权利（right）优先于善（good）的伦理观。为了获得这个原则，他提出一种新的契约理论，他首先设计了一个纯粹假设的原初状态：一是在自由社会里面，人们对自己的社会地位、阶级出身、天生资质和自然能力的限度并不知晓，完全是在"无知之幕"之下进行的；二是在"无知之幕"之下，各方在平等的状态下，选择正义原则参加订约，参与定约的各方都是具有理性的主体。罗尔斯认为，在上述两个条件规范下，人们最有可能或最有理性的选择方法是按照游戏理论中的最大和最小值规则来选择，即选择那种其最坏结果和其他选择对象的结果相比是最好结果的选择对象。这一规则排除了以功利主义的最大利益总额为目标的选择对象。按照最大的最小值规则来选择，其结果必然是下述两个正义原则：

"第一个原则：每个人对与所有人所拥有的最广泛平等的基本自由体系相容的类似自由体系都应有一种平等的权利。第二个原则：社会和经济的不平等应这样安排，使他们：（1）在与正义的储存原则一致的情况下，适合于最少受惠者的最大利益；并且（2）依系于在机会公平平等的条件下职务和地位向所有人开放。"② 罗尔斯的第一个原则是平等自由原则，第二个原则是正义的原则。罗尔斯对正义原则的探讨目的是希望各方之间达成一种事实上的平等，在事实平等基础上再来打破形式平等，即对先天不利者和先天有利者使用形式上不同等的尺度。"所有的社会基本善——自由和机会、收入和财富及自尊的基础——都应被平等地分配，除非对一些或所有社会基本善的一种不平等分配有利于最不利者。"③ 这表明，罗尔斯的自由主义思想带有明显的平均主义倾向。

---

① ［英］尚塔尔·墨菲：《审议民主抑或竞争式的多元主义？》，参见谈火生等编译：《审议民主》，江苏人民出版社 2007 年版，第 359 页。
② ［美］罗尔斯：《正义论》，何怀宏等译，中国社会科学出版社 2006 年版，第 302 页。
③ ［美］罗尔斯：《正义论》，何怀宏等译，中国社会科学出版社 2006 年版，第 303 页。

墨菲首先肯定了罗尔斯对政治哲学的贡献，"他的正义理论正在越来越多地承载着价值。"① 罗尔斯"重新制定并系统化了自由主义学说，几乎单枪匹马地反击了 20 世纪 60 年代出现的两种对自由主义极具杀伤力的反对意见。"② 罗尔斯对多元主义做了如下判断，多元主义是长久性存在的事实，政治学与道德领域分离是市民社会发展的结果，道德和宗教信仰是私人的事情，在私人领域，国家没有可能立法，多元主义则成为是现代民主的一个至关重要的特征。墨菲肯定了罗尔斯把多元主义作为必要的思想资源融汇于他的正义理论中，是对多元主义民主的一个贡献。

但墨菲同时认为罗尔斯的思想已经化约为"利益政治学"，是"没有政治学的政治哲学"③。罗尔斯把正义的理论归结为对道德哲学的一种贡献之后，又宣称这种理论是政治哲学的一部分，墨菲认为罗尔斯从一开始就运用一种唯独适用于道德话语的思考模式，当道德话语思考模式被应用到政治领域时，这种模式就被化约为在道德约束子下对私人利益的一种理性协商过程。因此，冲突、对抗、权利关系、依附和镇压的形式就简单地消失了，人们面对的是一种典型的利益多元性的自由主义图景，它可以被调解而无需诉诸比决策层更高的那个层面，统治权问题被抽空了。这样以道德语言方式思考政治学必然导致对冲突、权力和利益的忽视。罗尔斯之所以忽略了政治的对抗和冲突，是因为罗尔斯认为多元主义只是在私人领域起作用的事情，在公共领域不能发挥任何作用，而在公共领域，存在一种共同的、理性的自我利益，在此基础上，公民作为自由平等的道德人，能够在正义原则上达成一致，并且为这种原则打下牢固的基础。但是墨菲认为，私人领域和公共领域的界限并不是固定的和永远不变的，二者的边界永远处于变动中，并无固定的可能。如"堕胎"是公民个人私事，但围绕着堕胎展开的法律讨论则是政治化的。所以，私人事务也随时有可能被政治化。"而且，'私人'事务随时都有出现对抗并且随之而被政治化的可能性。所以，罗尔斯的'组织良好的社会'恰恰就是以消除政治理念为基础的。"④

---

① [英] 尚塔尔·墨菲：《政治的回归》，王恒等译，江苏人民出版社 2005 年版，第 62 页。

② [美] 丹尼尔·贝尔：《社群主义及其批评者》，李琨译，三联书店 2002 年版，"引言"第 3 页。

③ [英] 尚塔尔·墨菲：《政治的回归》，王恒等译，江苏人民出版社 2005 年版，第 53 页。

④ [英] 尚塔尔·墨菲：《政治的回归》，王恒等译，江苏人民出版社 2005 年版，第 67 页。

在上述判断的基础上，墨菲归纳了罗尔斯政治哲学中存在的问题。第一，罗尔斯对于民主的理解脱离社会现实而陷于空谈。罗尔斯政治哲学所表达的是一种象征的突变，是终结集权主义社会类型的民主革命，这种集权主义社会是围绕一共同善的实体观念建立起来的，而这种共同善的概念要么以自然为基础，要么以上帝为根基。所以，墨菲指认罗尔斯的错误在于把民主传统理解为一种共享的意义、制度和直觉理念的简单集合，没有意识到，在一个民主社会中，人们绝不可能就唯一一套正义原则达成一致。第二，罗尔斯对于自由和平等的理解过于狭隘。罗尔斯认为一种现代民主制的正义理论应该关注在我们制度中实现自由平等的途径。但是这种理解有狭隘之处，因为自由和平等不仅仅是在现代制度中实现自由平等的途径，而且也应该是自由民主政治体制的原则，这种原则决定了人们之间联系的秩序类型，"它们赋予民主社会一种具体形式，塑造它的制度、它的实践、它的政治文化；使得某种类型的个体得以构成，也能创造出政治主体性的某些形式，并使特定的身份模式得以建构。"[1] 所以，罗尔斯没有把自由和平等理解为政治的核心标志，没有把政治（冲突和对抗）理解为"专业母体"（库恩语），只能运用模糊概念来理解自由和平等，是一种没有政治的政治学。第三，罗尔斯思想中存在大量的国家干预。"在妇女运动、同性恋运动、生态及反核运动和各种反制度运动中展现一些新的要求，如果一种关于正义的政治观念不去关注他们，同时又想去维护和深化呈现于我们的民主文化中的自由和平等理想，那么它将没有余地去创造一种对于建立一种新的霸权所必须的重叠共识。应该考虑到这样一个事实，权利反对国家干预和官僚化的斗争已经划出了一个新的意识形态领域，而要解构它就需要一种灵活的策略，通过这种策略就可以为阐明各种反国家的抵制运动提供新的方式。就此而论，罗尔斯的缺陷就太明显了，因为他的正义理论暗含着大量的国家干预。"[2] 第四，罗尔斯对多元主义理解不彻底。墨菲认为："罗尔斯认为多元主义只是在私人领域起作用的善的观念的多样性，与公共领域是完全分开的，在公共领域，人们在受自身利益支配的基础上达成共识，这是一个完美的自由主义乌托邦。"[3] 罗尔斯认为多元主义是私人领域的专利，从而造成多元主义理解上的

---

① [英] 尚塔尔·墨菲：《政治的回归》，王恒等译，江苏人民出版社 2005 年版，第 68 页。
② [英] 尚塔尔·墨菲：《政治的回归》，王恒等译，江苏人民出版社 2005 年版，第 71 页。
③ [英] 尚塔尔·墨菲：《政治的回归》，王恒等译，江苏人民出版社 2005 年版，第 66 页。

断裂。罗尔斯理论的起点和终点都是私人领域，他用私人领域的道德话语代替了公共领域的政治话语，以至于政治的核心概念，如权力、冲突、分层、对抗以及统治权等被回避掉了。"罗尔斯的观念却正好排除了对政治哲学的这样一种理解：在其中没有政治共同善概念的地位，也没有对公民身份做出政治定义的空间，而且，他只能把公民设想为投身于公平的社会合作的、自由的和平等的道德人。"[①]

值得提出的是，罗尔斯在受到社群主义者的批评后，他在《政治自由主义》一书中说明了他要解决众多社会制度的正义形式的一个基本争论，并不是要制作一个适用于所有社会类型的正义观念。这其实是罗尔斯自己对前期理论的自我修正，反而更加证明了墨菲对于罗尔斯理论谬误点捕捉的精准。的确，罗尔斯的政治哲学呈现出来的仅仅是特殊类型的道德哲学，一种用以调解社会基本结构的公共道德。罗尔斯的政治哲学的主题是政治伦理学，他的观念却排除了对政治哲学的这样一种现实理解，在其中没有政治共同善的地位，也没有对公民身份作出政治定义的空间，而且，他只能把公民设想为投身于公平的社会合作的自由的和平等的道德人。

哈贝马斯和罗尔斯的自由主义民主理论有着明显差异，一是罗尔斯看重分配的程序，倡导一种分配的正义，通过分配的过程试图建立一种参与的共识，将正义和政治完全分割开来。而哈贝马斯的审议民主是把道德引入政治，通过公民的自由参与，建立一套理性的、普遍的审议程序；二是罗尔斯的自由主义试图建构"民主自由主义"，回答自由与平等之间的问题，亦即对于潜藏于过去几个世纪，民主理想所一直存在的不一致，提出解决之道。而哈贝马斯主要是通过建构一种民主的程序理论，寻求主权和人权的共源性；三是罗尔斯试图追求实体的正义，而哈贝马斯寻求的是一种沟通和共识，坚持一种程序正义。墨菲并没有关注罗尔斯与哈贝马斯自由主义思想的差异性，而是将批判定格于二者的家族相似性方面。二者的自由主义思想都试图努力连结民主与自由主义，认为透过适当的程序，经过理性协商，可以同时满足理性与民主的正当性。但二者的理论也存在，墨菲将哈贝马斯和罗尔斯的批判放在了同一个理论位阶上，原因在于他们都忽略了现实的对抗、冲突、不稳定等差异性的存在，从而使民主思想陷入一种民主幻觉中。当

---

① [英] 尚塔尔·墨菲：《政治的回归》，王恒等译，江苏人民出版社 2005 年版，第 74 页。

然，墨菲并不反对"理性共识"，只是对哈贝马斯和罗尔斯的实现"理性共识"的理论感到不满，于是，墨菲提出了"冲突的共识"，来反驳"理性共识"。在某种意义上讲，冲突共识的理论目的就是希望通过正确评估当代社会的现实冲突，而完成"理性共识"所不能完成的民主使命。但是，墨菲并没有止步于对新自由主义民主构想的批评，在揭示了哈贝马斯与罗尔斯的理论缺陷之后，墨菲又开始了对吉登斯关于"第三条道路"的民主思想展开批判。

二、对"第三条道路"的批判

自由主义所呈现的问题，同时也出现在西方一些左翼的理论主张和实践上。例如吉登斯提出"对话民主"（dialogical democracy），尝试发展一种自主性的沟通。自从英国的新工党掌握政权之后，布莱尔就把吉登斯作为自己的精神导师。"第三条道路"是指新工党标榜自己的施政纲领的民主行为，是社会主义民主与新自由主义之外的"第三条道路"。无论是英国的布莱尔还是德国的施诺德，他们都主张取消管制与降低税赋以提高教育与训练，强调终结工作场所的冲突，诉诸共同体的团结精神，以强化所有团体之间的团结对话。在此政治背景下，吉登斯在《第三条道路》、《超越左与右——激进政治的未来》、《现代性的后果》等著作里面，阐明了第三条道路的理论架构。吉登斯揭示了在苏联和东欧社会主义政权衰落之后，全人类在政治、经济和生态方面濒临的五种两难困境：一是经济全球化。它涉及跨越全世界的各种联系。在经济全球化的大背景下，通讯技术和信息技术广泛传播，世界金融市场的作用无限扩大。但吉登斯认为，全球化的内容"无论如何也不仅仅是、甚至不主要是关于经济上的相互依赖，而是我们生活中的时—空的巨变。"[1]"民族—国家"的形态正在发生着改变，全球化正是从"民族—国家"中脱离出来，创造新的需求，也创建了重建地方认同新的可能性。世界性政治正由"管理"向"统理"转变；二是新个人主义。"团结"曾经在很长的时期内都是社会民主党派的主旨，新个人主义出现，标志着传统和习惯从人们生活的隐退，使集体主义的意识形态发生逆转。现在，随着公共价值和公共关怀的瓦解，人们很容易把当代社会理解为一个道德沦丧的年代。吉登斯

---

[1]　[英]安东尼·吉登斯：《第三条道路：社会民主主义的复兴》，郑戈译，北京大学出版社2000年版，第33页。

认为，与其把社会理解为一个道德沦丧的年代，不如理解为"道德变迁"更为合适，这样，我们必须采取比过去几代人更为积极的努力来塑造自己的生活。三是左与右划分的问题。当前，很多西方政治思想家认为左与右的划分已经过时了，但是吉登斯认为这种观点是不准确的，他借用一位西方政治思想家的观点认为，"左和右的分类一直在对政治思想施加着影响，因为政治必然是充满对立的。政治的实质是针对相反主张和政策的斗争。"① 但是全球化和共产主义的衰落一起改变了左和右的形态。在一些工业国家中，虽然已经没有极左翼可言，但是却存在着极右翼。他们共同定位为对全球化的回应。极右翼的主旨是经济和文化保护主义，例如布坎南（Pat Buchanan）公然宣称"美国优先"，为民族分离分子和强硬的限制移民政策辩护。随着左与右情况的改变，大量的其他问题和可能性也渐渐显露出来，人们必须关注社会正义和社会价值与这些问题变迁的相关性，"我们还必须在传统左派的'解放政治'中，添加上我曾在别处所称的'生活政治'……相对于'解放政治'关注的是生活机会而言，'生活政治'关注的是生活决定。这是一种如何选择身份及相互关系的政治。"② 上述问题表明，社会民主党应该以一种全新的眼光来看待政治中间派，现在出现的"活跃的中间派"抑或"激进的中间派"并不必然与"温和的左翼"是一个概念，"因此，'中—左'术语并不仅仅是一个标签。革新后的社会民主党人必须站在'中—左'一边，因为社会正义和解放政治仍处在它的核心。但是'中间'不应被视为缺乏自己的主旨。"③ 对于传统以及新颖的政治问题，都需要将他们从生活方式多元化的脉络中编织而成。四是政治新主体的确认问题。"政治的终结"和全球市场化导致的"国家的隐没"，在当代理论中不时出现，例如贝克（Ulrich Beck）探讨了"亚政治"的问题，即从议会向社会中"单一团体"的转移。新社会运动、社会集团、非政府组织、全球性的大企业开始在国际政治舞台上扮演自己的角色。"挑战者党"一直在寻求对正统的政党展开攻击的方式来激发

---

① ［英］安东尼·吉登斯：《第三条道路：社会民主主义的复兴》，郑戈译，北京大学出版社2000年版，第41页。

② ［英］安东尼·吉登斯：《第三条道路：社会民主主义的复兴》，郑戈译，北京大学出版社2000年版，第47页。

③ ［英］安东尼·吉登斯：《第三条道路：社会民主主义的复兴》，郑戈译，北京大学出版社2000年版，第48页。

民众的这类情绪。公民主动成立的各种组织已经撇开政治家而单方面取得权力，正是他们而不是政治家，在行动计划中提出生态保护问题和其他新的关注点。吉登斯认为必须关注这种力量，因为这些公民群体导致了1989年的东欧转型，"在'没有复印机和电话'的情况下，他们'能够通过广场举行的聚会的方式迫使统治集团退却和瓦解'。"① 所以，必须既要在实践上，又要在法律上对不同的特定利益集团所提出的相互分歧的利益要求进行协调。五是生态问题。生态问题的重要性超过了绿色社会运动的任何影响，自从可持续发展于1987年被纳入《布伦特兰委员会报告》以来，它逐渐成为环境保护组织的压倒一切的关注点。但是该报告只是给"可持续发展"一个具有"迷惑性的简单定义"，"即当前的一代'保证它在不损及下一代满足其自身需要的能力的前提下，来满足现实需要'的能力。"② 但是吉登斯认为，尽管"可持续发展"的定义不明确，但是却将社会民主和生态方面的关注联系起来了，生态现代化是一个国家政策的问题，而各种环境危害却跨越了国家的边界。生态问题向人们提出了这样的问题：怎样把对生态问题的考察整合到民主政治中？吉登斯在论述"五种两难困境"的基础上，提出了"第三条道路"的政治："第三条道路"政治的总目标，应当是帮助公民在我们这个时代的重大变革中找到自己的方向，第三条道路不是与全球化或者自由贸易中的"一揽子协议"相等同，"第三条道路政治在明确承认它所关注的问题范围比旧的'左—右'分野构架下更加广泛的同时，保留社会正义问题仍然是核心的关注点。平等和个人自由也许会发生冲突，但是立足于平等的各项措施也常常会扩大那些向个人敞开的自由的范围"。③

那么，如何解决人类当前在政治、经济与生态方面存在的上述五项两难困境呢？吉登斯提出了"对话民主"策略，试图从政治伦理途径来解决上述问题。

吉登斯认为今天的民主政治的进步表现在四个领域，一是个人生活领域，

---

① ［英］安东尼·吉登斯：《第三条道路：社会民主主义的复兴》，郑戈译，北京大学出版社2000年版，第53页。

② ［英］安东尼·吉登斯：《第三条道路：社会民主主义的复兴》，郑戈译，北京大学出版社2000年版，第59页。

③ ［英］安东尼·吉登斯：《第三条道路：社会民主主义的复兴》，郑戈译，北京大学出版社2000年版，第68页。

由于去传统化反思的扩大改变着从前的婚姻、性关系、友谊、亲子关系、亲属关系特征，这些变化虽发生在个人生活领域，却在全世界范围产生影响；二是社会运动和自助团体领域。这样的运动和团体表现了今天本土与全球生活反思性的提高。社会运动，尤其是自主团体在众多的领域中发挥重要作用。他们可以强行进入从前不曾讨论过的社会的松散领域，自主团体在专家那里夺取权利方面以及更普遍地在行业专业技术的恢复方面发挥了重要作用；三是大型组织如巨型公司内部民主化在全球化与反思的联合影响在其中表现得十分明显；四是在全球意义上，对话民主是指民主体制的民主化，连接民族国家的"空的"或"无秩序"的领域应该填满。吉登斯认为，识别上述潜在的民主环境的变化使我们有可能看到民主与建立新的团结的联系。在后传统社会中，增加团结意味着"积极的信任"，所谓"积极的信任"就是根据具体条件来确立不同的信任关系。"积极的信任"是双方的、透明的、全面的。"积极的信任"肯定了自主、保护了多样性的存在，既强调了责任也强调了权利，没有责任就没有权利。吉登斯认为，应该在社会的各个领域中都培养积极信任，在夫妻关系和亲情关系之间，在政府机构内部以及机构之间；在中央和地方之间；在土著人和移民之间……各个领域都应该培养积极信任。①

上述第四个意义意味着吉登斯世界性民主理论的生成。世界性民主，是由戴维·赫尔德最早提出，意指在全球化的层面上进行运作的民主。针对现代性的民主危机，吉登斯从全球激进政治的角度提出了对话民主概念，力图重构"全球世界主义秩序"的激进政治。吉登斯认为解放政治实际上意味着人类对大自然的破坏、对资源的争夺，其结果导致全球生态危机和资源危机。在解放政治的进程中，人类没有获得幸福和自由，随着现代道德的全面沦丧，精神文化越来越贫瘠，生存性的焦虑和不安全感日益增加。因而，全球性的对话已经成为必要。对话民主提出的政治背景是协商民主的发展。吉登斯认为对话民主得益于协商民主理论的发展，协商民主概念，强调的是所有观点都听得到的公开讨论过程可以使结果合法化的方式，而不是作为寻找正确答案的发现过程。协商民主观点对于民主国家的民主化具有十分重要的意义，政治合法性不会仅仅因为民主选举机构——代表和议会的力量而得到

---

① ［英］安东尼·吉登斯：《超越左与右——激进政治的未来》，李惠斌等译，社会科学文献出版社 2009 年版，第 89—94 页。

保持，协商民主的原则在建立和保护这种合法性过程中变得越来越重要。但是吉登斯也指出，协商民主理论有其局限性，"米勒的协商民主概念被限定在正式的政治领域。但是，我们今天需要考虑在更大的秩序中实现的和潜在的民主化的可能性。"① 因此，就需要一种扩展了的民主概念，即对话民主。吉登斯理解的对话民主不是代议制民主的延伸，也不是它的补充，对话民主创造了社会交流的形式，主要不是关心增加权利或代表利益，它关心的是推进文化世界主义，是把自治与团结连接起来的一座桥梁。对话民主不是局限于一个国家，处在全球化和社会反思的情况下，对话民主制在自由民主政体范围内鼓励民主国家的民主化。

把吉登斯的对话民主同哈贝马斯的审议民主相比较，则更容易理解对话民主的含义。二者的主要区别如下：一是哈贝马斯将审议民主限定在经济和道德领域，而吉登斯将对话民主扩展到政治之外的所有生活领域。二是哈贝马斯的审议民主用一种理想的商谈和决策程序来作为民主政治的基础，程序在审议民主中是非常重要的。而吉登斯的对话民主则不需要严格程序，吉登斯认为对话民主不是思想家的理论假想，而是在公共领域和私人领域自发生长出来，它不是目的或者行为，而是一种价值来对人们的行为进行指引。三是审议民主试图通过价值的交换、辩护及审视，对多元主义进行包容，而对话民主只是意味着提供人与人之间彼此相处的宽容手段，对话民主要求达成共识，而是希望通过他人的整体评价获得建立积极信任的能力，以对话民主坚持反对各种类型的原教旨主义。"它并非指所有分裂和冲突都能够通过对话来消除——远非如此，它也不意味着在任何制度和关系中对话都必须继续下去。"② 也就是说，透过对话并不意味着所有的意见不一致或冲突都可以获得解决，也不意味着在任何社会体系或者社会关系里对话必须持续。对话应该被理解为根据对他人诚实品质的理解，而开创积极信任的能力。信任是梳理社会关系秩序的一个手段，它主张"必要的沉默"，承认每一个人或团体在与其他的个人或团体所持续存在的社会关系里继续生活。

墨菲认为吉登斯的"第三条道路"理论设想世界各国放弃建构自己的政

① [英] 安东尼·吉登斯：《超越左与右——激进政治的未来》，李惠斌等译，社会科学文献出版社 2009 年版，第 88 页。
② [英] 安东尼·吉登斯：《超越左与右——激进政治的未来》，李惠斌等译，社会科学文献出版社 2009 年版，第 88 页。

治霸权，过分强调共识，这在实践中是行不通的，反而助长了以美国为代表的强权政治国家独霸世界政治格局的野心。吉登斯从理论上消灭了"左与右"的划分，过分强调了无冲突的政治规划。他的对话民主规划和他的政治理论连结起来，试图在后传统社会理论框架下，从政治生活中消除对抗的维度。"这些观点当然是在 2001 年 9 月 11 日之前出版，但是今天，随着'以战争对抗恐怖主义'思想的懈怠，他们毫无希望地被废弃。"① 墨菲指出吉登斯的理论错误在于，表面上看是重构社会民主制度，实际上这种假设性的重构，不过使他自己接受现在的资本主义政治逻辑。社会民主总是面对资本主义逻辑所产生的不均衡和并不稳定状态而进行剧烈的运动，但是，吉登斯却简单地在全球性的市场力量和多种多样的问题之间建立一种简单的连结，这些问题从政治团体之间的相互排斥到环境风险。吉登斯只有在这种状况下才能描绘其"对话政治"的轮廓，对话政治的目的是将各种矛盾从复杂的社会中予以解决，并消解政治的对抗模式。对于吉登斯的民主理论，墨菲站在左翼立场上，一针见血地指出吉登斯对话民主理论给左翼政治造成的严重后果："这就是为什么（左翼）不能挑战新自由主义霸权的原因。"②

综上所述，墨菲对新自由主义和中—左翼的民主思想的批判，无疑是中肯的。面对福利国家的合法性危机问题，无论是新自由主义抑或中—左翼都抱有一种幻觉，他们认为通过一种理性的、友好协商的民主程序抑或一种对于日常生活的反思就可以解决这些危机，这是他们没有正视社会的现实所致。那么，墨菲自己又是如何构建新的民主社会的目标呢？正如前面所述，墨菲的政治目标是"激进和多元的民主"制度，但是"激进和多元的民主"仅仅是一个理想，它需要具体模式作为依托。于是，墨菲在民主批判的基础上，提出了原创性的民主模式："竞争民主模式"。

第二节　竞争民主：激进和多元民主规划的具体形态

墨菲对于罗尔斯、哈贝马斯以及吉登斯等人的民主理论批判的主要原

---

① Chantal Mouffe, *on the political*, London and New York:Routledge Press, 2005, p.59.

② Chantal Mouffe, *on the political*, London and New York:Routledge Press, 2005, p.60.

因，是因为他们的民主理论对于现实社会诸多冲突与对抗问题的忽略，面对福利国家现实社会复杂的社会危机，他们在各自的理论领域内无能力提出解决之道。墨菲的竞争民主理论则与此相反，能够直面当今社会的各种激烈冲突。墨菲从"施米特的挑战"出发，通过对施米特"敌友关系"理论的阐释和批判，形成了与施米特理论的视界融合，然后又借助于海德格尔的本体论思想，完成了竞争民主的政治哲学理论建构。

一、民主的悖论

"民主的悖论"是指民主和自由之间作为人类理想价值，二者之间的矛盾和张力。对民主悖论的探讨，是墨菲竞争民主模式构建的一个前置话题。墨菲所讨论的民主的悖论有两项内容：一是墨菲讨论了施米特对于民主和平等之间的二律背反关系的考察基础上，发现民主和平等之间存在着不可消除的张力，墨菲采取的研讨方法是以"施米特来反对施米特"；二是墨菲通过研究施米特的"民主悖论"来发现罗尔斯、哈贝马斯的自由主义民主思想以及吉登斯为代表的"中—左"派思想的去政治化倾向，进而指出权力、对抗和政治是民主的不可根除的特征，忽视这些基本的民主元素就会给世界政治带来灾难性的影响。

施米特的《政治的概念》一书于1923年出版，当时的魏玛共和国政局动荡，施米特出版此书的目的是欲挽救濒临灭亡的魏玛共和国。但是当魏玛共和国大势已去后，施米特又投靠了希特勒的纳粹政权。学术界对施米特的评价是褒贬不一的，传统理论界多是从道德角度对他进行批判，送给他诸如如"法西斯理论家"，"反犹太主义者"等多顶谩骂性的帽子。但正如尼采所言，有一种人是在死后才诞生的，1983年《施米特——帝国主义的理论家》一书的出版后，"卓越的民主理论家""保守的革命派""现实主义政治学家""19世纪传统的自由派"等桂冠又纷至沓来。施米特独特的理论风格对墨菲产生了极大的理论引力，墨菲试图从一个多变的施米特中发现一个竞争民主意义上的施米特。墨菲对于施米特的研究主要集中于她的《施米特的挑战》一书，该书展示了英美新左翼对施米特研究的最新成果，施米特与马克思主义的关系从而成为墨菲等英美新左翼研究的重点之一。墨菲同其他研究者的不同在于，她并没有对施米特作出道德或者非道德的单向度评判，而是从施米特对议会制的批判中发现施米特的理论盲点，并进行正反的客观评判，"为了给关于自由民主政体的彻底研究构建规范，研究他的本质和所提供的可能性，我想以它的一个最杰出的和不妥协的对手——卡尔·施米特——的著作作为我的出发点。""……相信下述想法则显得浅薄了，他后来成了国家社会主义党的成员，这意味着我们可以轻易地忽视他。相反，我相信正是通过直面这样一个严厉而敏锐的反对者的责难，我们才会成功地把握住现代民主的主导观念的弱点，而目的是改善它。"①这充分表明了施米特对墨菲政治哲学的重大影响。施米特在《议会制民主的危机》一文中，对自由主义民主提出如下批判：一是民主和平等是冲突的，平等者应该被平等地对待，这就必然暗示不平等者应该被不平等地对待。民主要求同质性，排斥差异和对抗，但是现实中到处存在着差异和对抗，所以绝对的人类平等是一种缺少了必要的相对物——不平等——的平等，这种平等因为剥夺了平等的实质性和平等的价值，因而是毫无意义的；二是自由和民主之间有着不可消除的张力。代议制民主把两个完全异质性原则连结到一起，一个是民主的同一性原则，另一个是与君主权相适应的代表权原则。代议制因素成了民主制度的非民主方面，议会是政治团体的代言机构，是民主的对立物，鉴于上述原因，议会制和民主联合起来的原则是勉强的和不合法的；三是议会应该限定在私人领域的事情，民主则是公共领域的事情，但是，随着民主的发展，由于议会制和民主的非法联姻，造成政治开始入侵私人领域，议会成了各种竞争性团体相互抗衡的场所，这标志着自由国家与民主的终结，议会已经失去了它先前的基础和意义。施米特的思想对于民主政治的发展无疑是富有挑战性的。墨菲既没有全盘接受施米特的政治观点，也没有和传统批评家一样对施米特的政治立场进行严厉讨伐，而是客观地对施米特的思想进行研究，得出如下结论：

第一，施米特的观点是受了神学政治的影响。墨菲从施米特思想的根源开始探讨，认为施米特的思想中潜存着神学政治模式的幻影，他以神学政治来否定政治哲学。在施米特的思想中，"政治"的范型不是现代民族国家，而是宗教战争，因为现代国家只是"人的作品"而不是"神圣的起源"。在施米特的内心深处，真理只能来自神圣的上帝和神秘力量的启示，根本不可能出自理性的讨论，人们对日常政治的理性思考是没有意义的。"施米特不

---

① ［英］尚塔尔·墨菲：《政治的回归》，王恒等译，江苏人民出版社 2005 年版，第 158 页。

承认新的社会形式已经从神学政治模式的崩溃中产生出来。"① 由于神学思想的影响，施米特不愿意承认现代民主的多元性，他固守传统民主的特性，认为共同的善、单一性、同质性和集体意志就是民主的特征，因而在他眼里，民主和议会制是一对不可调和的矛盾。施米特认为现代国家的所有重要概念都是世俗化的神学概念。因此现代政治学的理论其实是神学的一种世俗化，是为非宗教目的而对神学的概念和态度所进行的一种改造，所以施米特的观点不可能有任何突破和新的东西，也不可能从他这里获得一个民主的合法形式。他的神学观点使他对民主深切敌视，这导致施米特政治上的短视，不能发现民主制度的价值，从而造成对多元主义的拒斥，为集权主义打开便利之门，这种思想导致他对纳粹政治从行为上接受并追随希特勒。

第二，施米特为"敌友关系"留下了理论空间。"敌友关系"也可以有暂时的和偶然的同质性。政治的标准，就是敌友关系，如果存在着"我们"，就一定有一个对立的"他们"，政治始终是和冲突与对抗相关联，任何同质性都是以排他行为为基础的，自由主义把社会领域区分为公共领域和私人领域，把各种社会矛盾放逐到私人领域，从而认为以国家为基础的政治是中立的，这不过是一种幻想。离开了冲突和对抗无法理解政治。但是施米特又认为在某种条件下，"我们"可以和"敌人"达成某种妥协，"所有宗教的、道德的、经济的、伦理的或其他的对立，只要它们足够强大，能有效地按照敌友关系把人们连成团伙，他们就会变型为政治形式的对立。"② 虽然从长期看，敌我之间不可能结成同一的共同体，但可能会暂时形成某种妥协，为某种目的而结成一个群体，这种可能性会在政治关系中时常浮现，从而会对道德、美学或经济产生影响。

第三，施米特虽然悲观地认为民主和自由之间的冲突不可根除，但是他认为民主和专制主义政体在一定条件下可以相互兼容。"法西斯主义同所有的独裁政治一样，他们肯定都是反对自由主义的，但他们并非必然是反对民主的。"③ 施米特似乎从古希腊的直接民主和卢梭的激进民主思想中受到启

---

① [英] 尚塔尔·墨菲：《政治的回归》，王恒等译，江苏人民出版社 2005 年版，第 146 页。

② [德] 施米特：《政治的概念》，参见 [英] 尚塔尔·墨菲：《政治的回归》，王恒等译，江苏人民出版社 2005 年版，第 165 页。

③ [德] 施米特：《议会制民主的危机》，参见 [英] 尚塔尔·墨菲：《政治的回归》，王恒等译，江苏人民出版社 2005 年版，第 146 页。

发，他倡导以全民公决的方式来代替议会制民主。按照他的逻辑，自由主义否定民主，民主又否定自由主义，于是议会体制出现了危机。危机的根源是自由主义，秩序把有关道德、宗教和经济等问题限定在私人领域，通过这种方式，同质性被建立起来，民主的原则在这种同质性下被确立。但是在现代社会，国家向日益广泛的领域干涉，这样，政治消除了"中立"的特征，各种社会关系开始利益化了，议会体制作用开始减弱，许多重要的决定并不是通过真正的辩论和协商，而是通过国家干预的方式作出，议会成了一个履行程序的场所，也成了各种利益相互抗衡的场所。议会体制因此丧失了公众信任，议会之下的民主已经没有理论支撑。施米特认为民主的危机并不是来自于集权主义，而是来自于自由主义和民主之间存在着不可避免的矛盾。"即使法西斯主义被禁绝了，当代议会主义的危机也不会有丁点的好转，因为这个危机的出现并不是因这两个对手的出现而导致的；他们之前就存在那里了，而且，他们之后还会存留。毋宁说，这个危机是源起于现代大众民主，退一万步讲，它也是源自自由个人主义的某些矛盾，从本质上来说，这种个人主义受政治理想的牵制，背负着一曲道德悲歌，充满一腔民主伤感情怀……从深层次来讲，他就是自由个人主义和民主同质性不可避免的矛盾。"①

第四，施米特的理论视野中缺乏对政治与民主关系的深刻洞察。墨菲认为施米特无法从政治的角度来解释多元主义与民主的关系。因此，他提出的"民主的悖论"是一个虚假的二元悖论：要么采用民主专政，国家将其秩序强加给多元自由的市民社会；要么在自由主义民主中，社会的多元主义将掏空政治的同一性，使社会蜕变为霍布斯的"自然状态"。"我相信民主必须同多元主义相适应，因为在现代民主条件下，人们不能再把'人民'说成一个具有单一普遍意志的统一与同质性的实体，在此情况下，单单是政府与被统治者同一性的民主逻辑并不能保证对人权的尊重。只有与政治自由主义结合在一起，大众自治逻辑才能不致沦为暴政。"②墨菲继而分析指出，施米特对于政治同一性的理解是"已经既定的因而是稳定的"，他对于"人民"身份认同的理解也是如此。因此，他的"敌我之分"仅仅是对既定疆界的确认，

① [德] 施米特：《议会制民主的危机》，参见 [英] 尚塔尔·墨菲：《政治的回归》，王恒等译，江苏人民出版社 2005 年版，第 160—161 页。

② [英] 尚塔尔·墨菲：《政治的回归》，王恒等译，江苏人民出版社 2005 年版，第 141 页。

而不是政治建构性的。但这种立场是自相矛盾的。一方面,如果多元主义真的可以导致国家同一性的瓦解,那么说明这种瓦解是一种特定的政治可能,这也就意味着国家同一性的本身存在一些偶然原因,是具体政治建构的产物。而在另一方面,施米特又将同一性表达为一个明显的既定事实,似乎可以无视其生成的条件。

第五,将多元主义引入到施米特悖论理论中,能够帮助人们把握当前政治任务的复杂性。施米特承认了冲突和对抗是政治的不可根除的属性,这对于民主的重建者来说,无疑是获得一把钥匙,就是把民主的逻辑和多元主义逻辑相连结。当然多元主义和民主的连结必须是有机的,而不是对多元主义的滥用,比如"总体化的多元主义"。传统的民主理论被一种等值性和同质性的逻辑所填充,因而使民主变成了不民主,个人自由明显地被这种等质性和同一性逻辑放置于危险的境地,于是民主出现了危机,但是民主同多元主义结合之后,等值性的逻辑和差异性逻辑建立了联系,这两种逻辑之间存在的张力,界定了多元主义民主的本质,这种多元主义民主符合现代政治学的偶然性和不稳定性特征。"我们应该感谢它,并把它看成是一种受保护而不是被消灭的东西……现代民主充满活力并因多元主义而得到充实,而那种清理掉它的想法只会导致政治的消亡和民主的解构。"①

墨菲对"施米特挑战"的讨论用她自己的话说,就是"用施米特来反对施米特",她肯定了施米特对于民主和自由之间的张力的发现,但摒弃他的潜在意义上的神学政治观。墨菲通过与施米特的视界融合揭示出新自由主义的去政治化理论倾向的错误,并为竞争民主模式的廓出作了理论上的铺垫。

二、竞争民主模式的廓出

自由主义民主是当代资本主义的"王者体制",近代自由主义的发展可以进一步区分"政治自由主义"和"经济自由主义"。政治与经济之间的关系难以割舍,从而影响到日后自由主义内部有关民主理论的建构与实践上的辩论。这也是新保守主义、新自由主义、新右翼、第三条道路等思潮形成的背景。自由主义有关民主的建构,连带出现于社会主义阵营。有关民主与社会主义之间的关系如何定位与如何定性的问题,不同的社会主义流派提出不

---

① [英]尚塔尔·墨菲:《政治的回归》,王恒等译,江苏人民出版社 2005 年版,第 179 页。

同的解决方案,但有两种极端看法需要说明一下。一种极端的看法是把民主列为首要地位,社会主义则是民主的附属;另一种极端的看法是认为以追求社会主义为首要目标,主张将民主加以搁置。其他的社会主义则大多介于两者之间,持中庸混合的看法。至于马克思本人则主张将民主与社会主义相结合,从马克思批判黑格尔的法哲学可以窥见马克思主义的"真正的民主"不求取形式上的民主,而是除了形式之外,还需要涵盖社会主义,也就是社会主义民主。因此马克思认为民主包括政治、经济、社会与文化的民主,它蕴含着以阶级对立为基础,将经济解放作为政治解放与社会解放的前提,以达到改变世界之目的。

墨菲认为,对于诸如民主与自由主义、政治自由主义与经济自由主义等概念应该作区别。原因在于如果这些概念不正确区分,而予以统称为自由主义,那么民主政治所捍卫的现代性,将沦为"北大西洋的民主制度与实践辩护"。她认为自由民主是一种体制(regime),对于自由民主的讨论,应该限定在政治层次,而不是探讨自由民主与资本主义的关系,"我认为将自由民主与民主的资本主义区分开来,并且以古典政治哲学的体制来理解自由民主是重要的,它是社会的一种政治形式,完全由政治的层次所界定,不考虑与经济关系有任何可能的接合。……理解为一种体制,涉及的是各种社会关系的符号秩序安置,更甚于只是'政府的形式'。它是一种在政治上编入人类共存的独特形式,是两种不同的传统接合的结果:一方面是政治自由主义(法治、权力分立与个人权利),以及另一方面是人民主权的民主传统。"[1]对于自由民主体制的讨论,指涉的是社会的政治形式与政治自由主义,不是经济主义和个人自由主义。如果自由民主是一种体制,那么又是何种民主政治来维护和展现这个体制呢?于是墨菲提出了"竞争民主"模式(an Agonistic Model of Democracy)。

本书在第四章中已经明确了墨菲构建的公民身份,是具有政治本体论意义上的公民身份。与此相对应,墨菲竞争民主模式的提出,也是以明确政治本体论意义上的民主概念为基础的。

在西方的政治思想史上,政治始终是一个有争议的概念,政治在英语世界至少有两种表达,一种是"politics",另一种则是"the political"。前一种

---

[1]　Chantal Mouffe, *The Democratic Paradox*, London and New York: Verso Press, 2000, p.18.

说法，是政治的传统理解，即一种决策的过程。《布莱克维尔政治学百科全书》对"politics"的界定是"政治是在共同体中并为共同体的利益而作出决策和将其付诸实施的活动。"[①]"the political"则是强调这种活动过程的性质。这种性质的规定使得这种活动过程属于某个特定领域，即"政治的"领域。从这个角度看，"the political"是对"political"的一种规定和限制。萨托利（Giovanni Sartori）认为政治这一概念在当今世界被滥用，面临"身份危机"。其实，在西方政治思潮的发展历史中，政治地位的独立性经常受到侵蚀。在古希腊时代，政治成了道德的奴婢，柏拉图在《理想国》里提出使道德理念和公共权力合二为一的哲学设想，亚里士多德则进一步指出，个人和城邦本质上就是一种以道德为目的性的存在，个人实现美德与城邦实现正义是相通的。因此，政治只是被用来寻找"至善"的工具。到了中世纪，政治又被神学所遮蔽，基督教认为每个人都有原罪，上帝成为至高无上的权力象征，任何现实生活中的人及组织在上帝面前就显得渺小和无能。无论是古希腊还是中世纪，伦理和道德都对政治构成限制。文艺复兴时代的马基雅维利一反以往的固有观念，以性恶论为基础构筑自己的政治学理论体系，马基雅维利对于政治的理解就是类似于狮子和狐狸等兽类的撕咬和角逐，道德和伦理被清扫出去，这是一种独立的政治，既不依附于道德，也不是中立的国家观，而是以霸权为特征的政治。从马基雅维利开始，政治获得独立的地位。所以，葛兰西认为马基雅维利所做的一切都是为了使政治得以回归。

但是在现代的西方世界政治格局中，政治话语和政治行为却处于极度衰败的状态之中，在政治生活话语中普遍出现一种"反政治的逻辑"。例如在美国，资本主义的经济发展导致了公司的扩展，公司的权力和财富开始决定美国的政治方向，政客们为拉拢选票，广泛游说。但政客的背后则是庞大的财团，他们建立庞大的公共关系机构，赞助两党，影响竞选。马克思的关于"经济基础决定上层建筑"的政治理论在美国反而得到最有效果的验证。但是伴随着资本主义的发展，公司在政治和文化中垄断地位的加强，时代华纳电影公司、迪士尼公司以及 ABC 广播公司这些媒体巨头的空前壮大，公共领域的意识形态霸权也被他们所垄断。公司的统治导致一个完全非政治化的

---

① ［英］戴维·米勒、韦农·波格丹诺主编：《布莱克维尔政治学百科全书》修订版，邓正来等译，中国政法大学出版社 2002 年版，第 629 页。

公共领域的出现，华丽的言论和声色犬马代替了严肃的政治讨论，取代了民众的民主参与。美国前总统克林顿的性丑闻反映了美国社会对政治体制、政客以及一般意义上的政治的普遍怀疑、敌视和疏远的态度，性丑闻意味着民众的视线从当代主要的社会问题上转移开来，主流政治话语被掩盖了。非政治化的公共领域一般具有五个特征："明确地逃避政治领域；公民权和民主参与价值的衰落；公共话语的萎缩和独立思想的腐蚀；通过权术或社会治理实现社会变革能力的削弱；以及最终缺乏对什么是独一无二的公共领域、竞争的个人和地方性要求之间相互影响中形成普遍利益的社会理解。"① 这些普遍存在于市民社会之中的政治冷漠情绪，同犬儒主义、非理性主义、神秘主义、共谋理论等结合起来，导致传统政治激情的衰退和公共领域非政治化观念的流行。

墨菲对于"政治"独立的见解散见于《论政治》、《政治的回归》等著作中，她认为传统理论并没有揭示出两种政治的根本区分。在墨菲的政治观中，"政治（political）"限于社会科学的调查，而"政治的（the political）"则是对于市民社会表象行为的广泛解释。政治科学是针对政治帝国领域的政治，是哲学家领域中讨论的事实，不是政治的学理解释而是政治的本质，这种本质可以称之为"政治的"。换言之，"政治"是一种社会秩序，而"政治的"则是一种本体论意义上的冲突和对抗以及差异，"政治"和"政治的"是表象和本质的关系。

墨菲借助于德国哲学家海德格尔对于存在的讨论，展开对于两种政治观的异质性研究。海德格尔认为，在传统的本体论哲学中，存在问题根本就没有被讨论过。亚里士多德把"存在者之为存在者"作为第一哲学关心的问题，亚里士多德非常注重本体和其他关系的讨论，把这个问题看作是对"存在者之为存在者"问题的回答。他认为，本体是使存在者之为存在者的本质和原因，因为本体是能够独自成立的，而其他存在者只能依附在本体上才能成立。海德格尔不满足于亚里士多德把"存在者之为存在者"的问题归结到本体论上去，因为亚里士多德并没有解答存在者为什么存在。海德格尔提出疑问："存在本身（这里不只是指存在者之所以为存在者的意思）是从何处

---

① ［美］卡尔·博格斯：《政治的终结》，陈家刚译，社会科学文献出版社2001年版，"导论"第29页。

获得规定性的？如果不首先提出和解决这个问题，我们是无法把握这种一致的。"①海德格尔认为，古希腊哲学之所以讲不清楚存在的问题，是因为他们的提问方式出了问题。"什么是存在"是一个伪命题，因为存在本身就是"是"的意思，这样的提问，把存在又转换为名词。"我们总是带着对存在的领会生活着而它的意义却依然在黑暗之中这个事实证明，从原则上重新提出这个问题是很有必要的。"②海德格尔认为应该用"存在者为什么存在"来提问。这样，海德格尔的"存在"已经突破了传统哲学的讨论，将"存在"视为本体论意义上而存在。海德格尔对存在的本体论意义上和传统意义上的讨论，激发了墨菲对政治的本体论状态与秩序的政治之间的区别的灵感。"如果我们想表达这样的区别，我们需要从海德格尔那里借用一个词汇。海德格尔说的政治指的是'存在论'状态上的存在。这意味着存在与传统政治相对应的实践，与存在论与社会的构建采用哪种方式有关。"③关于什么是"政治"的争论。墨菲认为传统意义上，把"政治"设计为一个自由和公共的商议空间，这仅仅代表秩序的政治，而本体论意义上的政治则是不可根除的"权力、冲突和对抗"。墨菲从海德格尔的对于存在的探讨区分了"政治的"和"政治"。"所谓'政治的'，我指的是内在于所有人类社会的对抗性维度，这种对抗可能呈现为很多不同的形式，并可能出现在各种社会关系之中。而'政治'则是指各种实践、话语和制度的集合。人们试图利用它们来建立某种秩序，使得大家在总是存在潜在冲突——这是由于受到'政治的'方面影响——条件下能和平共处。"④

在区分"政治的"和"政治"之后，墨菲又回到了讨论了施米特的"友敌分判"问题。施米特指出，"友敌分判"是政治决断，但这个政治决断不是一般道德上的善、恶对立，也不是艺术上的美丑对立，更不是经济学上的相互竞争。要真正探求政治的定义，只有藉由发现与界定特定的政治范畴才能获得，这个特定的政治范畴就是将政治行动与政治动机化约为一种敌友关

---

① 俞宣孟：《海德格尔》，参见侯鸿勋、姚介厚编：《西方著名哲学家评传续编》下卷，山东人民出版社 1987 年版，第 152 页。

② 俞宣孟：《海德格尔》，参见侯鸿勋、姚介厚编：《西方著名哲学家评传续编》下卷，山东人民出版社 1987 年版，第 153 页。

③ Chantal Mouffe: *on the political*, London and New York: Routledge Press, 2005, pp.8-9.

④ ［英］尚塔尔·墨菲：《审议民主抑或竞争式的多元主义？》，参见谈火生等编译：《审议民主》，江苏人民出版社 2007 年版，第 359 页。

系的分判。施米特将政治解释为敌友关系，基本上是将政治的概念运用于人格化的国家。政治的领域不同于其他领域，要超越这些不同的领域，国家必须进行敌、友分判，施米特在论及政治的概念时，经常使用"政治的"而不是"政治"，这不是一个偶然，这是施米特认为政治被赋予的特质。"政治的"真实观念在自由主义思想那里已经迷失，自由主义政治观念的胜利，导致政治真实含义的隐退。但是，政治显然意味着敌人和朋友的区分，哪些人反对你，哪些人拥护你，战争与死亡是必然。

施米特用"敌友分判"来界定政治边界的政治哲学观，深刻影响了墨菲对于政治的诠释。在墨菲的著作中，首次提到施米特是在 1988 年出版的《美国的自由主义及社群主义的批评》，在该书中，墨菲主要提及对自由主义的批判，尚没有引用敌、友分判问题。1989 年 10 月在加拿大多伦多举办的一场研讨会上，墨菲发表了《论自由主义与民主之间的结合点》一文，该文后来收录在《政治的回归》一书中，施米特的敌、友分判才成为墨菲理论建构的重点。墨菲认为，"对于施米特而言，政治与敌友关系有关，政治产生了一个与'他们'相对立的'我们'；政治是决定的领土，而不是自由讨论的地盘。它的主题是冲突与对抗，而这些就准确地指出了理性的一致局限性，因为事实上每一个一致都必定是基于排他行为的。"①

通过海德格尔和施米特的启发，墨菲提出了她的原创性的"竞争民主"模式。

竞争民主的实施过程是将"敌人"转化为"对手"或者"合法的敌人"，将对抗转化为竞争。"他们"提供了"我们"的可能性，他们是我们的"外围构造"（德里达语），"我们"依靠"他们"而成立，正是由于"他们"，"我们"的存在才会有政治的意义。在一个政治共同体中，"我们"总是面临着这样的问题，当"他们"存在的时候，"我们"才可以被创造出来。墨菲认为，这并不必然意味着一种想当然意义上的敌/友关系，只是在某种意义上，"我们"和"他们"的关系才有可能转化为敌/友关系，这个状况只存在于当"他们"的存在对"我们"构成威胁的时候，在那个时候，不管是信仰、伦理、经济或者其他均变成了对抗。所以，"我们"与"他们"的划分只有在对抗维度上才有可能。墨菲认为本体论意义上"政治的"符合霸权的逻辑，因为

---

① ［英］尚塔尔·墨菲：《政治的回归》，王恒等译，江苏人民出版社 2005 年版，第 148 页。

霸权的因素，只有在偶然性的状态下，获取民主斗争的胜利。这种偶然性表现在承认"政治"的维度，并理解"政治"的目的在于化解敌对状态，"只有当我们承认了'政治的'维度，并理解'政治的'目的在于化解敌意，只有当我们的努力是旨在消除存在于人类关系中潜在的对抗性时，我们才能提出民主政治的基本问题"。[①] 当然，这并不意味着在政治中没有排斥和对抗，而是指在冲突和多元化的背景下，创造一致的因素，通过确定"他们"来创造"我们"。

"对抗"包含两种政治类型，一种是敌人和我们之间的对抗，这种对抗是本体论意义上的对抗，意味着团结的不可修复；而另外一个意义上对抗则是对手之间的对抗。在这种对抗状态下，有可能修复被破坏的团结，即可以将对抗转化为竞争（agonism）。墨菲认为，如果要创造团结的因素，就需要一种能够与多元主义民主相互兼容的方式来建立"我们"和"他们"的区分。在"政治"领域，"他们"不是要被消灭的敌人（enemy），而是被看作一个对手（adversary），对手的含义是一个具有合法地位的敌人，他与我们一样遵守民主的道德和政治原则，但是我们和对手之间的争议通过理性的讨论并不能解决，"对手"和"我们"之间仍然有对抗性的因素，正如托马斯·库恩所言，支持一种新的科学范式就是转向一种新的信仰类型，我们接受对手作为"合法敌人"的政治认同，需要改变传统的你死我活的政治斗争的观点。

第三节　竞争民主的理论属性

竞争性的民主模式廓出，是墨菲基于当代公共领域政治行为和信仰的衰落，站在后马克思主义的立场，从理论上试图挽救政治于"危机中的危机"（博格斯语）的举措。墨菲的竞争性民主模式，具有独特的理论特质，因此有必要将其与自由主义民主以及马克思主义民主作出比较与识别，并归纳其理论属性。

---

① ［英］尚塔尔·墨菲：《审议民主抑或竞争的多元主义?》，参见谈火生等编译：《审议民主》，江苏人民出版社 2007 年版，第 359 页。

一、竞争民主不是阶级认同，而是一种政治认同

"阶级认同"是马克思传统民主理论的一个重要概念。在 1843 年《黑格尔法哲学批判》一书里面，马克思提出了"真正的民主"的概念。马克思站在自由主义的民主形式的对立面，批判了代议制民主。代议制民主将政治与日常生活脱勾，导致公民对政治极端疏离，充其量只是消极的观众，只有专家才有兴趣过问政治权力，而代议制政治里的专家以及议员只是在追求自己的利益，很少顾及民主的利益。换句话说，代议制并非可以真正如黑格尔赞美的那样，可以调和个人利益与公共利益。马克思认为资本主义的民主与社会完全脱节，公民仅仅拥有抽象的自由。而解决上述问题的根本之道就是要实现人的解放，实现人在本质上的解放。所以，马克思不认为民主政治只是涉及政治或者政府的形式，只是人民同意或代表人民的意志与利益，只是由人民当家做主的统治形态，民主应该是涉及人类的彻底解放、经济地位的平等、人人在社会中享受共同的利益。民主包括政治的、经济的、社会的与文化的民主，要实现人的解放，不能依靠资产阶级民主，而是必须回到由人民自己决定的民主。马克思对于民主概念的使用，是费尔巴哈"转型批判法"的运用，是以资本主义现实为考察对象，批判资本主义社会的异化和剥削现象，因而马克思对于民主的讨论，是以阶级对立为基础的。那么，在马克思主义的民主视野中，民主仅仅是人民内部的民主，对待敌人只有专政而没有民主。所以，民主只局限在同一阶级的群体之间，这就是民主的"阶级认同"。

墨菲的竞争民主舍弃了马克思主义的阶级认同方式，而代之以政治认同理论，除了是因为新社会运动的兴起，无法再以阶级认同作为左翼的诉求之外，还有当代的从属关系与欧洲历史同时存在着连续性与不连续性。就连续性而言，自由—民主的意识形态已经成为西方社会的常识，平等与自由是西方民主想象的两大主题，而且平等具有传统上的优势。而在当代，自由的呼声日益高涨，平等逐渐让位于自由，因而当代所出现的新社会运动不是以集体对抗的形态出现，而是肯定自由主义。就不连续而言，当代资本主义体制产生新的从属关系，形成新的资本主义的领导权，福特主义、凯恩斯式的福利国家、大众传播的扩展等三个层面所表现出来的从属关系形式是在平等中蕴含不平等。新社会运动形成的背景就是要试图打破这种从属形式，以回到

真正的平等。所以，在当代资本主义体制下，对抗、斗争已经呈现多元化，已经不是马克思主义阶级斗争所能涵盖。因此，必须提出新的民主言说，将法国大革命以来的自由与平等观点与多元的对抗形式相接合。

墨菲以后结构主义者的方法论来构建其政治哲学，她在反对阶级认同的同时，也反对极端多元主义对认同的完全否定，她认为各种差异之间还是有建立认同的可能性。墨菲明确表明自己的理论与解构主义是不同的。解构主义认为，差异性永远不能缝合，例如利奥塔以维特根斯坦的"语言游戏"作为陈述的基础，指出科学知识基本上是一种言说，其本身也是处于相互竞争和冲突的状态，只是为了让科学群体接受这个知识言说，科学知识就必须使自身正当化。利奥塔认为："社会语用学没有科学语用学的简单性，他是由各种异质陈述网络所交织混杂而成的怪物（包括指示性陈述、规定性陈述、运作性陈述、技术性陈述、评价性陈述等等）。没有理由认为有可能为所有的语言游戏决定共有的后设规定陈述，或者一如科学群体在特定时刻有一个可验证的共识，而这个共识是所有后设规定陈述的整体，规范流通于社会集体内的整体叙述。"① 类似的观点，在福柯的学说里也可以发现，例如福柯在《知识的考古》一书当中指出："我的言说是试着要布置一个分散状态，这一个状态永远不能化约到一个表示差异的单一体系，或是化约到一个与其他指涉无关的零星的东西。我的言说是要去操作一种离心装置，使得任何一个中心都没有定于一尊的特权。……我的言说不打算回味本源，或是追求真意。相反的，它的工作是制造种种差异：把他们如同事务般地聚合起来，分析他们，并定义他们的观念。……我的言说是持续地差异制造，它是一种诊断分析。"② 从利奥塔与福柯的主张可以理解，差异是一种永久的异质性，而且在各种差异之间具有不可共量性。换句话说，这些差异处于一种分散状态，它们之间没有同质性的存在。墨菲强烈反对利奥塔与福柯的看法，她认为差异之间会存在一种主导和反主导的关系。墨菲在批评利奥塔与福柯的多元主义理论时提到："因此，必须将我在这里所捍卫的立场和强调异质性与不可共量性的极端多元主义形态区分开来。而且根据何种多元主义——被理解为所

① Lyotard, Jean-Francois: *The Postmodern Condition: A report on Knowledge*, Minnesota University Press, 1984, p.65.
② Foucault, Michel: *The Archaeology of Knowledge*, A. M. Sheridan Smith trans, New York: Pantheon Press, 1972, pp.205-206.

有差异的稳定效果——可以没有范围界限。虽然，'极端多元主义'这种主张更为民主，但是我认为，这种观点对承认特定差异被建构为从属关系，以及因而必须受到激进民主政治的挑战，形成一种阻碍。'极端多元主义'只有认同的多样性，没有任何共同的公分母，而且无法区分不应该存在却存在的差异，应该存在却没有存在的差异。"① 因此，墨菲虽然承认差异与多元，可是仍然肯定在各种异质性之上，有一个短暂的同质性，而且，这个同质性是非常必要的。

墨菲毕竟是一位政治哲学家，因而对于政治共同体的形成与政治秩序的问题还是存在有很大程度的理论关怀。墨菲只是否定认同带有任何本质论或者基础论，她并不反对部分认同的必要性，"我认为，为了将多元主义的理念激进化并由此深化民主革命，我们不得不放弃理性主义、个人主义和普遍主义。只有在此前提下，才有可能了解社会关系中存在的多种形式的依附，也才可能为阐明异质的民主斗争（性别的、人种的、阶级的、性的、环境的等等）提供一个构架。这并不意味着要拒斥理性、个人和普遍性的所有理念，而只是强调他们必须是多元的，没有固定的结构，并且深陷在与权力的关系之中。它只是表示政治总是以其复杂的形态存在着：不仅有'他们'的维度（建构对抗的方面），而且有'我们'的维度（建构朋友一方）。因此，这种多元主义也必须与不承认碎片中有任何相对同一性的、后现代的社会的碎片概念区别开来。我坚持的立场拒斥任何种类的本质主义——不论是总体的，还是关于要素的，声明总体和碎片都不拥有任何一种确定的同一性，认为并不存在那种优先于它们偶发的和实用性的自我表述的同一性。"② 换句话说，如果极端多元主义的缺失在于不使言说之间有任何关系，从而使得竞争成为可能，那么理性主义的缺失则是预设理性，同样使竞争成为不可能。对于多元主义与集体认同之间如何获得一个平衡点，墨菲既不赞成马克思所提出阶级认同，也反对解构主义的没有任何认同可能性的观点。她主张民主的政治认同，在永恒的差异中追求一种动态的平衡，这个动态平衡就是社会主义民主霸权实现的形态，人们要为这一动态的平衡而竞争，这就是"竞争民主"的真正含义所在。

---

① Chantal Mouffe: *Dimensions of Radical Democracy* (the preface), London: Verso Press, 1992, p.13.

② ［英］尚塔尔·墨菲:《政治的回归》，王恒等译，江苏人民出版社 2005 年版，第 9 页。

二、竞争民主是一种"冲突共识"，而不是"理性共识"

墨菲认为"理性共识"会带来民主大同的幻想，因此她推崇竞争民主模式，希望左翼对于民主政治的性质有更清醒的认识。在马克思主义民主模式下，民主的主体表现为双方的关系是"敌友关系"，在这种模式下，双方没有任何的共同背景资源和协商的前提，相互的目的是消灭对方；而在哈贝马斯理性共识的情况下，"我们"和"他们"的关系是朋友关系，在理想的语言情境下，双方通过一种既定的程序，友好协商，共同决策；而在竞争民主模式下，"我们"和"他们"关系则是"对手"关系抑或是竞争关系，双方是对抗的对手，理性解决不了他们的冲突，但是他们都把对方当作"合法的敌人"，这意味着，当对抗双方冲突发生的时候，他们仍然共享一个普遍的象征空间，这个空间就是民主。"我们认为，民主的任务是把对抗转化为竞争"。① 墨菲也承认多元主义民主需要一定的共识和对价值的忠诚的"道德政治"原则，但是这些原则需要通过一些多种形式的冲突的解释，墨菲主张"冲突的共识"原则。"冲突的共识"需要面对众多的竞争，在其中建立优先地形，在这个地形中，人们围绕着民主目标，将对抗转化为竞争。

"冲突的共识"理论并不反对或者否认共识的必要，但是民主如果一味地强调共识，就会招来一些危险。这些危险表现在我们对于共识及其价值忠诚度的不足，掩盖竞争的动力，从而隐含着一种令人不安的冷漠、表现在身处社会底层的团体被排除在政治共同体之外，而越来越被边缘化。所以墨菲指出："共识确有必要，可是异议随之而来……我们应该重视新界定其范畴，目标是对各种政治价值允许其真实的民主对抗；对共享的民主传统表达各种冲突的解释。当政治的界限变得模糊，政治的动力被阻塞，且各种差异的政治认同受到阻碍时，对政党的不满开始出现，参与降低。结果并不是没有严重区分的、更为成熟、调和的社会，而是宗教、民族主义或族群等集体认同型的成长。"② 换句话说，如果要提升公民的政治参与，降低公民对政党、对政治人物的不信任，排除极端诉求的威胁，方法不在于如何取得共识，而是要激起民众参与的热情。因此，墨菲认为左翼与右翼的理论都有缺失，左翼

---

① Chantal Mouffe, *on the political*, London and New York: Routledge Press, 2005, p.20.

② Chantal Mouffe, *The Democratic Paradox*, London: Verso Press, 2000, pp.113-114.

的困境在于自己接受了多元主义与自由民主制度，放弃建构自己的霸权诉求，而右翼则是尝试从政治中挣脱出来，这种尝试本质上基本是一种幻想。"民主的逻辑总是需要在'我们'与'他们'之间划出界限，哪些人是'人民'，哪些人是'局外人'，这是行使民主权利的条件。"① 墨菲指出了自由主义民主总是声称"人民"要行使政治权力，以自由之名为人民设定界限，而自由主义要求普遍人权与民主要求界定认同之间，出现"包括—排除"的悖论现象，这也正是自由民主的诡异本质。民主体制其实一直是一个斗争的场域。各种社会关系都存在一种权力支配关系，即使是民主的社会关系也是如此，也必须透过权力来赋予本身的合法性。墨菲最终发现了竞争民主、权力、合法性三者之间的内在联系："民主对于社会关系而言具有纯粹建构的特质，在权力和合法性宣称的纯粹实用基础上，对自身进行完善。（民主）隐含在权力与合法性之间，它们之间有着连续裂缝——所有的权力是无意识的合法的意义并不明显，而是（a）如果任何权力一直可以强化自身，那是因为在某些方面它一直被承认是合法的；以及（b）如果合法性不是立基于一个先验的基础，那是因为它是立基于某些成功的权力形式。"②

墨菲尝试从政治哲学寻找根源，借用海德格尔和施米特，以"竞争"和"认同"作为民主运动的两翼，并通过霸权策略将他们有机结合起来。于是"竞争民主"作为墨菲政治思想的原创性理论，不但以一种模式，更以激进多元民主策略的运动而呈现。墨菲以竞争民主作为理论工具，结合左翼与新社会运动，对抗新右翼的霸权。然而，由于时空背景的转换，新右翼政权的嚣张气焰虽然不复存在，但在苏联和东欧社会主义政权崩溃之后，新民粹主义又出现了，竞争民主理论仍然面临着挑战。竞争民主是否真的能够成为解决社会各种冲突的理想机制？这也是一个尚待历史实践来验证的命题。

---

① Chantal Mouffe, *The Democratic Paradox*, London and New York: Verso Press, 2000, p.4.
② Chantal Mouffe, *The Democratic Paradox*, London and New York: Verso Press, 2000, p.100.

第六章　墨菲政治哲学的理论评析

第一节　墨菲政治哲学的理论定位

冷战结束后，西方世界都在欢呼自由主义在意识形态方面的彻底胜出。在这个历史背景下，西方左翼理论彼此之间的价值取向和政治目标出现分化。从整体上看，左翼理论呈现庞杂和断裂的格局，这表明，左翼理论已经陷入了危机。但是左翼思想并没有终结，左翼在反思，他们试图调整策略，开拓新的理论路径，使自身走出理论迷境。在左翼理论的重新构建过程中，大家选取了不同的理论基点，因而也构建了不同的理论体系。于是西方左翼开始分化，逐渐演化为传统左翼和新左翼。传统左翼继续坚持马克思主义理论的经典要义，固守解放政治的信念，将新左翼视为"修正主义的回归"，并义正辞严地予以批判。而新左翼也深感传统左翼对于马克思主义信仰危机无法提出实质性的理论解决方案，面对新自由主义的挑衅束手无策，于是他们开始对马克思主义理论进行解构，试图为马克思主义注入新的理论元素，让马克思主义焕发青春。新左翼虽然是伴随着某种忧患意识向右翼靠拢，但是他们偏离了马克思主义政治理论轨道，甚至有与新自由主义达成理论同盟的嫌疑。墨菲的政治哲学思想从政治立场来看，无论是在激进多元民主规划、竞争民主，或者是在女权主义、公民身份等各个理论领域的理论开拓，其目的都是为左翼政治的复兴而努力，那么对墨菲政治哲学理论的定位与评判将有助于读者认识本书的写作旨趣。因此，本书对墨菲的理论采取了一个批判与中肯的立场，试图从墨菲政治哲学与马克思主义哲学之间的关系探讨来给予墨菲政治哲学一个合适的理论定位。

一、西方左翼理论上的自我救赎

目前在学术界普遍认为是墨菲和拉克劳第一次使用了后现代意义上的"后马克思主义"概念。"后马克思主义概念"一经廓出，西方理论界即予以强烈关注，各种批判声音潮涌而来，其中既有传统马克思主义的批判，也有来自于其他后马克思主义者的指责。归纳起来，具体有如下几种批判意见：一是英国传统马克思主义学者拉尔夫·密里班德的批判意见。密里班德最早对后马克思主义提出批判，他于1985年在《新左翼评论》上发表《英国的新修正主义》一文，把拉克劳、墨菲称为英国式的"新修正主义"，批评他们从社会主义立场的退却。密里班德将"新修正主义"同各种国际现象连结起来，如"现实存在的社会主义"的实践，捷克斯洛伐克和阿富汗的问题，毛主义幻想的破灭，柬埔寨和越南战争胜利的痛苦后果，欧洲共产主义希望的凋萎，源于对传统劳工和社会主义运动以及党团的局限性的不满而出现的新社会运动，对在激烈社会变革中工人阶级成为革命主力军能力的逐渐怀疑，以及随之发生的"马克思主义的危机"和撒切尔主义留下的创伤等。在联系实际的基础上，密里班德在《英国的新修正主义》中认为："新修正主义标志着从一些基本的社会主义立场的一种非常显著的倒退，这非但不能提供一条已经走出危机的出路，反而成了这种危机的另一种表现形式，并且对于近年来已经严重影响左派力量的不安、混乱、迷失自信甚至失望都没有任何帮助。"① 他甚至对墨菲和拉克劳所极力尊重的葛兰西发难，他认为，"智力的悲观主义、意志的乐观主义"一直是葛兰西的贡献，但这很容易造成左翼对革命形势造成错误判断，是一个极端错误的口号，"这是一个'高贵的'的口号，源于浪漫的激情，但是却没有任何更值得信赖的功绩：因为如果理智告诉我们，我们所从事的事业是自负的，没有希望的和注定要失败的，那么我们就不可能会作出更多的努力。然而，这就是一种新修正主义的许多思考投射于其中的精神状态。"② 密里班德认为，"葛兰西主义"是一种新修正主义思考投射其中的精神状态。二是英国学者诺曼·杰拉斯的批评。杰拉斯

---

① ［英］密里班德：《英国的新修正主义》，参见周凡主编：《后马克思主义：批判与辩护》，中央编译出版社2007年版，第26页。
② ［英］密里班德：《英国的新修正主义》，参见周凡主编：《后马克思主义：批判与辩护》，中央编译出版社2007年版，第48页。

于 1987 年发表了题为《后马克思主义?》一文，其后又发表《无意义的"极端马克思主义"：对墨菲和拉克劳的真实回答》一文，对墨菲和拉克劳的理论进行了激烈的批判。这种批评近似于咒骂，甚至用上了"恣肆无度"、"放荡不羁"、"昏话连篇"、"学术真空"、"蒙昧主义""理论诡辩""玩弄概念"等攻击性的词语。[①] 他认为，墨菲和拉克劳所谓的"后马克思主义"理论是"一种反马克思主义的理论，原因是墨菲和拉克劳所阐述的'总体主义概念'与'左翼'政治实际上是法西斯政治与少数左翼政治二者的理论混合物，他们否认马克思主义对左翼的思想贡献，把西方左翼对列宁主义的发展结果当作斯大林主义的独裁主义延续，于是，他们把整个马克思主义与斯大林主义混为一谈，武断地认为马克思主义是否认民主的。"[②] 三是加拿大学者艾伦·伍德的批评。伍德强调，激进民主社会主义策略，并不是什么理论上创新，而是一种否定社会主义的思潮。马克思在世的时候，这种思潮就出现过，这种思潮自称为"真正的社会主义"，马克思在《共产党宣言》中把"真正的社会主义"描述为"不再表现为一个阶级对另一个阶级的斗争……他们不代表真实的要求，而代表真理的要求，不代表无产者的利益，而代表人的本质的利益，即一般人的利益，这种人不属于任何阶级，根本不存在于现实界，而只存在于云雾弥漫的哲学幻想的太空。"[③] 在伍德那里，社会主义是一种道德意义上的善，是推动社会力量，反对资本主义利益与权力结构的一个原动力。"社会主义采取了这样一种有着可以认同的目标与动力的具体计划的形式——然而它同时能够与'普遍利益'联结在一起——只是就其包含了工人阶级的利益与斗争在内而言。"[④] 所以，伍德作为传统左翼的一员，坚决反对墨菲和拉克劳的后马克思主义。四是后现代主义的研究者道格拉斯·凯尔纳的批评。凯尔纳认为墨菲的后马克思主义政治理论没有在左翼理论危机的关头站在捍卫马克思主义的立场上，而是加入到了"马克思危机论"者的行列中。"在墨菲和拉克劳看来，马克思展现出一种'一元论'渴望，试图抓住历史的本质和深层的意义，这种历史可以通过劳动和阶级斗争的概念来解

---

① ［英］诺曼·杰拉斯：《后马克思主义?》，参见周凡主编：《后马克思主义：批判与辩护》，中央编译出版社 2007 年版，第 104 页。

② 俞吾金、陈学明：《国外马克思主义哲学流派新编》，复旦大学出版社 2002 年版，第 714 页。

③ 《马克思恩格斯选集》第 1 卷，人民出版社 2012 年版，第 427 页。

④ ［加］艾伦·伍德：《新社会主义》，尚庆飞译，江苏人民出版社 2005 年版，第 212 页。

释，其逻辑具有铁一样的必然性，沿着一个严格的进化阶段序列自行演进，他们认为，马克思主义将复杂的社会现实简化成了生产问题，把多样性的主体立场（阶级、种族、性别、民族、世代）消解为阶级立场，马克思主义者在对待社会群体的多样性时，总是试图把它们归纳为受工人阶级领导的'阶级联盟'（列宁语）或者是'历史集团'（葛兰西语）。"① 所以，凯尔纳认为墨菲和拉克劳对马克思主义进行了严重误读。

墨菲和拉克劳在捍卫自己的后马克思主义立场方面都做了共同的努力，针对各种各样的批评和责难，拉克劳、墨菲发表了《无须认错的后马克思主义》予以辩护，从而坚持了后马克思主义的立场。以对杰拉斯批评的回应为例，墨菲和拉克劳从"话语"理论开始对杰拉斯进行反驳。他们将杰拉斯的责难分成四个命题：第一，话语与话语之外的区分；第二，肯定一个对象的话语特性就意味着否认那个话语对象所指称的实体的存在；第三，否认有外在于话语参照点的存在就等于坠入相对主义的无底深渊；第四，肯定每一个对象的话语特性就会导致最典型的唯心主义。墨菲和拉克劳对杰拉斯的四个责难命题逐一回答，关于第一项和第二项，他们认为，在人们与世界的交换过程中，对象从来没有呈现为纯粹存在的实体，它们总是在话语接合中呈现它的存在。墨菲和拉克劳以大山为例："大山能够用来抵御敌人的攻击，或者作为旅游胜地，或者矿物开采的源地，等等。要是我不在那里，大山原本不会是这些事物中的任何一种，但是这并不表明大山不存在。正因为它存在，它才可能成为上述这些东西，然而，上述这些东西中没有一种必然来自于大山的纯粹存在。"② 所以，作为社会中一员的人们，绝不会遇到一个处于纯粹状态的对象，他们所遇到的总是表现为在话语总体之内被接合的某种事物。墨菲和拉克劳断言，杰拉斯在论证中偷换了话语概念，把"对象的所是"（the being of an object）与"对象的所在"（its existence）混为一谈，所以必然会对他们的思想造成误解。关于杰拉斯的第三个命题，墨菲和拉克劳认为，对象之所以是"真相"，乃是在理论和话语的关系中建构起来，一切语境之外的真理观念是毫无意义的，话语性并不是诸对象之中一个对象，而是

---

① ［美］斯蒂文·贝斯特、道格拉斯·凯尔纳：《后现代理论：批判性的质疑》，张志斌译，中央编译出版社 2004 年版，第 253 页。

② ［英］恩斯特·拉克劳、查特尔·墨菲：《无须认错的后马克思主义》，参见周凡主编：《后马克思主义：批判与辩护》，中央编译出版社 2007 年版，第 108—109 页。

一种理论视域，杰拉斯关于话语观念的某些问题是没有意义的，因为这些话语只是针对话语视域之内的对象提出，而不能就话语视域本身提出。既然在语境之外，对象没有所是，只有存在，那么杰拉斯对后马克思主义的反相对主义的指控是毫无意义的。对于杰拉斯的第四项指控，墨菲和拉克劳认为，观念论与唯物论并非对立关系，而是交叉关系。它们的真正分野在于是"肯定还是否定实在最终不可归结为概念"[①]，例如，维特根斯坦在早期哲学中阐述了一种语言图像理论，在语言图像中，语言和物质分享着相同的逻辑，完全处于唯心主义领域之内。唯物论在传统上被称作实在论，真正把观念与唯物论区别开来的是断言实在（real）具有最终的观念性质，黑格尔所断言的"凡是现实的都是合理的"即是此种表现。马克思的辩证法是对黑格尔的继承，"对辩证法的那种众所周知的颠倒只不过是在生产了辩证法的结构。断言历史运动的最终规律不是由人类头脑中的观念改变所致，而是由每一历史阶段生产力的发展与现存生产关系之间的矛盾所致，这根本没有改变什么，因为观念论之所以是观念论，并不在于肯定历史运动的规律是这种规律而不是那种规律，而在于这么一种信念：存在着一种可以从观念上加以把握的最终运动规律。"[②]墨菲和拉克劳认为马克思主义也是一种观念论，因为马克思主义将理论的根基建立在不可改变的自然规律基础上，这一规律最终被马克思转换成实在的观念的本质。因为观念论与实在论的对立并不是观念论与唯物主义的对立，所以墨菲和拉克劳否认自己的理论是唯心主义的观念，某些观念论同样可以是唯物主义的。墨菲和拉克劳认为马克思主义的基本意义是"当马克思主义作为一名黑格尔主义者以及他在 19 世纪的思想背景下进行思考的时候，他只能够获得他所能够获得的对于关系性要素的认识，而后马克思主义就是要把这种关系性要素加以深化。"[③]墨菲和拉克劳最后得出的结论是，现在人们正处于一个思想转型的时代，从尼采到海德格尔，从实用主义到逻辑分析哲学，"差异性"话语将占主导地位，左翼应该能够以一种比马

---

① ［英］恩斯特·拉克劳、查特尔·墨菲：《无须认错的后马克思主义》，参见周凡主编：《后马克思主义：批判与辩护》，中央编译出版社 2007 年版，第 112 页。

② ［英］恩斯特·拉克劳、查特尔·墨菲：《无须认错的后马克思主义》，参见周凡主编：《后马克思主义：批判与辩护》，中央编译出版社 2007 年版，第 113 页。

③ ［英］恩斯特·拉克劳、查特尔·墨菲：《无须认错的后马克思主义》，参见周凡主编：《后马克思主义：批判与辩护》，中央编译出版社 2007 年版，第 117 页。

克思更为激进的方式来重新论述唯物论的纲领。因此，墨菲和拉克劳对于杰拉斯的第四项指控也予以否认。

从墨菲参与的这场论战的历史背景可以发现，墨菲政治哲学其实有其历史合理性。当时英国内部撒切尔主义盛行，工党力量衰微，当时的世界社会主义运动中，苏联共产主义政权面临冷战的威胁，英国左翼中出现了反共产主义以及支持美国的国防和外交政策等思想。一些传统的左翼意识到了这些危险，并感觉到深深的担忧，例如英国坚定的左翼人士霍布斯鲍姆（Eric Hobsbawm）认为，"一个平民主义的激进右派走向右翼化的危险是明显的。这种危险特别严重，这是因为今天左派被分裂，士气被削弱，并且首先是因为英国人民的大多数，已经对政治进程和政治家失去了希望与信赖：包括在任的政治家。"①这种情绪在英国的左翼中间蔓延开来，导致另外的一位左翼人士埃里克·海弗认为这种左翼的理论是"无论来自任何一边的、在工党内重新开始的自杀式的内部斗争"。墨菲作为左翼的一员，也表达了对马克思主义理论危机的深深担忧，在《领导权与社会主义的策略——走向激进民主》一书中，她在开篇忧心忡忡地指出，"左翼思想今天正处在十字路口，过去'鲜明的真理'——经典的政治分析和推理形式、斗争力量的本质、左翼斗争和目标的真正意义——受到了瓦解这些真理基础的巨大历史转变的挑战。"②海弗的"自杀式内部斗争"的判断对于墨菲和传统左翼的论战是非常准确的一个描述。可以看出，在这场西方左翼的"自杀式论战"中，墨菲和拉克劳仍然是为了挽救马克思主义在西方的危机，维护马克思主义的尊严。我们固然不能漠视墨菲理论与马克思主义唯物史观相背离的严重现实后果，但无论怎样，墨菲在当时仍然表达了对马克思主义的尊重，她表达了西方左翼对人类解放政治与现实脱节的种种疑惑，渴望一种替代话语，完成马克思主义之解放政治理想。"我们相信，通过明确地把我们自己定位于后马克思主义领域，我们不仅澄清了当代社会斗争的意义，而且也赋予了马克思主义以理论尊严。马克思主义的理论尊严只能来自于对它的局限性和历史性的认识。只有承认它的局限性和历史性，马克思的著作才能在我们的思想传统与

① ［英］拉尔夫·密里班德：《英国的新修正主义》，参见周凡主编：《后马克思主义：批判与辩护》，中央编译出版社2007年版，第43页。
② ［英］恩斯特·拉克劳、查特尔·墨菲：《领导权与社会主义的策略——走向激进民主政治》，尹树广等译，黑龙江人民出版社2003年版，"导论"第1页。

政治文化中常在常新。"①可以说，后马克思主义是墨菲在理论夹缝中的一种选择，代表了西方左翼对资本主义的抗争态度和对马克思主义危机中的自我救赎的渴望。

二、西方马克思主义历史逻辑的延续

斯图亚特·西姆认为，卢卡奇、萨特、马尔库塞、阿多尔诺、阿尔都塞等西方马克思主义理论家的著作中已经有了后马克思主义的萌芽，这种观点有一定的合理性。后马克思主义的理论家大多在西方马克思主义的理论环境中成长过，受过西方马克思主义理论的影响。所以后马克思主义思潮的理论家福柯、德里达、利奥塔、鲍德里亚、德勒兹（Gilles Louis Réné Deleuze）和加塔利（F. Guattari）的理论都与西方马克思主义有难以割舍的联系。德里达、福柯都曾经是阿尔都塞的学生，墨菲作为后马克思主义的代表人物之一，也曾经师从阿尔都塞。所以墨菲和德里达等人的理论中都有很深的西方马克思主义的印记。20 世纪 60 年代，阿尔都塞的结构主义的马克思主义逐渐取代了萨特的存在主义的马克思主义，在法国左翼思想中占据了主导地位。结构主义的马克思主义把结构主义运用到人文社会科学，主张结构分析的客观性、科学性，用客观的结构取代存在主义的主观价值判断，颠覆了西方哲学从笛卡儿到萨特的主体性概念。结构主义以无意识的符号系统、社会关系来描述社会现象。后马克思主义的理论家都不同程度地受到结构主义的马克思主义的影响，尽管他们后来从结构主义走向解构主义，但是他们毕竟带有非常明显的结构主义的马克思主义的理论印记。解构主义虽然反对结构主义主张的客观性和系统性的观点，强调符号的任意性、差异性，但是在反主体性和反人本主义的立场上，解构主义仍然承袭了结构主义的传统。墨菲在《领导权与社会主义的策略——走向激进民主政治》一书中，力图用阿尔都塞的症候阅读法来阐释葛兰西的观点，从而建立起反对本质主义和还原主义的激进民主理论。可以说，墨菲是从西方马克思主义走向后马克思主义的，没有西方马克思主义，就没有后马克思主义的激进民主规划策略，更不可能有墨菲后来的关于竞争民主理论的政治哲学。因此，墨菲的政治哲学与

---

① ［英］恩斯特·拉克劳、查特尔·墨菲：《无须认错的后马克思主义》，参见周凡主编：《后马克思主义：批判与辩护》，中央编译出版社 2007 年版，第 135 页。

西方马克思主义之间存在着某种相同点：

第一，对马克思主义理论价值的认同和超越。西方马克思主义几乎都认同马克思主义解放政治的实践性理论价值而反对教条式的马克思主义。面对第二国际僵化的理论主张，他们要求根据现代资本主义社会的变化，重新解释马克思主义，反对将马克思主义教条化。对第二国际教条主义的批判，列宁是最为彻底的一位马克思主义理论家，列宁在《唯物主义和经验批判主义》一文中指出，马克思和恩格斯"所特别注意的不是唯物主义认识论，而是唯物主义历史观。因此，马克思和恩格斯在他们的著作中特别强调的是*辩证*唯物主义，而不是辩证*唯物主义*，特别坚持的是*历史*唯物主义，而不是历史*唯物主义*。"① 列宁凭借其理论的敏锐度，坚持了马克思的历史唯物主义和辩证唯物主义的本义，颠覆了第二国际对马克思主义机械与教条式的理解，"到了 1915 年前后，当他真正理解马克思唯物辩证法的实质时，发出这样的感慨：'半个世纪以来，没有一个马克思主义者是理解马克思的！'"②

葛兰西的哲学思想是继承于列宁的。在《狱中札记》一书中葛兰西表达了列宁意义上的实践哲学的观点，称马克思主义为实践哲学，但他的实践哲学比列宁对马克思主义理解更为透彻的是，葛兰西表达了一种实践一元论的哲学观点。"实践哲学是以格言和实践标准的形式产生的，这纯粹处于偶然的原因：它的创始人把全部精力投入对其它问题，特别是经济问题的研究（他对经济问题做了系统地论述），但这些实践标准和格言暗含着一套完整的世界观，即一种哲学。"③，葛兰西在分析俄国革命的胜利经验不适用于欧洲革命时，曾经以《反对〈资本论〉的革命》为题指出，对马克思主义的理论要因为空间环境、民主思想乃至于历史文化而不同而灵活运用，不可僵化理解马克思主义。墨菲指出，"只有葛兰西——其在墨索里尼的监狱中的著述——这个孤立的例子，能被用来作为一个新的出发点，他的著作中包含的阵地战、历史集团、集体意志、领导权、知识分子和道德领导这些新概念，

---

① 《列宁全集》第 18 卷，人民出版社 1988 年版，第 345 页。
② 张一兵、胡大平：《西方马克思主义哲学的历史逻辑》，南京大学出版社 2003 年版，第 34 页。
③ ［意］安东尼·葛兰西：《葛兰西文选》，宋洪训等译，人民出版社 1992 年版，第 500—501 页。

是我们在《领导权与社会主义的策略》中进行思考的出发点。"① 通过墨菲对于葛兰西的评价，可以看到，墨菲虽然解构马克思主义的经典范畴，但是对马克思主义的理论价值并没有完全放弃，而是主张继承与发展马克思主义。解构马克思主义是为了超越，也是为了更好地认同。在这一点上，墨菲在理论底线上表达了对马克思的尊重，她承袭西方马克思主义的批判精神，对马克思主义作出了大胆的改造和翻新。

第二，对当代资本主义制度表达不满和进行批判。西方马克思主义创始人卢卡奇首先从对形式主义的批判来确定辩证法的意义，霍克海默在卢卡奇的基础上强调批判理论的任务是对正在流行的东西进行批判，即一定要保持"现在的批判"。批判理论在西方马克思主义那里被得到升华，康德的传统批判理论被应用到了美学、政治经济学等领域，从而形成了法兰克福学派的工具理性批判、美学批判和技术批判。后马克思主义者也同样从不同的角度对现代资本主义社会的经济、政治和文化进行了批判性的分析，揭露了现代资本主义的各种弊病。例如德里达就是利用法兰克福学派的批判理论揭露出当代资本主义社会体制出现的社会病态，以及当代资本主义在经济、政治、文化、军事、战争、国际事务等问题上存在的十大弊端。沿袭这种批判精神，墨菲的政治哲学思想也对资本主义进行着强烈的批判。她依托激进民主、多元主义、女性主义以及公民身份的重构、政治的复兴等理论，对以哈贝马斯和罗尔斯为代表的新自由主义理论家展开批判，其目的是揭露资本主义民主危机不可避免，反对资本主义大肆兜售的民主、自由标签下的虚假民主产品。墨菲认为，"就在理性的和个人的框架下明确表达出来的自由主义而言，它必定无视政治的存在并在有关政治学的本质问题上自欺。"②

第三，纯粹学院派的研究文风。西方马克思主义的一个重要特征就在于其逐渐脱离了工人阶级的解放运动，而逐步演变为一种大学讲堂的纯粹的理论研究、学术研究。西方马克思主义的代表人物，除了葛兰西以外，卢卡奇、科尔施、阿尔都塞、萨特、霍克海默以及马尔库塞都是专注于学术研究的知识分子，大学校园和研究机构是他们思想灵感的发源地。墨菲是一位专事政治哲学的大学教授，有过留学经历，曾经担任过普林斯顿大学和康乃尔

① ［英］恩斯特·拉克劳、查特尔·墨菲：《领导权与社会主义的策略——走向激进民主政治》，黑龙江人民出版社 2003 年版，"序言"第 3 页。
② ［英］尚塔尔·墨菲：《政治的回归》，王恒等译，江苏人民出版社 2005 年版，第 189 页。

大学的研究员，也是巴黎国际哲学协会会员。她承袭了西方马克思主义的这种学术传统，同西方马克思主义一样，学术分析中经常出现复杂冷僻的术语、行文艰难晦涩。《领导权与社会主义的策略——走向激进民主政治》一书曾被人们称之为后马克思主义的圣经，"圣经"之称谓，除了肯定她后马克思主义理论的原创地位以外，另外一个含义应该是意指她的纯粹学术研究的理论，是一种"学院式的马克思主义"，其文风给人晦涩及深奥难懂的感觉。在《领导权与社会主义的策略——走向激进民主政治》一书后的其他著作中，墨菲继续沿袭了这种文风，在理论风格上始终与西方马克思主义保持着一种形似而神不似的联系。

当然，墨菲的政治哲学思想同西方马克思主义的区别也非常明显，一是由于墨菲的政治哲学是植根于后现代理论的基础上，借助于后现代的土壤而发育成型，所以后现代性是墨菲政治哲学一个重要的思想特征。相反，西方马克思主义并不属于后现代理论的范畴，西方马克思主义对资本主义的现代性的批判，是为了拯救现代性，而不是像墨菲那样去解构现代性。二是墨菲政治哲学思想具有一种反总体性的思想特征，主张差异性和多元性，而西方马克思主义理论则具有明显的总体性的特征。卢卡奇将总体性理解为辩证法的中心，认为整体对部分的无所不在，主张用总体性达到对历史与社会的把握。马尔库塞的"大拒绝"是对现代资本主义政治、经济、文化以及日常生活方式的总体否定；阿尔都塞的"矛盾的多元决定"是在一个总体性的总体结构中的多元决定。三是在对待马克思主义的问题上，墨菲与西方马克思主义理论家之间也存在着很大的认识断层。西方马克思主义基本保留了马克思主义的立场、观点和方法，意在重建和升华马克思主义。而墨菲的后马克思主义则疏离了马克思主义，与马克思主义渐行渐远，正如伍德所指出的那样，"今天，他们与马克思主义的关联是极为脆弱而又疏离的，几乎是让人无以察觉。"[①] 例如在阶级问题上，西方马克思主义根据 20 世纪以后的西方资本主义国家阶级问题新特征，形成了现代资本主义国家的新的阶级理论，在一定程度上仍然坚持阶级的观点，并保留了阶级分析方法。而墨菲对于阶级的看法则是，"经济领域不是一个内生的自我调节的空间，那里也不存在着可以被固定在根本阶级核心上的社会代表的构造原则，更不存在由历史利

---

① [加]艾伦·伍德：《新社会主义》，尚庆飞译，江苏人民出版社 2005 年版，"导言"第 2 页。

益定位的阶级立场。"①因此，在墨菲的后马克思主义理论中，马克思主义的阶级理论丧失了社会基础。墨菲认为当代社会存在的剥削、对抗和冲突，并不是阶级斗争，而是一种政治的本体论状态，因此她主张解构阶级斗争的理论，主张以政治认同为基础的身份概念取代阶级概念。在解构阶级范畴的具体路径上，"霸权"概念的转化，是墨菲与西方马克思主义之间对待阶级问题的一个突出表现。墨菲将葛兰西的领导权概念作为自己的政治哲学的出发点。但是领导权在葛兰西那里被理解为领导权，是统治阶级对民众行使的文化、精神和道德的领导权，是与阶级斗争的观念联系在一起的，"从列宁到葛兰西，一直主张——带有所有我们先前分析到的差别和区分——领导权力量的根本核心由基本阶级构成"。②而在墨菲那里，"领导权"被理解为"霸权"，墨菲将领导权中的阶级范畴予以消解，强调一种非本质论、非决定论、非还原性的话语领导权，即"霸权"。这样，领导权被从阶级政治中剥离出来，成为由偶然性的逻辑所造成的霸权。领导权理解的差异体现了墨菲与西方马克思主义之间的断裂。

总之，西方马克思主义是墨菲政治哲学思想的重要的理论来源，墨菲的政治哲学也是西方马克思主义的逻辑拓展。二者之间具有某种连续性和共同性，但也存在极大的差异。

三、墨菲的政治哲学不属于马克思主义哲学

墨菲的政治哲学虽然肯定了马克思主义的某些基本价值，也表达了对马克思主义的尊重，甚至也直接表达了对现存资本主义制度的不满，但是其理论的出发点仍然是为了改良现存的资本主义制度而反对马克思主义的解放政治。她对于马克思主义范畴的大肆解构，反对任何形式的客观规律，也使她离唯物辩证法越来越远。

如前面所述，20世纪80年代末是马克思主义陷入危机的年代，苏联和东欧社会主义政权垮台之后，世界范围中的反马克思主义的话语甚嚣尘上，福山的《历史的终结》就是这种话语的代表。但是恰恰是在这时候，德里达、

---

① [英]恩斯特·拉克劳、查特尔·墨菲:《领导权与社会主义的策略——走向激进民主政治》，尹树广等译，黑龙江人民出版社2003年版，第95页。

② [英]恩斯特·拉克劳、查特尔·墨菲:《领导权与社会主义的策略——走向激进民主政治》，尹树广等译，黑龙江人民出版社2003年版，第152页。

哈贝马斯、吉登斯、詹姆逊、利奥塔等后马克思主义者却站出来，肯定马克思主义的价值。德里达认为："不能没有马克思，没有马克思，没有对马克思的记忆，没有马克思的遗产，也就没有将来：无论如何得有某个马克思，得有他的才干，至少得有他的某种精神。"① 他借用马克思、恩格斯在《共产党宣言》中所说的共产主义的幽灵，将自己捍卫马克思主义价值的一部著作取名为《马克思的幽灵》，认为马克思主义作为幽灵是永远不会消逝的。利奥塔将马克思主义区分为肯定性叙事和否定性叙事，否定性叙事体现的是马克思主义的批判精神，如马克思主义政治经济学的批判、意识形态批判、资本主义批判等等；而肯定性叙事指的是马克思主义的历史唯物主义理论、共产主义学说等。他站在后现代的立场上认同了马克思主义中的否定性叙事方式，而拒斥马克思主义中的肯定性叙事方式，当然他并不因为这种拒斥而否定马克思主义的价值。他赞赏马克思主义否定性叙事中的批判性精神，并认为马克思主义也能够发展成为一种批判性的知识形式。虽然后马克思主义肯定并继承了马克思主义的批判精神，主张对传统马克思主义解构和超越，但是对马克思主义的基本理论观点和方法却是否定和拒斥的。后马克思主义认为，传统的马克思主义的基本理论、核心信条具有本质论、还原论和决定论的倾向，他们从后现代的理论立场上，坚决拒斥以本质论、还原论和决定论为代表性特征的现代性观念。比如他们把历史唯物论作为本质论、还原论、决定论的信条加以批判和解构，认为生产力决定生产关系、经济基础决定上层建筑的唯物史观把复杂的社会历史归结为经济因素，还原为生产力。在后马克思主义的社会观中，不存在社会历史发展的决定力量，也不存在决定人类命运的本质因素，更不存在历史发展的必然的和客观的逻辑。因此，后马克思主义的结论是，社会历史只是一种非决定论的随机建构过程，充满了不确定性、随机性、偶然性，对历史唯物论的真理性的宏大叙事，只能给以拒斥和解构。

墨菲的政治哲学思想也肯定了马克思主义的价值，如自由、平等、民主、社会主义等人类理想。因为她认为这些价值和理想中有一些是为我们的社会和经济发展所要创造的美好生活必不可少的。墨菲认为马克思主义在一定意义上是正确的，"后马克思主义不意味着在马克思之外或反马克思主义，

---

① [法] 雅克·德里达：《马克思的幽灵——债务国家、哀悼活动和新国际》，何一译，中国人民大学出版社 2008 年版，第 15 页。

而是重视其他社会斗争形式的马克思主义，这些斗争形式从 19 世纪以来已经发展了性、性别、民族、种族等方面的特征。后马克思主义意味着仍然是马克思主义的探索，但是它加入了所有社会构造中的多样化方面。"① 但是，墨菲的政治哲学放弃马克思主义分析资本主义的基本方法，而是从后现代主义的理论立场上对资本主义进行批判性的分析，他们认为马克思主义有关资本主义的理论已经不能适用于后现代社会。她通过借用胡塞尔的"沉淀"和"再激活"的概念彻底解构了马克思主义的基本范畴，并对马克思主义的唯物史观彻底拒绝和抛弃。具体说来，墨菲政治脱离马克思主义之处表现在：一是墨菲拒斥唯物辩证法，推崇偶然性、否定必然性，否认必然性和偶然性之间的逻辑辩证关系；二是墨菲否定了马克思主义关于国家和市民社会的关系的论断，在墨菲看来，国家不再属于政治领域或者是市民社会，而是一种话语理论，这样做无非是想把国家与政治关系非确定化，反对把政治问题明确归结为国家问题；三是墨菲抹去了政治的阶级特征，也同时抹去了阶级的实质性内容，政治在她的政治哲学中变成了一种语言游戏，变成了话语的简单产物；四是墨菲宣称社会主义是民主的一部分，通过民主程序，不需要阶级斗争，仅仅通过霸权的连结，就可以达到社会主义。这实质上是对自由主义的赞许和肯定，同马克思主义的批判资本主义的理论完全背道而驰。

　　通过上述讨论我们也可以得出一个基本结论，墨菲的政治理论在西方左翼理论中应该界定在左翼的位置，但不是传统左翼，而是新左翼。墨菲的政治哲学同马克思主义理论存在着一个断裂带，她的政治理论从本质上并不属于马克思主义，而是只是一个与马克思主义批判的方法论有着某种联系的道德批判理论，因此在马克思主义理论谱系中无法找到墨菲政治哲学合适的位置。

第二节　墨菲政治哲学的理论特征

　　墨菲梳理了孟德斯鸠、伏尔泰、卢梭、狄德罗等政治哲学家的社会交际的理论，得出的结论是，"哲学家由于拒绝对抗的维度，而难以把握人类相

---

① ［英］恩斯特·拉克劳、查特尔·墨菲：《领导权与社会主义的策略——走向激进民主政治》，尹树广等译，黑龙江人民出版社 2003 年版，"中译者前言"第 4 页。

互性的复杂状态。通过参与者的坦诚的社会交往而达到相互理解的状态从而消除暴力和敌对不过是一种幻想。"①多种形式的对抗和暴力行为，即使通过交换程序和社会交际的发展也难以消除。敌对性是不可消除的，社会总是被敌对性所威胁，墨菲认为建立在理性基础上的道德民主是不可能的。"一个'伦理'的观念——至少是潜在的——非常有利于理解理性的限制和构思多元主义的价值，我感觉到用'伦理'的术语代替'道德'的术语的紧迫性。"②所以，与新自由主义的民主理论相反，墨菲理论的特征呈现出一种反对道德优先的民主，是一种提倡竞争性的以"伦理—政治"为特征的民主，这种"伦理—政治"的民主是以道德的退却、政治的回归为突出特征。

一、反对道德优先的民主理论

在政治伦理学的最初形态上，某种政治制度和政治行为必须以某种道德为基础，个人的是非标准和社会的权利义务在很大程度上是一致的。在古希腊的政治体制中，政治与道德有着极为密切的关系。政治与道德的结合产生了"正义"观念的伦理政治观，"正义"把寻求善视为政治的最终目标。道德准则和伦理观念始终是政治研究的基本内容。柏拉图的《理想国》，亚里士多德的《政治学》均对道德对于政治的影响做了系统的研究。近代西方，格劳修斯的《战争与和平法》、斯宾诺莎的《政治伦理学》、霍布斯的《利维坦》、洛克的《政府论》等也都对道德与政治的关系予以深入探讨。在当代，整个人类面临的道德问题日益成为政治问题，如生态平衡、反对核武器、国际恐怖活动等。政治学家从道德的某个特定的角度和范围去研究这些问题，从道德这个特殊的意识形态出发对上述现象进行政治思考。通过对社会政治现象进行道德评价，政治伦理的研究日益广泛。

墨菲政治哲学在道德政治研究声势浩大的大背景下却逆流而上。她以"政治的回归"为思考手段，倡导去道德化的政治。她非常欣赏马基雅维利的市民共和主义思想。"在此，应该把政治理解为一种公共领域中的群体性参与行为，包括利益的冲突、冲突的化解、分层的暴露、对抗的爆发等等，而且，正如马基雅维利第一个认识到的：以这种方式才能获得自由。"③施特

---

① Mouffe Chantal, *The Democratic Paradox*, London and New York: Verso Press, 2000, p.131.

② Mouffe Chantal, *The Democratic Paradox*, London and New York: Verso Press, 2000, p.134.

③ [英] 尚塔尔·墨菲：《政治的回归》，王恒等译，江苏人民出版社 2005 年版，第 75 页。

劳斯（Leo Strauss）曾以希腊哲学与基督教哲学的视野透视马基雅维利，他认为马基雅维利是近代第一个开启现代性计划的思想家，这一计划的实质是对古典政治哲学的否定，而又开启新的政治哲学。古典政治哲学的核心使政治哲学从属于道德，而马基雅维利使道德从属于政治，因此，经过马基雅维利的转换，共和主义传统具有现代的特征，道德成为从属于政治的手段，"人类的自然的终极目标便在政治哲学中消失了，取而代之的只是秩序与权力。"①墨菲显然接受了马基雅维利的政治哲学观，但没有接受马基雅维利提出赤裸裸的"政治无道德"的口号。她并不否认道德的作用，而是认为新自由主义利用道德作为武器的自由主义观点会给人类社会的发展带来"灾难性影响"。她的竞争民主的主要挑战目标是那些在"进步的训练营"接受这种全球化的乐观主义观点，已成为和拥护协商形式民主的人士。她审查一些在一系列领域——社会学、政治理论与国际关系支撑的"后政治观"思潮等时尚的理论，例如"党派—自由"、"对话民主"、"世界性的民主"、"善治"、"全球公民社会"、"世界性主权"、"绝对民主"等民主观念，这些观点都是目前时髦的概念，它们都承认一个共同的反政治观，拒绝承认在对抗维度构建政治的体制，目标是构建一个世界的"超越左和右的"、"超越霸权"，"超越主权"和"超越对抗"的秩序。墨菲认为自启蒙运动以来，暴力和敌意被看作是一个古老的现象，交流和设立的程序淘汰了他们，政治家们试图通过一个社会契约，在理性的参与者中间展开透明的沟通，很少有人挑战理性共识民主的观点，因为对这观点挑战的人就会自动被看作是民主的敌人。极少数人从人类学矛盾角色承认的维度做出了一些努力阐述民主项目，在这些项目中，人们社交中互惠互利和敌意的事实不能分离民主理论家和政客们应当面对竞争创造一个不同理性共识模式的充满活力的公共领域，在那里构建不同的霸权的政治项目，这是一种有效的行使民主的先决条件。理性共识诉求的倡导者设定民主政治关于一致性和协调性的目标，是对于现代阶段的民主政治和政治身份的宪政动力学完全缺乏了解，不但无助于解决民主危机，反而加剧了现在社会的潜在对抗，也会带来政治风险。墨菲应该属于那些极少数人的一员，她认为信仰普遍理性的可能性共识，使民主思想走上一条错误道路。她主张不要试图根据公正的程序，设计一个机构来协调所有的利益

---

① 于野、李强：《马基雅维利：我就是教你恶》，新世界出版社 2006 年版，第 205 页。

冲突。

墨菲所反对的"道德优先性民主"包括三种模式：超越对抗模式、理性共识模式、道德共识模式。墨菲将三种模式的理论缺陷逐一归纳并进行批判：

第一，超越对抗：以吉登斯的"对话民主"和贝克的"全球民主"为代表模式。吉登斯的对话民主倡导超越左与右的模式，通过一种对话民主达到一种政治的参与目的，而贝克则断言风险社会中需要民主目标一致的"全球民主"。无论是贝克或是吉登斯，都认为"进步的力量"会取得胜利，世界秩序会设立。关于超越对抗模式的民主，佩里·安德森认为："把民主生活作为对话的危险是我们可能忘记它的主要社会现实存在的冲突。"[①]墨菲延续了安德森的观点，认为吉登斯和贝克都没有讨论权力关系和他们构造社会的途径，没有考虑达到他们设定的境域的同时会发生什么，没有考虑如何处理当今世界存在的不平等的复杂原因；吉登斯和贝克理论方法的缺陷不能理解抗衡的意义，他们的政治观点只能在传统自由政治的参量中被正当地保留下来。他们的"民主化的民主"在对话框架下的平滑延伸而描绘民主的含义，是因为他们对社会现实中霸权建构的无知，从而导致了他们把抗衡作为一种过时的方法而驱除的结果。例如，吉登斯倡导转化过时的左、右分割的道路包括在国家和市民社会之间设立合作契约。这项建议被新工党积极采纳，新工党通过"公共—私人契约关系"这项给公共服务带来灾难性的后果的方式来采纳其建议。"公共—私人契约关系"政策是第三条道路的聚合，既不是国家领域（左）也不是个人领域（右），它的表现形式是国家投钱用以投资，而企业家收获利润。而最终结果是消费者相应地受损失。这个结果增长了对政治和激烈参与竞选的不满，墨菲断言，"超越左与右"的模式，不需多长时间就会使公民在民主程序中彻底失去信心。

第二，理性共识：以哈贝马斯审议民主和罗蒂实用主义民主为代表模式。罗蒂是实用主义的倡导人，哈贝马斯则是现代性理论的坚决维护者，两个人虽然归属于不同的理论领域，但是在"道德优先"的观点上却是殊途同归。哈贝马斯的民主理论中，有一个道德的含义，也有一个法律的形

---

① Mouffe, Chantal, *On the Political: Thinking in Action*, London and New York: Routledge Press, 2005, p.51.

式，唯独缺少政治的含义。哈贝马斯认为民主程序的作用不是发挥它的法律强制作用，协商和政治参与并不是最重要的，而是要通过他们建构审议程序达到理性共识的表达效果。在这个观点上，罗蒂和哈贝马斯非常的接近，哈贝马斯相信这样的一个理性的共识通过理性争论会得到实现，罗蒂则把理性的民主共识作为一个劝说或者经济进展的事情，他设想理性民主共识的存在依靠更多的存在的状态，以及与他人分享更多的信念和需要。所以他认为通过经济增长和正确的"精神教育"，一个关于自由主义制度的理性共识可以获得。罗蒂与哈贝马斯都认为，分歧可能会被放逐到私人领域，通过沟通和对话，一种理性共识能够被创造出来。墨菲认为，政治，尤其是民主政治，主要的目标是在一种相冲突的和多元的背景中建立同一性，不承认冲突，就不能严肃地对待多元主义的合法价值观。民主政治的特殊性不在于克服我们和他们之间冲突的方式，而在于这些冲突所展示的不同方式。所以，对抗的维度被哈贝马斯和罗蒂忽略了，因为他们的民主概念假设一种没有排斥的共识的可能性，即一种作为合理的赞同的表达，并完全消除对抗的共识。

第三，道德共识：以罗尔斯普适论民主为代表模式。罗尔斯从一开始就运用一种只适用于道德话语的思考模式，当它被应用到政治领域时，其结果就是这种模式被化约为在道德约束下对私人利益的一种理性协商过程。在罗尔斯那里，冲突、对抗、权利关系、依附和镇压的形式就简单地消失了，我们面对的就是一种典型的利益多元性的自由主义图景，它可以被调解而无需诉诸比决策层更高的那个层面，统治权问题被抽空了。罗尔斯确信，一个自由民主社会需要一种比仅仅建立在简单权宜之计更深层次的共识。自由民主社会的目标应该是围绕其基本制度达成一种道德的而不仅仅是出于审慎考虑的共识，罗尔斯的政治目标是提供一个关于政治基础的道德共识，确定一个核心的道德观。罗尔斯的具体设计是，在"无知之幕"的原初状态下，在一个良好社会秩序下，围绕公平正义的原则，达到一种道德的共识。这种共识既不是一种权宜之计，也不是法律上界定的"宪法共识"，而是一种"具备保证正义和稳定性具有足够深度和广度"的普适正义理念。实现普适正义的路径是，将各种争论性学说放置到私人领域，在公共领域中就可以获得这种正义。墨菲认为，罗尔斯的这一情景预先假定：政治行动者都只是由他们各自认为的善的观念的推动，根据罗尔斯的理论，在政治领域，政治激情被抹去，并被简单化为一个各种竞争性利益的中立领域。罗尔斯以道德语言思考政治学必然导致对冲突、权力和利益的忽视。"这样一种论点所完全遗忘的是在权力维度、对立维度和强力关系中的'政治性'。"①

总之，墨菲对于"道德性民主模式"的批判并不是在争论政治是否应当从伦理或者道德的相关领域中被驱散出去，甚至也不反对道德的存在，因为道德的作用在特定历史阶段是政治、法律、政策、文化以及宗教等其他意识形态所无法替代的。墨菲关心的是道德和政治的关系需要用不同的方法界定。墨菲认为，三种道德优先的民主模式都是仅仅关注到道德的维度，而忽略政治的维度。"在所有的决定性的领域，权力构造处于危险中，他们的无冲突的政治策略不能够讨论足够的问题。"②

二、反对单边主义政治

墨菲政治主张极力反对单边主义政治，倡导多边政治关系。她的这项观点主要呈现于她的反对"全球治理"的论证中。"全球治理"起源于16世纪。为了消弭战争，解决国家之间的安全困境，荷兰法学家格老秀斯(Hugo Grotius)从重新界定古罗马关于民族权利的概念出发，力图制定一部约束欧洲列强行为规范的国际法。但在信奉"丛林法则"的殖民开拓时代，这样一部法典根本不具备合法性。康德从人类理性出发，认为需要控制国际冲突和战争的行为。他的办法就是创建一种国际政治秩序，利用意志的联合或超民族的权力，以及依法作出的决定来形成一个环球性的大联合。格老秀斯的国际法和康德的超越民族权力的设想尽管是一种空想，但这些思想蕴含了全球治理的构想，其后的"威尔逊14点计划(Fourteen Points of T.W.Wilson)"则是这项构想的一种实践，随着和平计划的付诸东流，全球治理也被搁置一边，20世纪80年代以来，随着经济全球化的迅猛发展，国与国之间的依赖程度加深、全球问题的兴起和公民社会的成长，曾经一度沉寂的全球治理思想又重新振兴，并引起了国际社会的广泛关注，"它已经不是一种单纯的国

---

① [英] 尚塔尔·墨菲:《民主、权力与"政治性"》，参见 [美] 塞拉·本哈比主编:《民主与差异：挑战政治的边界》，黄相怀等译，中央编译出版社2009年版，第252页。

② Mouffe, Chantal, *On the Political:Thinking in Action*, London and New York: Routledge Press, 2005, p.51.

际政治理论，而是目前国际政治中一个紧迫的实践问题。"①施特劳斯试图设想"全球的议会机构"为全世界人们提供一个全球制度的愿望，他认为这个机构的权力应该针对普遍的人权声明而运用。而丹尼尔·齐伯格处于世界性政治的考虑，则建议用"Cosmopolitical"代替"Cosmopolitan"，前者代表了政治冲突和本意，而后者则是表示一种世界性的秩序政治。赫尔德则认为，在国家、地区和全球网络内深化和扩展民主的内容包括，在地区和全球的层面上发展行政管理和独立的政治资源，以作为地方和国家政治的必要补充，这种民主观念一方面承认民族国家仍然继续存在和发展的意义，另一方面主张以另一层面的管理作为对民族国家主权的制约。这就是赫尔德的"世界主义民主"，它的要义在于创造新的政治机构，这个机构将与国家体系并存并使国家具有优先地位，民主不仅是一个国家事务而且是一个跨国事务。赫尔德意识到现在已经不是为追求现代国家而努力的霍布斯时代了，多边主义和国际法的发展为世界主义民主提供了支柱，"保证遵守多边主义秩序和人权制度的欧洲各国的联合，美国一些自由主义团体在国际事务中对于多边主义和法治原则的支持，发展中国家在世界经济秩序中为争取更加自由公平的贸易准则而展开的斗争，从大赦国际到牛津饥荒救济委员会等非政府组织争取更加正义、民主和平等的世界秩序的斗争，跨国性社会运动对于当前全球化性质和形式提出抗议，所有这些经济力量都渴望有一个更加稳定和更加可控的全球经济秩序。"②

墨菲从当前的世界政治冲突的现实出发，对包括赫尔德、吉登斯、哈贝马斯在内的全球治理思想予以批判。但是她对于上述"全球治理"思想直接的批判言论并不是很多，她把主要的批判内容置放在一种文化批判的领域内。她主要是以迈克尔·哈特（Michael Hardt）和安东尼奥·奈格里（Antonio Negri）合著的《帝国》为对象而展开对"全球治理"思想的批判。在《帝国》里面，哈特和奈格里认为，"帝国"与"帝国主义"相比，没有权力中心和固定的疆界，是一个无中心无边线的统治机器，而"帝国主义"在世界地图上具有明显的民族国家色彩，在《帝国》中已经被"帝国"合并、混合在帝国全球的彩虹之中。从当代世界秩序从政治上来看，"帝国"已超越了

---

① 俞可平：《全球化：全球治理》，社会科学文献出版社 2003 年版，第 1 页。

② ［英］戴维·赫尔德：《民主的模式》，燕继荣等译，中央编译出版社 2008 年版，第 347 页。

从霍布斯到洛克甚至卢梭的政治主权理论，也就是说，从法律上来说，超越了以战争或者非战争的干涉为主要特征的霸权形式，走向普遍价值观与干涉权的结合。在《帝国》里面，"帝国"没有中心可言，而是一个把广袤的空间抽象出来，把绵延的时间静止下来的政治概念。哈特和奈格里认为，帝国比帝国主义优越，正如资本主义比封建主义优越一样。人们应该加入到全球化过程之中。全球化过程中的流动的民众，应该把追求全球公民权作为第一任务。

墨菲认为《帝国》的最严重的问题是地方和国内的斗争被否定。第一，《帝国》的作者极力对国家主权诽谤而对全球化颂扬。他们拒绝任何政治国家和区域依托的民族国家的共处。《帝国》里面提供了一个国家主权通向自由运动的障碍被扫除掉的"平滑空间"，全球化的过程融合和弱化了帝国朝向自由多元主义的民族国家特征。《帝国》关于全球化是一个平滑空间的观点，没有关注世界的多元化特征。世界其实是多元的而不是同一的，在帝国里面，没有多元主义的维度，国家被隐藏在人权之内，众多的自治组织代替国家的权利秩序，自治组织的宪法权力击败了国家的宪法权利，政治在帝国里面被清除。墨菲表达了自己对帝国的评价，"这会妨碍我们民主和国际的视野下，把握民主政治的挑战：不是如何去除'我们／他们'的关系，而是如何设计适应多元化秩序的'我们／他们'关系。"① 墨菲在这里再一次借助于施米特的"敌我关系"的理论，其目的是告诉我们，不可能存在理想中的全球民主，帝国不过是一个虚幻的空间，那种认为全球世界一体化的世界公民可以被打造的观点，不过是另外一种道德优先于政治的企图。世界公民的权利只能是一个虚构，一种道德诉求，任何公民都不可能真正享有世界公民的民主权利。第二，《帝国》全球治理思想所带来的更加严重的问题是，世界公民模式最终牺牲了公民本来的权利。民主跨国主义的主要缺陷是和传统的自由主义一样，它把国家看成主要问题，相信解决方式依靠市民社会。这个目标是来自市民社会下层的全球化，和来自市民社会上层的全球化联合起来，以便构造一个全球制度的民主构造体系，使全世界人民绕开国家，在全球政府中有一个表达意愿的声音，从而创造一个和平的世界秩序。和"反思

---

① Mouffe, Chantal, *On the Political:Thinking in Action*, London and New York: Routledge Press, 2005, p.115.

性的现代主义"一样，他们设想了一个在特定情景下的对话模式的民主程序，这个程序通过建立在共识之上的世界共同体而建立。

对世界性民主观点持怀疑态度的丹尼尔·梭罗曾明确表示，世界民主的存在根本不现实，也不具有实践性，世界民主就是幻想。如果仅仅通过全球公民社会能够推举出全球公民，人们在自由民主框架之外从事代理行为，这种民主权力在他们目标的控制之外，而且他们必须依靠市民社会制度下的机构的扶助，这种没有主体的民主权力的危险在于当市民社会制度在"全球关注"的名义下挑战国家主权时，他们可能会被用来破坏既存的自治权利。其实赫尔德也注意到了当前不利于全球化发展的因素，如种族优越论，宗教原教旨主义的抬头，右翼民族主义和单边主义政治再一次在世界各地，而不是仅仅在西方抬头。另外，在"9·11"事件的爆发、美国所谓反恐怖主义姿态、中东和其他地区不顾一切的暴力事件迭起的背景之下，就连已经选择世界性民主模式的赫尔德也认为："赞同世界性民主可能出现的主张犹如藐视地球引力或认为可以水上行走一样荒谬。"① 墨菲的政治哲学沿袭了上述反对单边主义政治的思维，通过批判《帝国》的单边主义政治思想，提出了多边主义的政治思想："坚持永久的异质性，这种异质性表明每个身份都有一种可能性条件和一种不可能性条件，多元主义暗示了冲突和对立的永久存在。冲突和分化既不可被看作是不幸的干扰因素，也不可被看作是使得一个——构建良好的有着不可企及的和谐——社会的完全实现不可能的经验性障碍。因为人们永远不可能与自身的理性普遍自我完全吻合。"②

总之，墨菲通过对全球治理理论的批判反对单边主义，倡议多边主义。她认为"是到了放弃我们的制度模式在理性和道德之间优先的欧洲制度的时候了。"③

三、马克思主义批判传统的继承和延伸

"批判"是一种特别的哲学活动方式，自康德以来，这种哲学活动方式

---

① [英]戴维·赫尔德：《民主的模式》，燕继荣等译，中央编译出版社 2008 年版，第 347 页。

② [英]尚塔尔·墨菲：《民主、权力与"政治性"》，参见[美]塞拉·本哈比主编：《民主与差异：挑战政治的边界》，黄相怀等译，中央编译出版社 2009 年版，第 105 页。

③ Mouffe, Chantal, *On the Political: Thinking in Action*, London and New York: Routledge Press, 2005, p.125.

已经深入到哲学活动的全部内容之中。康德之后的黑格尔将辩证法引入批判哲学之中，将康德的"外在批判"改造为"内在批判"，而马克思经过对黑格尔辩证法的改造，将其辩证法的内在批判彻底化，并最终超出唯心主义的领域，直接指向当代社会现实。马克思主义是一种批判的理论，马克思反对教条式地预料未来，而希望从批判旧世界中发现新世界。柯尔施也曾经断言马克思的理论既不是实证的唯物主义，也不是实证的科学，而是一种自始至终的对现有社会理论的批判。批判理论的特质还表现在马克思的写作文风上，马克思从来都是以无比犀利的语言，毫不留情地抨击资本主义制度。例如，马克思在《黑格尔法哲学批判导言》这样表达批判的方法，"批判的武器当然不能代替武器的批判；物质力量只能用物质力量来摧毁；但是理论一经掌握群众，也会变成物质力量。"①"向德国制度开火！一定要开火！这种制度虽然低于历史水平，低于任何批判，但依然是批判的对象，正像一个低于做人的水平的罪犯，依然是刽子手的对象一样。在同这种制度进行的斗争中，批判不是头脑的激情，它是激情的头脑。它不是解剖刀，它是武器。"②而马克思的《资本论》也直接以"政治经济学批判"为副标题。用马克思自己的话讲，"涉及这个内容的批判是搏斗式的批判；而在搏斗中，问题不在于敌人是否高尚，是否旗鼓相当，是否有趣，问题在于给敌人以打击。"③马克思的批判思想影响到了西方马克思主义，霍克海默对批判理论也有自己的独到见解："哲学的社会功能在于批判当下普遍流行的东西"，在于发现"非人的事物下面人的根基"④。于是法兰克福学派通过对工具理性批判、技术批判和文化批判，建立了自己的批判理论——美学救赎主义的批判理论。总而言之，从德国古典哲学经马克思到法兰克福学派，形成了一个批判的传统。在这个传统之中，我们才能更加准确地理解批判理论，甚至整个马克思主义哲学的基本精神。青年卢卡奇认为："我们姑且假定新的研究完全驳倒了马克思的每一个个别的论点。即使这点得到证明，每个严肃的'正统'马克思主义者仍然可以毫无保留接受所有这种新结论，放弃马克思的所有全部论点，而无须片刻放弃他的马克思主义正统。所以，正统马克思主义并不意味

---

① 《马克思恩格斯选集》第1卷，人民出版社2012年版，第9页。
② 《马克思恩格斯选集》第1卷，人民出版社2012年版，第4页。
③ 《马克思恩格斯选集》第1卷，人民出版社2012年版，第5页。
④ ［德］霍克海默：《批判理论》，李小兵等译，重庆出版社1993年版，"导论"第3页。

着无批判地接受马克思研究的结果"①。

墨菲作为后马克思主义的代表人物之一，她的政治思想继承了马克思主义的批判传统，对资本主义进行了猛烈的批判。墨菲批判了西方左翼的保守思想，力主大胆地对马克思主义进行理论革新；她对新自由主义以及极权主义进行指责，认为他们都是"新领导权逻辑"的障碍；在民主理论方面，她批判了哈贝马斯的审议民主，批判了罗尔斯的普适正义理论，批判了吉登斯的对话民主；在全球治理方面，她批判了吉登斯的超越对抗模式的"第三条道路"，批判了贝克的在风险社会下构建全球治理的思想，批判了迈克尔·哈特和安东尼奥·奈格里的《帝国》；而在女权主义方面，墨菲批判了派特曼的"母性思维"理论，指出派特曼的理论其实还是对于传统的公司领域划分的认可，在自由主义的逻辑下，女性问题不可能得到真正的解决；而对于后现代主义，虽然墨菲借鉴了后现代主义的多种理论资源，但是仍然没有放弃对后现代主义的批判，她指出后现代语境中的"极端的多元主义"是应该被清除的理论垃圾。

总之，墨菲在构建激进多元的民主规划的过程中，表现出了对马克思批判理论的娴熟运用，在《领导权与社会主义的策略——走向激进民主政治》一书完成后，墨菲又将这种批判理论融入到了自己的"竞争民主"的政治哲学构建中去。国内在后马克思主义研究方面深有造诣的学者周凡先生，曾经讨论过"后马克思主义"在何种意义上是马克思主义的问题，得出的结论是，唯有在对资本主义批判的意义上，后马克思主义才可以称之为马克思主义。笔者赞同周凡先生的观点，亦认为墨菲的政治哲学的批判理论是对马克思批判传统的继承和发展。

四、倡导竞争性的政治

自由主义者指控墨菲的竞争民主概念是虚无主义，支持哈贝马斯、罗尔斯、吉登斯等人主张的理性共识的政治。墨菲认为要说服他们，最好的方法是要他们了解什么是"政治"，而不是没有任何意义的抽象理论说教。墨菲借用海德格尔"存在论状态的政治"和"秩序的政治"的概念以及施米特的"敌人和朋友"的分判理论，强调政治是与传统政治相对应的实践，"政治的"

---

① ［匈］卢卡奇：《历史与阶级意识》，杜章智译，商务印书馆1996年版，第47页。

被理解为权力、冲突和对抗。"通过上述分析，发现民主政治的一个重要任务是化解在社会关系中存在的潜在对抗。"① 为了使冲突被合法接受，需要采取一种不破坏政治团结的方法。这意味着一些普遍的团结必须存在两个冲突的政党之间，这样才不至于把对手当作敌人消灭掉，不会把他们的存在当作是非法的。这精确地发生在关于对抗的敌友关系。然而对手不会被简单地看成竞争者，他们的利益也并不会像哈贝马斯、罗尔斯或者吉登斯所言，通过谈判而得到保护，或者通过协商程序得到协调一致。因为在那种状态下，对抗因素不会被简单地清除。墨菲认为左翼应该清醒地认识到，世界上不可能存在"绝对的民主"，一方面冲突性对抗维度是永久的，另外一方面"柔顺"的政治关系也有构建的可能。那么从对抗到柔顺，左翼应该作出何种政治实践行为？于是墨菲预设了一个第三种类型关系，即竞争性的政治关系。竞争性行为和对抗性行为并不是一对矛盾关系，而应该是一对可以相互转化的范畴。墨菲认为在对抗性行为下，自由主义思想家不仅认识不到社会生活冲突的基本现实和发现理性的、公平的解决政治问题的不可能，也认识不到冲突在当代民主中起的综合作用，关于"对手"的概念，被理解为"不同的团体占据权力的位置，他们的目标仅仅是驱逐他者而占领他们的空间。他们不考虑主导性霸权，而且，他们没有深奥的权力关系转换的意图，他们仅仅是精英之间的竞争。"② 因此，自由主义者的错误在于将对手看作一个简单的竞争者，双方是敌我角色，互不享有任何共同的资源。而在墨菲创设的竞争民主构想中，相互冲突的主体尽管双方没有解决他们冲突的理性方案，但能够认识到他们对手的合法性。他们是"对手"而不是敌人。这意味着即使在冲突状态下，他们仍视对方属于相通的社会团体，享有冲突发生的共同的背景空间。"我们可以断言，民主的任务是将对抗行为转化为竞争行为。"③

墨菲在倡导竞争性政治的同时又指出了共识模式的危险性，墨菲以右翼民粹主义的兴起为例来进行论证。右翼民粹主义已经对政治民主进行了严重

---

① Mouffe, Chantal, *On the Political:Thinking in Action*, London and New York: Routledge Press, 2005, p.19.

② Mouffe, Chantal, *On the Political: Thinking in Action*, London and New York: Routledge Press, 2005, p.21.

③ Mouffe, Chantal, *On the Political: Thinking in Action*, London and New York: Routledge Press, 2005, p.19.

的入侵，并且总是发生在传统民主党派与过去相比差异性变得不够显著的时候。例如澳大利亚的"自由党"的出现在第二次世界大战之后，澳大利亚的人民党和社会主义党开始了"伟大联合"，他们设计了一个合作体系，根据这个合作体系，两党能够在国家的经济、政治、社会和文化等不同的领域共同掌控。一些重要的部门如银行、医院、学校和民族工业可以在他们尊重的精英们之间分割。这样，两党之间的显著差异消失了，出现了同质化的趋势。就是在这种情况下，右翼民粹主义有了市场，他们反对"伟大联合"，通过积极推广"人权"的主题，他们很快达到了抵制精英掌控国家的地步。他们的话语政治策略，"在于构建了一个我们和他们的边界，我们包括所有的优秀的澳大利亚人、劳工、民族价值观的辩护者；他们则是包括执政党、贸易工会、官僚、外国人、右翼知识分子和艺术家，他们都参与了民主讨论。"[1] 归因于这些多元主义的策略，"自由党"在 1999 年 11 月选举中，戏剧般地成为澳大利亚第二大党，轻松获得 27% 的政治席位。不仅在澳大利亚，法国、比利时也是如此。墨菲认为，理性民主政治模式是非常脆弱的，当今社会需要通过倡导竞争政治来发动民主热情。因为当民主政治失去了围绕差异政治发动群众的能力，当把自己限制在某一同一的体系之内的时候，对与政治煽动者表达民众挫折感的环境就产生了。

墨菲竞争性民主政治的思想形成，遵从了如下路线。首先她揭示罗尔斯、哈贝马斯、吉登斯等政治学家所主张的理性共识民主的错误，指出他们不是创造条件促使调和社会的出现，而是导致民主危机的出现；然后墨菲提出自己的见解，认为社会生活冲突维度的不可根除性，是民主政治面临的挑战；其次墨菲明确了自己的理论目的。"为了能够调动向民主政治目标迈进的激情，民主政治对民主的设计必须有一个党派的特色。这的确是左 / 右的功能差别，我们应该抵制后政治理论家提出的'超越左与右'的口号。"[2] 最后，墨菲指出了左翼领导权的构建新思路。左翼见证的不是政治在对抗维度的消失而是出现某种程度的差异。"现在，政治在道德拒斥领域被展示出来，换句话说，它始终包含着我们 / 他们的区别，但是'我们 / 他们'现在是在

---

[1]　Mouffe, Chantal, *On the Political: Thinking in Action*, London and New York: Routledge Press, 2005, p.66.

[2]　Mouffe, Chantal, *On the Political:Thinking in Action*, London and New York:Routledge Press, 2005, p.6.

道德术语中被建立起来，而不是被定义为政治的种类。我们应该在'对和错'之间斗争，而不是在'左和右'之间斗争。"①

第三节　中国语境下的墨菲政治哲学的理论价值思考

在讨论了墨菲政治哲学的理论定位和理论特征之后，笔者认为有必要回答一个问题："我们为什么要研究墨菲的政治哲学？"本书研究的目的是在尊重中国民主政治建设的自身传统和现实国情的基础上，充分借鉴世界政治文明发展的优秀成果，遵循时代趋势与发展共识，尝试通过对墨菲政治哲学思想理论得失的评价，从而阐发她的政治思想对于中国构建民主政治与和谐社会的现实意义。

一、墨菲政治哲学的批判与借鉴

尽管墨菲的政治哲学思想不是马克思主义，在某些方面甚至是反马克思主义的。但是我们不能对非马克思主义的理论资源一概采取拒斥的态度，而是应该运用马克思主义的立场、观点和方法来批判、考察墨菲的政治哲学思想，本着学术性与思想性均衡发展的理论态度，在学术批判中借鉴其优秀理论资源，以服务于当代中国的民主政治建设。

从批判的维度考察，墨菲政治哲学的理论瑕疵表现非常明显，主要在以下几个方面：

第一，偏重解构性，忽视建设性。墨菲运用后现代的解构主义方法对马克思主义的基本范畴大肆解构，她认为马克思主义已经陷入僵局，马克思主义不能解释变化着的当代世界，马克思主义理论的威信趋于下降，原因在于马克思的理论中存在一系列本质主义的假设，只有将这些本质主义清除掉，才能维护马克思主义在当代的尊严。这些本质主义的假设分别是，历史决定论、经济还原论、工人阶级、阶级斗争、客观规律、必然性、经济基础等范畴在后马克思主义理论中被清除。但是在清除了这些基本范畴之后，墨菲并

---

① Mouffe, Chantal, *On the Political:Thinking in Action*, London and New York:Routledge Press, 2005, p.5.

没有能够建构新的范畴，而是通过借用多元主义、偶然性、激活、连接等话语，建构一个抽象意义上的永远处于偶然事件中的"霸权"概念。这样，马克思主义经典理论被边缘化了。在墨菲的政治哲学中，没有"中心"可言，墨菲的政治哲学由于缺乏建设性的理论，使她的理论成了一架批判的机器，这架机器永远运行于他人的理论田野中而播下解构的理论种子，但收获的果实却没有一个坚实的内核。例如墨菲强调政治的作用在于将敌人转换成"合法的敌人"或者"可敬的对手"，那么如何将敌人转换为对手呢？墨菲忽略了这个问题，没有提出任何具体的理论方案。

　　第二，将道德与政治割裂。墨菲强烈反对"道德优先"的民主模式。对于审议民主、对话民主、跨国民主等道德空间内的民主话语，墨菲一概将他们视作"没有根基的政治哲学"，并且，墨菲设想了一种"竞争性"的民主模式对"道德优先"的民主模式进行替代。但是事实上，墨菲走向了另一个极端，她忽略了道德在政治哲学中的作用，道德可以从"善"的角度对人们进行教育，以一种共同的善的理念将人们联合成一个伦理同一体，从而使社会也成为一个和谐的整体。道德对于政治的作用，可以体现为个体伦理政治与制度伦理政治的不同作用。个体伦理政治以人性"善"为价值前提，强调人之所以为人，根本上应该摒弃"兽性"，固守"德性"，美德成为一切人自然而然必将追求的生命原则。而伦理政治制度则是相反，以人性为"恶"作为基本设定，强调人与动物一样，没有根本差异，在人身上处处体现者"兽性"，并且在人的世界中到处都是"丛林法则"，因此，需要通过一个有效的政治制度来规范，从而使社会秩序和谐与完美。政治和道德是不可分割的，道德通过依靠非强制性的共识作用推动政治的发展。其实哈贝马斯、罗尔斯、吉登斯等人并非没有看到当代社会存在的种种冲突，哈贝马斯看到了现代性的危机，而致力于现代性的重建；罗尔斯意识到了现代社会的正义的缺失而致力于打造理想的正义原则，吉登斯发现了英国的福利国家的危机，以及全球化过程中的种种国内和国际矛盾，倡导超越对抗的"第三条道路"。他们认为，要避免或者解决上述冲突，依靠单纯的国家和政府的强权力量无法获得理想效果，希望借助于道德的辅助力量获得一个完美的解决民主危机的方案。所以，墨菲认为他们的理论完全忽视了现实的冲突和对抗，将民主危机问题的解决寄希望于乌托邦政治理想的判断，应该是一种误解，这使她的思想在导致道德与政治断裂的同时走向另外一个极端，即为强调政治性而漠视道德性。

第三，墨菲政治哲学理论存在着内在的矛盾。墨菲在解构了马克思主义的基本范畴之后，致力于重建激进和多元的民主政治。她的激进和多元的民主在避免了"客观主义"、"阶级还原论"的嫌疑之后，将理论基础安放在"话语"之上，在墨菲的话语世界中，社会关系拒绝封闭和完整。表面上看，墨菲的政治哲学试图通过抛弃马克思主义的整体观，致力于地方化的微观事务研究，从而创造一个多层面的政治，使社会领域接受一种更加多元的变革理念。但实际上，墨菲自己似乎也无法预料，话语在其政治思想中渗透于每一个领域，决定其所有的政治观点，从而使话语成了其政治哲学的第一概念。"当墨菲和拉克劳对分散的权力和斗争微观领域的强调——当然是对过于整体性的马克思主义政治遗产的必要修正——发展到极致时，它就内含着自身衰败的反政治逻辑。"①于是墨菲的政治理论内在的矛盾性浮现出来。墨菲的政治哲学虽然强调"政治"的理论形式，但具有反政治的理论实质。在民主的批判方面，这种矛盾非常明显和突出，墨菲一方面强调民主是一种"权力关系"，是一种基于现实对抗而设想的冲突共识，另一方面又认为真正的民主是一个"将要来临而又永远无法达到的"的"至善"，所以民主的话语被抽象为一种假设。笔者认为，墨菲所构建的"竞争民主"同哈贝马斯的"审议民主"以及吉登斯的"对话民主"本质上都是一种乌托邦式的民主理想，好像水与凝固的冰并无本质区别。

但上述瑕疵并不能掩盖墨菲政治思想的积极一面。尽管墨菲的政治哲学存在着诸多的缺陷，但是墨菲的政治哲学思想仍然是一项对冷战结束以来，国际政治理论体系的重构具有借鉴价值的研究成果。她揭示了新自由主义民主的虚幻性，抨击了资本主义民主在道德面具下忽视公众利益的阴暗一面，更重要的是她的思想是针对现实的各项冲突而提出的比较另类的政治学说。在墨菲的政治哲学中，许多国际政治大事件——诸如共产主义政权在苏联以及东欧和巴尔干地区的终结、澳大利亚、比利时和法国民粹主义的复兴、宗教原教旨主义的兴起、"里根—撒切尔"模式的退却、"克林顿—布莱尔"道路的崛起、美国的"9·11"事件等——都得到了反思。墨菲对这些事件的研究和见解，使人们从新自由主义的道德民主幻想中清醒，意识到世界本来

---

① ［美］卡尔·博格斯：《政治的终结》，陈家刚译，社会科学文献出版社 2001 年版，第 278 页。

是一个充满"差异性"的空间，挑战、对抗和冲突无时不在，无处不在。在墨菲的理论中，传统的民主理论将会得到质疑，托克维尔的"不可阻挡的民主革命波及一国又一国"的语言似乎开始失灵，但是福山的"意识形态终结论"思想同样也没有逃脱墨菲的质疑。她的理论至少使人们意识到，在全球化发展迅猛的今天，跨国公司的经济力量已经渗透于世界经济体系的各个角落，人们面对资本主义强大的传媒体系的控制，在政治上已经失去了灵敏的触角，正如中国谚语中所寓意的"各人自扫门前雪，莫管他人瓦上霜"那样，当今世界已经成为一个对政治麻木不仁的空间。面对民众的政治冷漠，我们是否应该注意到危险，即在物质丰富的生活状态之下隐含着某种政治灾难，比如刚刚发生的利比亚危机，这并不是利比亚一个国家的问题，而是关乎全球的政治问题，这些问题其实离我们并不遥远，甚至就在我们身边。那么，西方国家的自由主义民主政治是否适合于世界上每一个发展中国家？不同的国家之间在不同的价值观念之下是否能够和平共处？通向未来的和平与希望之路一定是由自由、平等、民主等西方发达国家所标榜的普适价值原则来引领吗？墨菲的政治哲学提醒我们关注和思考上述问题，敢于质疑普适论政治的权威，主张竞争性政治，探索世界和平秩序的新路径，这是墨菲政治哲学理论的积极意义所在。

二、墨菲政治哲学对于我国当代政治文明建设的意义

墨菲的政治哲学在"新社会运动"的背景下，把后现代理论所提供的理论资源，有选择地应用于政治领域，意在寻求一种重新界定政治体制的构成，创造新的政治主体。道格拉斯·拉米斯认为，"激进民主在历史上既没有进步，也没有倒退。当然一个为民主而斗争的民族可能在一段时间内赢得成果积累（或遭受损失积累），但是民主革命不是向一个未知的未来的一个跃进，而是——像约翰·洛克指明的——一种回归，向本源的回归。"[①] 墨菲的政治哲学思想可以说是一种民主本体论意义上的回归。"激进和多元的民主规划"破除了自由民主的幻觉，剥除了理性主义的神圣外衣，"'差异'这个词汇变成了两个问题之交汇点：它既是一种对启蒙运动类型的理性主义、

---

① ［美］道格拉斯·拉米斯：《激进民主》，刘元琪译，中国人民大学出版社 2008 年版，第16 页。

本体论和普适主义的哲学批判，对那些强调变易（alterity）、他者性、异质性、不协调和抗拒的人来说，又是文化抗争性呐喊。"①墨菲的竞争民主理论表明了政治统治合法性在民主政治中的核心地位，又隐含了当代西方政治统治合法性缺失的严峻现实。墨菲的竞争民主理论立足于西方左翼的理论立场，着眼于实现人类关于自由、平等与正义的理想，其目的是在解决政治统治合法性的基础上来建构其民主理论的。虽然墨菲的政治哲学已经溢出了马克思主义，但她并没有放弃对人类的至善的追求，她赋予竞争民主理论以旺盛的理论生命力。所以，笔者认为墨菲竞争民主理论中的许多见解，对于我们建设社会主义民主政治与建构和谐政治具有重要的启示作用。

第一，竞争民主模式为完善我国民主制度的建设提供了新的视角。自20世纪初科学与民主被引入中国，它们至今是国人所追求的目标。就民主而言，当代中国的主流政治话语一般将民主解释为"人民当家作主"，近几年来这个解释被扩大为"坚持党的领导、人民当家作主与依法治国的辩证统一"。在当代，正如约·埃尔斯特（Jon Elster）对当今世界的多样性所做的描述那样，"当代社会的特征可归纳为'普遍的宗教、哲学和道德原则'的多样性，这种多样性所构成的'不是单纯的历史条件'，而是'公共民主文化的一个永恒特征'。"②随着我国政治文明建设的实践发展和理论推进，当代中国社会的特征已经不能够简单地用"对立"的两派——敌人和人民来形容，在阶级和阶级斗争理论淡出学术界的视线之后，当代中国的社会政治主体已经呈现出多元参政、积极协商、和平共处的局面。时代呼唤一种和谐发展的民主观，强调激发人民的政治热情，参与实现一个共同政治目标。

墨菲强调在政治领域，权力、对抗、异质性不可根除，这为我们提供了一个从权力对抗视域来理解民主的视角，把民主理解为一种竞争体制而不是单一体制。这在我国民主政治建设方面有三项启示：一是社会主义民主只有在妥善处理各种矛盾的基础上——无论是敌我矛盾还是人民内部矛盾——才能构建，否则，民主会失去民众基础，沦落为少数精英的民主。而在处理人民内部矛盾的时候，只有正视矛盾，才能化解矛盾。处理人民内部矛盾仍要

---

① ［美］塞拉·本哈比：《导论：民主的时代与差异问题》，参见塞拉·本哈比主编：《民主与差异：挑战政治的边界》，黄相怀等译，中央编译出版社2009年版，第4页。

② ［美］约·埃尔斯特：《协商民主：挑战与反思》，周艳辉译，中央编译出版社2009年版，第271页。

本着团结最大多数的做法，将"敌人"转化为"对手"，予以尊重而不是消灭，将对抗转化为竞争，予以公平对待而不是仇视，唯有这样人们才能和谐共存，才能获得人民群众对于政治文明建设的拥护和积极参与的良好效果。二是培育中国公民民主主体出场意识，促进公平竞争的民主政治建设。中国几千年来的封建专制统治，使依附意识、臣民意识、政治冷漠意识等消极观念至今积淀在国人心里。这种臣民文化传统是制约中国当前民主政治发展的深层次因素。文化与政治是相互影响的，文化对政治具有制约作用，而适当的政治实践与政治模式选择也可以冲破文化的制约，甚至推动文化的变迁。"保守地说，真理的中心在于，对一个社会的成功起决定作用的，是文化，而不是政治。开明地说，真理的中心在于，政治可以改变文化，使文化免于沉沦。"① 所以，竞争民主理论倡导在公平竞争的原则基础上参与民主政治活动，激发公民的民主参与热情，培育公民意识，塑造民主观念，促进公民文化建设，它将成为一个有效的参考模式。三是墨菲关于多元主义和激进民主研究提示我们民主必须考虑各种多样性的影响政治建构的因素，在民主主体考量上，对民族、宗教、艺术、妇女、教育、无党派人士、环保主义者、无国籍人、残疾人甚至在押服刑人员的民主权利都要予以考虑。在制度上，我们不但要完善各级人民代表大会与各级人民政治协商会议中的商谈制度，而且还要建立和完善民主恳谈会、民主听证会以及民主评议会等各种民主新形式。在宣传中，要充分发挥广播、电视、报刊，尤其互联网等大众传媒中的公开商谈对于政治民主的推动作用，进一步深化协商民主的广度与深度。

　　第二，墨菲政治哲学中蕴含的政治宽容意蕴为中国和谐社会的构建和中国外交政策的制定提供了理论支持。"宽容"一词是 16 世纪在宗教教派的分裂的历史语境下，从拉丁文和法语中借用来的，意味着对不同信仰的容忍。但"宽容"和"容忍"是不同的，"孟德斯鸠强调'宽容'与'容忍'之间的因果性联系，认为：'倘若一个国家的法律容许多种宗教存在，那么这些宗教亦有义务彼此间保持宽容……因此，法律在要求不同的教派维护国家安定的同时，让他们保持相互间的和平共处，是非常必要的。'"② 但是

---

① ［美］亨廷顿、哈里森：《文化的重要作用》，程克雄译，新华出版社 2002 年版，"前言"第 1—5 页。
② ［德］尔尔根·哈贝马斯：《哈贝马斯精粹》，曹卫东译，南京大学出版社 2009 年版，第419—420 页。

歌德（Johann Wolfgang von Goethe）认为，宽容作为一种侮辱性的施舍，应该予以拒绝，因为它是一种善意的傲慢和自大。这形成了著名的"歌德悖论"。歌德悖论的破解，在哈贝马斯那里寻找到一个突破路径，即宽容的政治转向。哈贝马斯认为，"只有在承认宽容交往规则的基础上，歌德所说的那个所谓悖论才会被消除。"[①]哈贝马斯所指的宽容已经脱离了宗教意义上的容忍，而是一种法理意义上的政治宽容。政治宽容在现代政治学说中，已经成为政治哲学家关注和研究的重要内容。

在近代，自由主义价值体系下的政治宽容依据现代性的不同旨趣产生了分化。一种是由洛克、康德、罗尔斯、哈耶克等倡导的宽容观，认为宽容是就最佳生活方式能够达成理性共识的美德，是对人类理解力局限的一种补救。另外一种是由霍布斯、休谟、伯林、奥克肖特等维护的宽容观——宽容是不同生活方式能够和平共存的条件，包括思想条件和制度保证。第一种宽容观是作为一种理想意义上消极的政治宽容，即共识宽容，第二种宽容观是作为一种社会实践意义上的积极的政治宽容，即共在宽容。英国的思想家约翰·格雷（John Gray）认为上述两种政治宽容哲学均没有摆脱一种思维定式，都是以资产阶级的天赋人权、平等、自由和正义等资产阶级人道主义思想为载体而形成的理论形态。"共识"与"共存"的两种政治宽容，前者暗含着一种同一性的思维，即宽容的主体试图以自己的意识去干涉被宽容的客体，例如霸权主义国家向目标国家输出本国意识形态就是一个例证；而后者则暗含一种过于关注人的需求多样性，从而脱离了政治宽容客体的历史属性，实际上，完全的政治宽容和完全的自由是一样的，都是一种乌托邦构想。所以，"共识"和"共存"的两种政治哲学从本质上是一种以权利为基础的傲慢的具有普遍主义道德的傲慢哲学，不论是罗尔斯和诺奇克，还是波普尔（Karl Popper）和哈耶克，他们都是这种自由主义普遍哲学的信徒。正因为此，格雷本人提出"权宜之计"的政治宽容模式。格雷认为"权宜之计"是连结"共识"和"共存"两种政治宽容的一个思维连线。"'权宜之计'是一种放弃了普遍政权的规划，如果这种规划是自由主义的本质所在，那么权宜之计就只能是一种后自由主义哲

---

① ［德］尤尔根·哈贝马斯：《哈贝马斯精粹》，曹卫东译，南京大学出版社 2009 年版，第 420 页。

学。"①从格雷的原意来看，他希望超越自由主义的两种不同宽容哲学，但是他的调和，使两种宽容观成为一项具有随意设计的政治策略，一种可以任意摆布和驾驭的主观政治权术。②

墨菲经过缜密的思索，发现了前面"歌德悖论"中的"情理宽容"，哈贝马斯的"法理宽容"，洛克、康德、罗尔斯、哈耶克等人的"共识宽容"，霍布斯、休谟、伯林、奥克肖特等人的"共在宽容"以及格雷的"权宜之计"，以上五种宽容模式其实都是一种试图从"超越对抗"的角度来论述宽容。在上述宽容模式中，似乎宽容和对抗是一对天敌，他们的理论核心都是试图梳理"一"与"多"的关系问题，但他们都忽略了政治宽容哲学中暗含的"冲突、差异、对抗"不可根除的特征，没有对现代启蒙理性所坚持的本质主义和普遍主义采取批判的立场，从而使他们的理论在实践面前显得非常苍白。上述五种宽容理论试图将自己的政治宽容理论视作人类政治宽容的一个真理，从本质上不过是想将自己的普适主义强加于他人，在后现代语境下这恰恰是一个理论误区。为了对上述五种"超越对抗"的宽容模式进行有效反驳，墨菲认为最好是要他们了解什么是"政治"，而不是提供没有任何意义的抽象理论说教。于是，墨菲借用海德格尔提出的"存在论状态的政治"和"秩序的政治"的概念以及施米特的"敌人"和"朋友"的分判理论，强调政治是与传统政治相对应的实践，"政治的"被理解为权力、冲突和对抗，指出民主政治的一个重要任务是化解在社会关系中存在的潜在对抗。为了使冲突被合法接受，需要采取一种不破坏政治团结的方法。这意味着即使在两个冲突的政治团体之间，也不要把对手当作敌人消灭掉，不要把对手的存在当作是非法的。在上述五种宽容模式那里，因为对抗因素被简单地清除，这些思想家不仅认识不到社会生活冲突的基本现实，认识不到理性的和公平的理念在现实中不可能完全实现，也认识不到冲突在当代民主中起的综合作用。墨菲在反驳了传统的五种宽容模式之后，提出了自己的宽容哲学思想，即"第六宽容模式"，她认为一方面世界上对抗维度是永久的，另外一方面"柔顺"的政治关系也有构建的可能，"竞争行为"和"对抗行为"并不是一组矛盾，

① ［英］约翰·格雷:《自由主义的两张面孔》，顾爱彬等译，江苏人民出版社 2008 年版，第 142 页。

② 参见杨楹、卢坤:《政治:一个伦理话题》，社会科学文献出版社 2008 年版，第 394—397 页。

而应该是一对可以相互转化的范畴，"我们"和"他们"之间尽管还没有解决冲突的理想方案，然而双方都需要认识到他们对手的合法性，"他们"是"对手"而不是"敌人"。这意味着尽管处于冲突状态下，竞争双方仍然视对方为可以相通的社会团体，双方享有共同的冲突发生的背景空间。这就是墨菲政治宽容哲学的新思路，即试图以竞争性的政治置换道德政治的"宽容＋竞争"的政治宽容模式。

墨菲的政治宽容理论对我国当代政治文明建设有如下两个方面的启发：

一是墨菲的政治哲学带给我们一个关于和谐社会构建的新视角。中国构建"和谐社会"并不是一个抽象的概念，它是一种超越个体以及传统，将"宽容"美德提升到现代社会制度高度的一种渴望，这需要制度层面的法理支撑。中华人民共和国成立以来，中国政府一直为构建和谐社会而努力，从"以策治国"到"以法治国"，再到"依法治国"，每个时期都在为民众极力创造一种良性的"宽容"政治环境，这表明自新中国成立以来，特别是改革开放以来，尽管走了一些弯路，但是主线一直是在走着一条和谐发展的道路。但是宽容并不是无原则的退让，不是丧失立场的妥协，也不是权利和义务混淆的法理背叛，它是一种转换，将矛盾的存在视为一种合法性并予以尊重，将双方的对抗和矛盾通过法律的途径予以解决。例如近年来我国城市化发展过程中，出现了一些拆迁纠纷，有的纠纷矛盾激化严重，发生过多起群体性上访事件。有的被拆迁人为了获得较大利益，不惜铤而走险，采取自焚、自杀及其他暴力等极端手段相对抗；而与之相对应的是地方政府的非理性拆迁行为也时有发生。中国立法机关近年来面对"暴力拆迁"问题，作出了种种化解矛盾的努力，颁布一系列的法律和规章，在《物权法》颁布之后，又颁布一系列法律规范性文件，这些文件旨在表明，民众合法取得的固定资产，非因公共利益之需要，不得征收；一旦因公共利益必须发生的征收行为，则补偿先行；而在具体操作层面，则明确政府拆迁行为必须依法拆迁，在拆迁中，如果有群众的反对声音，不经人民法院裁决准许的拆迁行为已经被视作违法行为。这表明，我国政府在处理人民内部矛盾的时候，面对群众多元的利益诉求，正在以宽容的执政姿态来构建一个和谐的社会生态环境。

二是墨菲的政治哲学为我们提供了一个开展包容互鉴国际外交的新视野。中华人民共和国自成立以来，始终秉承着和平共处的宽容外交精神，从来不把中华民族的价值观念强加于其他任何国家，无论是资本主义国家和社会主义国家，我们对于其他国家人民选择什么样的意识形态道路都是尊重的，绝不输出意识形态并以任何借口干预他国内政。那么中国外交政策的哲学基础在哪里？墨菲的政治哲学为我们提供了答案，"在政治共同体的语境中，它要求不能把反对者视为有待消灭的敌人，而应该作为一个对手，其存在不仅是合法的而且必须被容忍。"①世界各国的友好共存并不是必须以普适价值的同一为评判标准。正如中国古代文化中所言"和实生物，同则不继"，完全相同的价值观并不一定会带来两个国家之间的和谐共处，国与国之间的和平需要的是政治宽容，一种承认观念冲突、价值的背离、传统的差异等基础上的民族之间的相互尊重。当前我国处理南海的海权纠纷问题何尝不是如此呢？"搁置争议，共同开发"的处理原则，体现了一种东方式的外交智慧。墨菲的政治宽容理论为这种东方式的外交智慧找到了哲学出发点，为我们在正视现实对抗存在的基础上，构思一个世界各国人民友好共存、共同发展的美好愿景。

总之，墨菲的政治哲学同马克思主义理论保持着某种若即若离的联系，她的政治哲学已经溢出了马克思主义的理论领域，不能在马克思主义理论谱系中找到合适定位。但墨菲政治哲学思想又有一定的理论创新性与借鉴价值，我们在研究其政治思想的时候，既要注意到她的理论缺陷，也要重视她的理论对于当代中国和世界的价值。对于墨菲的思想乃至于所有的后马克思主义思潮，我们在借鉴的时候，应该予以理论的过滤与净化，既要避免一叶障目不见泰山的偏执，也要防止不加甄别的全盘照搬。唯有秉承实事求是的理论态度，才可以将国外优秀的政治理论研究成果服务于当代中国政治文明建设。

---

① ［英］尚塔尔·墨菲：《政治的回归》，王恒等译，江苏人民出版社2005年版，第4页。

结　语

　　塞缪尔·鲍尔斯在《民主和资本主义》一书中开宗明义地指出："我们关于民主和统治的思考表现了三股大相异趣的思想融合。第一股是激进民主传统及其在 20 世纪 60 年代和以后几十年间的社会运动中的表达。第二股是自由主义的社会理论和社会科学。第三股是马克思主义。或许可以更准确地说，我们的思考是历经一种持久的冲突而逐渐形成的，这就是我们时代激进民主运动的那种希望和激情与两种现在占统治地位的理智传统之间的冲突。"[①] 上述三股民主思潮，具体指的是激进民主、协商民主和马克思主义民主。而协商民主在后马克思主义话语下又以审议民主和对话民主为代表。笔者在本书中没有过多地对马克思主义民主和协商民主注墨，而是侧重于对墨菲的激进和多元的民主思想，以民主政治研究的"后现代转向"为背景，在后马克思主义思潮领域内从政治的维度进行深入研究，并将其与自由主义的协商民主进行比较。如果说墨菲的竞争民主由于依托于后现代的理论背景是激进的，哈贝马斯的审议民主坚持理性价值是保守的，那么吉登斯的对话民主则是介于现代性重建和后现代反思之间的理论折衷的。吉登斯在墨菲和哈贝马斯之间，走的是一条"第三条道路"。

　　无论是审议民主、对话民主抑或激进民主，都不过是一种乌托邦的民主理想。尽管它们的哲学基础、历史逻辑、民主模式甚至由此表达出的政治立场具有很大的差异，但它们都有同样的理论目标，即如何为当代社会构建一种"完全代表权"的民主，并为激发民众的政治参与热情提供理论方法。在墨菲、哈贝马斯、吉登斯等后马克思主义那里，"乌托邦"不是一个贬义词

[①]　[美] 塞缪尔·鲍尔斯：《民主和资本主义》，韩水法译，商务印书馆 2003 年版，"序言"第 1 页。

语，而是一种批判精神，一种政治希望，一种自由与平等价值的本源回归。在这个意义上，墨菲的政治哲学思想与哈贝马斯、吉登斯、罗尔斯、甚至福山等人的自由主义思想并没有区别，或许她自己也没有意识到，她的政治理论不过是自由主义民主理论的异化。

当本书完成之时，有两项政治事件使笔者发现墨菲政治哲学的当代价值需要继续发掘。一是"利比亚危机"和"朝鲜半岛核危机"的出现。两个危机表明了无论是在"克林顿计划"或者是小布什"牛仔式的单边行动"之中，西方国家在自由主义民主名义下对于所谓"邪恶国家"所实施的军事打击，暗含的都是当代帝国主义对于世界政治霸权和经济霸权的贪婪攫取欲望，这将会导致世界动荡格局的长期存在，同时也验证了墨菲政治本体论观点的敏锐和精准；二是西方左翼在"马克思主义危机"情势下，并没有完全放弃政治理想，他们在困境中坚持着独立的理论更新和创造。面对自由主义的四面楚歌，左翼一直在倔强地进行着理论上的突围，在绝望中寻找希望，始终不肯与新自由主义和新保守主义合流。上述两个政治事件，提醒笔者需要对墨菲政治哲学进行持续的关注与探索。因此笔者借用阿尔都塞一本书的名字来描述以后可能从事的研究领域并作为本书的结束语："未来将永远持续下去"。

参考文献

一、中文文献

著作类：

《马克思恩格斯选集》（第 1—4 卷），人民出版社 2012 年版。

《列宁选集》第 18 卷，人民出版社 1985 年版。

[加] 艾伦·伍德：《新社会主义》，尚庆飞译，江苏人民出版社 2005 年版。

[美] 阿瑞吉等：《现代世界体系的混沌与治理》，王宇洁译，三联书店 2003 年版。

[英] 安东尼·吉登斯：《第三条道路：社会民主主义的复兴》，郑戈译，北京大学出版社 2000 年版。

[英] 安东尼·吉登斯：《超越左与右——激进政治的未来》，李惠斌等译，社会科学文献出版社 2009 年版。

[英] 尚塔尔·墨菲：《政治的回归》，王恒等译，江苏人民出版社 2005 年版。

[法] 德里达：《马克思的幽灵》，何一译，中国人民大学出版社 2008 年版。

[美] 道格拉斯·凯尔纳、斯蒂文·贝斯特：《后现代理论：批判性的质疑》，张志斌译，中央编译出版社 2004 年版。

[美] 道格拉斯·凯尔纳、斯蒂文·贝斯特：《后现代转向》，陈刚等译，南京大学出版社 2002 年版。

[美] 道格拉斯·拉米斯：《激进民主》，刘元琪译，中国人民大学出版社 2008 年版。

[英] 恩斯特·拉克劳、查特尔·墨菲：《领导权与社会主义的策略——走向激进民主政治》，尹树广、鉴传今译，黑龙江人民出版社 2003 年版。

[英] 恩斯特·拉克劳：《我们时代革命的新反思》，孔明安、刘振怡译，黑龙江人民出版社 2006 年版。

[意] 葛兰西：《狱中札记》，葆煦译，人民出版社 1983 年版。

［德］黑格尔：《法哲学原理》，杨东柱译，北京出版社 2007 年版。

［美］赫尔德：《民主的模式》，燕继荣等译，中央编译出版社 2008 年版。

［德］霍克海默：《批判理论》，李小兵等译，重庆出版社 1993 年版。

洪德谦：《自由主义》，台北一桥出版社 2002 年版。

［美］吉布森－格雷汉姆：《资本主义的终结》，陈冬生译，社会科学文献出版社 2002 年版。

［美］加里·古廷：《20 世纪法国哲学》，辛岩译，江苏人民出版社 2005 年版。

［美］杰姆逊：《文化转向》，胡亚敏等译，商务印书馆 2002 年版。

［美］杰姆逊：《政治无意识》，王蓬振等译，中国社会科学出版社 1999 年版。

［美］杰姆逊：《晚期资本主义文化逻辑》，张旭东编，三联书店 1997 年版。

［美］卡尔·博格斯：《政治的终结》，陈家钢译，社会科学文献出版社 2001 年版。

［匈］卢卡奇：《历史与阶级意识》，杜章智译，商务印书馆 1996 年版。

［法］路易·阿尔都塞：《保卫马克思》，顾良译，商务印书馆 2006 年版。

［美］马克·波斯特：《信息方式：后结构主义与社会语境》，范静晔译，商务印书馆 2000 年版。

［美］米勒德·J. 艾利克森：《后现代主义的承诺与危险》，叶丽贤、苏欲晓译，北京大学出版社 2006 年版。

［美］乔治·瑞泽尔：《后现代社会理论》，谢立忠译，北京大学出版社 2004 年版。

［美］塞拉·本哈比主编：《民主与差异：挑战政治的边界》，黄相怀等译，中央编译出版社 2009 年版。

［美］塞缪尔·亨廷顿：《文明的冲突与世界秩序的重建》，新华出版社 2002 年版。

［美］塞缪尔·鲍尔斯：《民主和资本主义》，韩水法译，商务印书馆 2003 年版。

［意］萨尔沃·马斯泰罗内主编：《一个没有完成的政治思索：葛兰西的〈狱中札记〉》，黄华光、徐力源译，社会科学文献出版社 2000 年版。

［英］佩里·安德森：《西方马克思主义探讨》，高铦等译，人民出版社 1981 年版。

［英］皮尔森：《新市场社会主义》，姜辉译，东方出版社 1999 年版。

［英］齐格蒙特·鲍曼：《后现代伦理学》，张成岗译，江苏人民出版社 2003 年版。

［英］特里·伊格尔顿：《后现代主义的幻想》，华明译，商务印书馆 2002 年版。

［美］约·埃尔斯特：《协商民主：挑战与反思》，周艳辉译，中央编译出版社 2009 年版。

［英］约翰·格雷：《自由主义的两张面孔》，顾爱彬等译，江苏人民出版社 2008 年版。

[德] 尤尔根·哈贝马斯：《哈贝马斯精粹》，曹卫东译，南京大学出版社2009年版。

[英] 詹·约尔：《西方马克思主义的鼻祖——葛兰西》，郝其睿译，湖南人民出版社1988年版。

[美]朱迪斯·巴特勒、[英]恩斯特·拉克劳、[斯]斯拉沃热·齐泽克：《偶然性、霸权和普遍性》，胡大平译，江苏人民出版社2004年版。

陈越编：《哲学与政治——阿尔都塞读本》，吉林人民出版社2003年版。

陈乐民：《东欧剧变与欧洲重建》，世界知识出版社1991年版。

方章东：《第二国际理论家马克思主义观研究》，安徽大学出版社2007年版。

付文忠：《新社会运动与国外马克思主义思潮：后马克思主义研究》，山东大学出版社2009年版。

复旦大学国外马克思主义研究中心主编：《当代国外马克思主义评论》第2辑，人民出版社2003年版。

侯鸿勋、姚介厚编：《西方著名哲学家评传续编》，山东人民出版社1987年版。

何霜梅：《正义与社群——社群主义对以罗尔斯为首的新自由主义的批判》，人民出版社2009年版。

李惠斌、薛晓源主编：《前沿报告：西方马克思主义研究》，华东师范大学出版社2007年版。

李佃来：《公共领域与生活世界——哈贝马斯市民社会理论研究》，人民出版社2006年版。

孙晶：《文化霸权理论研究》，社会科学文献出版社2004年版。

唐士其：《西方政治思想史》，北京大学出版社2002年版。

汪民安：《福柯的界限》，中国社会科学出版社2002年版。

王雨辰：《哲学与文化价值批判》，湖北人民出版社2004年版。

王雨辰：《哲学批判与解放的乌托邦》，黑龙江大学出版社2007年版。

王治河：《扑朔迷离的游戏——后现代哲学思潮研究》，社会科学文献出版社1993年版。

王治河编：《后现代主义辞典》，中央编译出版社2004年版。

许纪霖：《共和、社群与公民》，江苏人民出版社2004年版。

肖前主编：《马克思主义哲学原理》，中国人民大学出版社1994年版。

仰海峰：《实践哲学与霸权：当代语境中的葛兰西哲学》，北京大学出版社2009年版。

杨楹、卢坤：《政治：一个伦理的话题》，中国科学文献出版社2008年版。

姚大志：《现代之后》，东方出版社1999年版。

俞吾金、陈学明：《国外马克思主义哲学流派新编·西方马克思主义卷》，复旦大学出版社2002年版。

张一兵：《文本的深度耕犁——后马克思思潮哲学文本解读》，中国人民大学出版社 2008 年版。

张一兵、胡大平:《西方马克思主义哲学的历史逻辑》,南京大学出版社 2003 年版。

周穗明:《20 世纪末西方新马克思主义》,学习出版社 2008 年版。

周凡、李惠斌主编:《后马克思主义》,中央编译出版社 2007 年版。

周凡主编:《后马克思主义:批判与辩护》,中央编译出版社 2007 年版。

周凡:《后马克思主义导论》,中央编译出版社 2010 年版。

论文类:

陈炳辉:《墨菲的后马克思主义理论》,《马克思主义与现实》2003 年第 2 期。

付文忠:《后现代主义思潮的逼进与我们的文化策略选择》,《哲学动态》1995 年第 5 期。

付文忠:《新批判的马克思主义评析——舍曼对重建马克思主义的新探索》,《哲学动态》2002 年第 11 期。

付文忠、孔明安:《"后马克思主义"理论的批判解读——拉克劳与墨菲的"后马克思主义"评析》,《马克思主义研究》2004 年第 2 期。

付文忠:《对政治自由主义与社群主义之争的超越:解读墨菲的后马克思主义政治哲学思想》,《教学与研究》2005 年第 3 期。

付文忠:《拉克劳与墨菲的后马克思主义辨析》,硕博论文库。

孔明安:《论后马克思主义的解构基础——墨菲和拉克劳的"后马克思主义"理论特征剖析》,《哲学研究》2004 年第 7 期。

孔明安:《后马克思主义的政治哲学批判——墨菲和拉克劳的多元激进民主理论研究》,《马克思主义哲学研究》2005 年第 4 期。

衣俊卿:《关注我们这个时代的哲学——后马克思主义研究》,《求是学刊》2004 年第 1 期。

尹树广:《解构、领导权与后马克思主义》,《国外理论动态》2004 年第 7 期。

曾枝盛:《"后马克思主义"的定义域》,《学术研究》2004 年第 7 期。

曾志隆:《激进与多元民主政治理论的建构:以穆芙的"争胜式民主"为讨论对象》,台湾东吴大学博士毕业论文。

张亮:《国内近期"后马克思主义"研究简评》,《哲学动态》2007 年第 2 期。

周凡:《"后马克思主义"——"西方马克思主义"的后现代转换》,《哲学研究》2008 年第 1 期。

周凡:《霸权接合的批判》,复旦大学博士论文。

周凡:《从马克思主义到后马克思主义——拉克劳与莫菲思想演进的全景透视》,《学术月刊》2008 年第 5、6、7 期。

周凡:《后马克思主义:概念的谱系学及其语境》(上、中、下),《河北学刊》

2005 年第 1、2、3 期。

　　周凡:《后马克思主义的政治概念——论拉克劳与莫菲对激进政治的重构》,《吉林大学社会科学学报》2006 年第 6 期。

　　周凡:《回答一个问题: 何谓后马克思主义?》,《江苏社会科学》2005 年第 1 期。

二、外文文献

　　Anna Marie Smith, *Laclau and Mouffe: the radical democratic imaginary*, Routledge Press, 1998.

　　Chantal Mouffe, *Deconstruction and Pragatism*, Routledge Press, 1996.

　　Chantal Mouffe, *Democratic Politics and the Question of Identity, in Question of Identity*, Routledge Press, 1992.

　　Chantal Mouffe, *On the Political: Thinking in Action*, Routledge Press, 2005.

　　Chantal Mouffe, *The Democratic Paradox*, Verso Press, 2000.

　　Chantal Mouffe, *Dimensions of Radical Democracy*, Verso Press, 1992.

　　Ernesto Laclau and Chantal Mouffe, *Post-Marxism without Apologies,* New Left Review, 166, November\December, 1987.

　　Ernesto Laclau, *The Making of Political Identity*, Verso Press, 1994.

　　George Ritzer, *Postmodern Social Theory*, Peking University Press, 2004.

　　Jacob Torfing, *New Theories of Discorse Laclau, Mouffe and zizek*, Blackwell Publishers Press, 1999.

　　Jurgen Habermas, *The Theory of Communicative Action*,Vol.2, Boston: Beacon Press,1985.

　　Nicos. P. Mouzelis, *Post-Marxist Alternative, The Construction of Social Order*, Macmillan Press,1990.

　　Norman Geras, *Ex-Marxism "Without Substance, Being A Real Reply to Laclau and Mouffe"*, New Left Review, 169, May\June, 1988.

　　Norman Geras, *Post-marxism?* New Left Review, 163, May\June, 1987.

　　P.Q.Hirst, *Mode of Production and Socia Formation*, Macmillan Press, 1977.

　　P.Q.Hirst, *Marxism and Historical Writing*, Routledge & Kegan Paul Press, 1985.

　　Slavoj Zizek, *Mapping Ideology*, Verso Press, 1994.

　　Stuart Sim, *Post-Marxism, a Reader*, Ediburgh University Press, 1998.

　　Stuart Sim, *Post-Marxism, an Intellectual History*, Routledge Press, 2000.

后　记

本论著是我的博士论文《民主的批判与政治的回归——墨菲政治哲学思想研究》的成果。本文完成在 2011 年 6 月，现在再回首翻阅，发现当初的思想虽然略显狭窄，但确实无意间闯入了一片未知领域。后马克思主义至今也是一个颇有争议的研究领域，但对于我一个偶然闯入的陌生者而言，则感觉充溢着启蒙和灵性。我知道自己的文风与思想还非常幼稚与肤浅，对于研究这样的问题显得非常吃力，但我希望本书能够见证我为此曾经付出的努力与心血，更希望自己将来的学术道路铺垫得厚重和宽广一点，于是我怀着惴惴不安和诚惶诚恐的心情，除少部分的修订之外，基本保持了毕业时的原貌将它交给了出版机构。

感谢我的导师王雨辰教授，他的师者品格、仁者风度和学者气质始终感染着我，每次想起王老师，心中总是洋溢着一种难以表达的感激和敬意。我就读博士的时候，几近不惑之年，我希望自己的人生与事业能够实现一次成功转型，若非导师的知遇，我恐怕永无机会。学习伊始，我对于国外马克思主义的理解肤浅到了无知的地步，如果没有导师给予我的精神鼓励、学术勇气和无私的事业助推，我恐怕会选择放弃与懈怠。导师在我困惑时将我引出迷津；在我人生遭遇困境之时，给予理解和信任；在我论文的写作过程中，更是呕心沥血，逐章逐节逐字审阅。同时，感谢导师组的各位老师，他们对于我生活上的关心、学术建议与启发，让我终生受益。我也非常感激读博期间的各位同窗好友，大家一起学习、探讨、争论、聚餐、嗨歌、运动，平添了学习时光中的许多乐趣。我永远怀念我们共同的博士时代，也会永远铭记我们的友谊。

三年的学习生活对于我的孩子和家人来说，却是一项极大的遗憾。那时孩子年幼，我除了给她一些必备的物质条件之外，极少给予感情呵护。我到现在也经常会想,孩子将来会责怪我所做的一切吗?想起来真是愧疚和汗颜,论文写作期间,照顾孩子的义务都被我的家人完全承担下来了。非常感谢我的家人们,因为有了她们的支持、包容和理解,我才能在人生的道路上走得更好、更平安,我爱她们。

本书得到了南昌大学马克思主义学院中国特色社会主义理论体系研究中心的出版资助。非常感谢南昌大学马克思主义学院胡伯项院长以及其他几位领导的关心,他们给予了我很大的鼓励和支持,并使我免除了后顾之忧,这种春风化雨般的关怀,使我最终摆脱顾虑,坚持走到现在。在本书付梓之时,我衷心地说声谢谢!

武宏阳

2014 年 12 月 1 日于南昌大学润溪湖畔

责任编辑：刘璐淼
封面设计：石笑梦
版式设计：东昌文化

图书在版编目（CIP）数据

民主的批判与政治的回归——尚塔尔·墨菲政治哲学研究 / 武宏阳 著.
    － 北京：人民出版社，2014.12
ISBN 978 － 7 － 01 － 014575 － 4

I.①民…　II.①武…　III.①墨菲，C － 政治哲学 － 研究　IV.① D0

中国版本图书馆 CIP 数据核字（2015）第 042505 号

民主的批判与政治的回归
MINZHU DE PIPAN YU ZHENGZHI DE HUIGUI
——尚塔尔·墨菲政治哲学研究

武宏阳　著

人民出版社 出版发行
（100706　北京市东城区隆福寺街 99 号）

北京市文林印务有限公司　新华书店经销

2014 年 12 月第 1 版　2014 年 12 月北京第 1 次印刷
开本：710 毫米 ×1000 毫米 1/16　印张：13.25
字数：200 千字

ISBN 978 － 7 － 01 － 014575 － 4　定价：36.00 元

邮购地址 100706　北京市东城区隆福寺街 99 号
人民东方图书销售中心　电话：（010）65250042　65289539